U0549101

县域治理
现代化转型

Modernization Transformation of
County Governance

理念、体系与能力
concept, system and capability

华起 —— 著

社会科学文献出版社
SOCIAL SCIENCES ACADEMIC PRESS (CHINA)

摘 要

县域作为公共政策的落脚地、经济的蓄水池以及社会矛盾的交织域，其治理承载国家发展愿景，直观折射国家治理水平。推进县域治理现代化，已然成为国家治理体系和治理能力现代化的基础性环节，对于全面推进乡村振兴和新型城镇化战略，坚定走中国式现代化道路具有重大现实意义和深远历史影响。郡县治，天下安。回顾中国历史，县域治理范式呈现从上下分治、官绅合治到中心主义范式的演变，各范式在生命周期的不同阶段，特别是范式演进阶段的"非耦合"状态，衍生出理念、体系、能力的多种"张力"。在中心主义范式的规约下，我国治理过程呈现脱"面"强"点"的"发展主义"治理、治理主体中心化与治理过程中心化及中心主义下的全能治理等特征，在一定程度上已难以回应县域治理情境的时代变化，迫切需要实现现代化转型。

对 A、K、M 三地进行典型案例分析，进一步从实证角度揭示我国县域治理所面临的复杂现实与挑战。纵向行政发包与横向政治竞赛激发了县域政府追求发展的内在动力，权责一体与政绩为王的竞赛模式使县域政府越发注重通过亮眼的"竞赛成果"获取自身利益，进而极易导致"碎片化"的地方主义和政府权力的越位错位。而维护社会稳定是县域政府的核心职责之一，在面对经济快速发展的竞赛压力与秩序问题"一票否决"的问责原则时，县域政府常常陷入"发展"与"稳定"的两难境地。由此可见，县域治理现代化转型面临空间"狭窄"和选择"两难"。旧有资源与体制的双重束缚致使发展、改革、稳定之间的关系错位，由此导致了县域治理理念、治理体系和治理能力的调适困境。首先，中心主义范式规约下的"发展主义"治理理念，致使县域经济粗放增长与社会发展失衡等次生问题频发。同时,"不出事逻辑"和"谋利逻辑"叠加所形成的"维稳"工作形态,进一步引发社会矛盾,威胁社会稳定,带有鲜明功利倾向的"发展主义"难以继续适配县域治理现代化转型的时代需求。其次,在中心主义治理范式下,县域政府治理结构呈现主体关系、党政关系与条块关系的多维失衡,县域治理机制呈现过度统合倾向,导致县域治理的能力衰退与价值偏离,映射出县域政府治理体系在一定程度上不符合时代要求。最后,市场经济的快速发展带来社会结构的快速转型,全能主义政府"治理目标多元化并级数增长"与"治理能力有限性"之间的矛盾日渐突出,全能政府治理能力难以承载中国特色社会主义新时代社会治理的发展愿景。

新时代推进县域治理现代化,必须实现县域治理理念、体系、能力的协同转型。理念建设是行动的先导,从根本上决定着发展方向的正确与否。县域治理理念现代化转型需坚持以"新发展理念"构建县域治理理念的张力,形成"以人民为中心"的县域发展价值规约,在发展中不断实现人民群众的根本利益。一方面以新发展理念引领治理理念建设,另一方面以民主政治建设辅以公权力监督机制实现"维稳"到"维权"的思维转换。体系建设是行动的基础,体系建构是治理体系改革的重要维度。县域治理体系现代化的转型建设,需推动县域治理结构从"政治行政化"到"一核多维",在强化县域党委领导角色和突出县域政府责任的基础上构建县域治理共同体,实现人人有责、人人尽责、人人享有。能力建设是行动的保障,治理能力的提升是县域治理现代化转型的支撑条件。新时代推进县域治理能力现代化转型,需推动县域政府由"全能政府"转向"有能力的有限政府",使县域治理主体的经济发展与腐控能力、公共服务与自治能力、城乡融合与建设能力、改革创新与稳定能力、生态保护与可持续发展能力等五方面能力相辅相成、有机统一,实现县域有效治理。

目　录

导　论 …………………………………………………………… 001

第一章　县域治理范式演进：上下分治、官绅合治到
**　　　　中心主义范式** ………………………………………… 047
　第一节　传统县域治理：上下分治与官绅合治 ……………… 047
　第二节　当代县域治理：中心主义治理范式的规约 ………… 058
　第三节　中心主义范式的县域实境考量：理念、体系、能力 …… 067
　本章小结 ………………………………………………………… 076

第二章　我国县域治理现代化转型的田野情境：
**　　　　基于 A、K 和 M 的案例** …………………………… 078
　第一节　研究样本的基本概况与选择依据 …………………… 078
　第二节　不同样本对研究主题的差异折射 …………………… 083
　第三节　县域治理现代化转型情境的"艰难平衡" …………… 103
　本章小结 ………………………………………………………… 110

第三章　县域治理现代化转型的逻辑向度 …………………… 111
　第一节　理念现代化转型："以人民为中心"的治理 ………… 111
　第二节　体系现代化转型："一核多维"的适度统合 ………… 123
　第三节　能力现代化转型："有限政府"的有效治理 ………… 133
　本章小结 ………………………………………………………… 141

第四章 县域治理理念现代化："以人民为中心"发展思想的县域实现 …… 142

- 第一节 价值规约：基于"新发展理念"的县域践行 …… 142
- 第二节 发展维度：基于"人民至上"的县域实践 …… 151
- 第三节 权利实现：基于维权向度的权利生产 …… 156
- 本章小结 …… 162

第五章 县域治理体系现代化：实现"一核多维"的综合路径 …… 163

- 第一节 县域治理的党建引领途径 …… 163
- 第二节 县域治理的政府变革之道 …… 173
- 第三节 县域治理共同体构建 …… 181
- 本章小结 …… 190

第六章 县域治理能力现代化：多维能力提升与支撑条件构建 …… 191

- 第一节 县域治理能力现代化的综合分析与构建依据 …… 191
- 第二节 县域治理能力现代化的多维能力提升 …… 200
- 第三节 县域治理能力现代化的支撑条件构建 …… 211
- 本章小结 …… 220

结论与展望 …… 221

参考文献 …… 228

后记 …… 242

导 论

县上承省市，下辖乡镇，是政权与行政链条的基础板块，承载着自上而下和自下而上的国家与社会互动张力，县域治理自然成为国家治理的基础。在中心主义范式的规约下，我国治理过程呈现脱"面"强"点"的"发展主义"治理、治理主体中心化与治理过程中心化及中心主义下的全能治理等特征，在一定程度上已难以回应县域治理情境的时代变化，迫切需要实现现代化转型。本书基于县域治理现代化转型研究的学理逻辑和实践观察，全面总结归纳县域治理现代化转型的时空背景、理论与实践意义，并对研究主题所涉的县域治理、县域治理现代化等核心概念进行学术梳理和提炼。在此基础上，明确现代化理论、现代国家建构理论和结构功能理论等理论基础的内涵要义，以及与研究主题的逻辑契合，并综合采用文献分析法、案例研究法和实地调查法，最终形成了基于治理理念、体系和能力三重维度的县域治理现代化转型研究框架。

一 研究背景与研究意义

县域场域的特殊性及县域治理的功能性是提出县域治理现代化转型研究的重要背景，同时也映射出县域治理现代化转型研究以"基石"和"接点"为关键词的理论意义和实践意义。

（一）研究背景

郡县治，天下安。自秦朝推行郡县制以来，县作为一级行政组织和政权管理机构一直是中国社会、经济生活最稳定的层级。县级的政权架构与中央机构基本对应，具有国家社会发展的一般特征。① 在推进国家治理现代化的时代语境下，加强县域治理，推进县域治理现代化转型尤为重要。

1. 县域是实现国家治理现代化的关键场域

县域作为最全面的微观治理单元，是城市与乡村、工业与农业、中央与地方、宏观与微观、中心与边缘、传统与现代的关节部位，是促进我国政治稳定、社会发展、经济繁荣、文化进步的基础板块，也是实现国家治理现代化最重要的场域之一。截至2020年底，我国共有县级行政区2844个，县域面积达到全国面积的93%，县域GDP超过全国GDP的一半，县域人口达到全国人口的74%。② 无论从哪个角度看，县域已经成为国家治理现代化空间布局的重中之重。作为政策的落实地、经济的蓄水池以及社会矛盾的交织域，县域治理现代化水平不仅影响县域自身的发展，还能够有效反映国家整体治理体系和治理能力的现代化水平，为国家政治发展提供思路，影响国家整体的安定与和谐发展。可以说，国家之治，体于县，也成于县，县域治理现代化是实现国家治理现代化的基础和关键。

2. 县域治理现代化是实现基层社会繁荣的关键

随着全面深化改革的不断推进，我国从上至下都在经历体制转型、社会转轨，社会利益主体的诉求日渐多元，社会结构和社会矛盾不断分化，县作为国家治理的基础、国家与社会的衔接地带，已然成为整个政治行政系统的薄弱环节之一。相当长的一个时期，我国基层矛盾纠纷多发、互联网负面舆情影响到县域政府的权威性和合法性，使社会各界不得不思考当前县域治理的有关问题。随着国家整体发展水平的不断提升，近年来，新型城镇化建设和乡村振兴事业受到广泛关注，县域的场域作用更加凸显。党的二十大报告指出，要"以城市群、都市圈为依托构建大中小城市协调发展格局，推进以县城为重要载体的城镇化建设"③。现阶段，无论是推进国家治理体系和治理能力现代化进程，还是实现中国特色社会主义新时代对县域政治经济社会发展、城乡融合、乡村振兴等提出的新要求，或是和

---

① 罗骥：《郡县治 天下安：县级政府化解社会矛盾应对策略探研》，人民日报出版社2017年版，第8页。
② 谢咏、杨晓军：《国内县域治理研究30年：议题、转向与展望》，《陕西行政学院学报》2024年第1期。
③ 习近平：《高举中国特色社会主义伟大旗帜 为全面建设社会主义现代化国家而团结奋斗——在中国共产党第二十次全国代表大会上的报告》，《人民日报》2022年10月26日。

谐有效地化解基层社会积弊和利益冲突，进而构建起良好的县域治理格局，有力推进基层社会繁荣，都需要反思县域治理逻辑、转变县域治理理念、完善县域治理体系、提升县域治理能力。

可见，在实现第二个百年奋斗目标的新征程中，建立有益于县域经济社会文化高质量发展的治理理念和治理体系，提升县域治理能力，实现县域经济社会文化的协调发展，不仅是县域自身的发展目标，也是国家实现治理现代化的基础和关键。可以说，县域治理现代化是一项极其重要的时代课题，其正是本书的主要关切，也是本书的研究背景。

（二）研究意义

基层治理是国家治理的基石，统筹推进乡镇（街道）和城乡社区治理，是实现国家治理体系和治理能力现代化的基础工程。[①] 近年来，在推进国家治理体系和治理能力现代化的过程中，县域治理也逐步迈入现代化转型新阶段，县域治理研究的内容、进路、方法、视角等逐渐丰富，国内外解读方式和相关成果不断涌现。但是，多年来以县域治理为主题的研究仍然缺乏系统性、整体性梳理，立足于现代化转型对我国县域治理进行深入系统探索，具有重要理论意义和实践意义。

1. 理论意义

县域治理现代化转型研究的理论意义具有双重性，这是由县域的"基础性"和"衔接性"的场域特征决定的。

一方面，"就县论县"，系统总结县域治理经验，为县域治理现代化提供理论支撑。理论是推动实践发展的依据，在国家治理现代化的历史潮流中，县域治理现代化势在必行，县域治理现代化有关理论的不断凝练、升华与完善，对于指导县域现代化转型实践尤为重要。县域作为具有"基础性""衔接性"的重要场域，从古至今对于国家发展都尤为重要，县域发展具有明显的时代特性，在不同历史时期呈现不同的特点和趋势，特别是改革开放以来，县域治理越来越成为国家治理研究的基本面向和重要场域。目前，我国县域治理现代化仍然处于探索阶段，需要在不断实践和摸索中总结规律、抓住规律，建立起更加完善的县域治理有关理论模型，构建起中国特色的县域现代化治理话语体系。本书的研究恰恰能够为实现县

[①] 《中共中央 国务院关于加强基层治理体系和治理能力现代化建设的意见》，中国政府网，2021年7月11日，https://www.gov.cn/govweb/zhengce/2021-07/11/content_5624201.htm。

域高质量发展、解决县域发展不平衡不充分等问题、实现县域治理现代化提供理论依据和方案选择。

另一方面,"以小见大",以县域治理现代化转型为基础,为国家治理现代化提供理论参考。县域是具有微观国家特征的特殊场域,县域治理现代化转型研究,能够提供国家治理现代化转型的观察"窗口",为国家治理现代化转型提供理念创新、体系优化和能力提升的理论参考。国家治理体系和治理能力现代化,不可能一蹴而就,更多的是内生性的渐进制度变迁过程,累积理念、体系转型和能力输出的理论基础,形成共识性认知,需要找寻契合度高且制度变迁成本较低的空间载体予以"试点"。县域作为国家治理的基本板块,是国家治理的基础"节点"和"接点",承载公共政策落地和反馈等重要功能,理所当然成为国家治理现代化转型的观察"窗口",为国家治理体系和治理能力现代化的进程提供平衡处置发展、改革和稳定复杂任务关系的制度方案。

2. 实践意义

县域治理现代化转型研究的实践意义同样具有双重性,可以从县域本身和国家整体战略层面两个维度综合考量。

一方面,提升县域治理水平,推进国家治理基础环节现代化。新中国成立以来,特别是改革开放以来,我国同质性社会加速解体,异质性社会的利益冲突和话语对立孪生形成对国家特别是对基层的治理压力。传统的基层治理模式无法回应治理情境的复杂结构和动态变化,陷入成本高昂但治理低效的窘境。长期的经济超常规发展,社会整体性利益普遍提升,形成了"人人得利"的帕累托改进状态,基层政府往往呈现以经济发展为行动主旨的中心主义治理范式,形成可控性的治理秩序维持体系。经过改革开放以来的快速发展,全面深化改革等各项工作深入推进,中国特色社会主义进入新时代,社会主要矛盾和国家治理目标发生重大变化,国家治理、县域治理要回应"公平与正义""发展不平衡不充分"等新的时代主题,实现县域治理现代化转型是解决新时代基层发展困境、回应新的时代主题、推动国家治理现代化的重要方面,具有重要实践意义。

另一方面,发挥衔接作用,为实现国家各个层面的改革发展提供支撑。区域协调发展是新时代国家实现全面发展的重要基础性战略,县域作为国家治理的"权利接点""权力接点""政策接点""战略接点",是实现区域协调发展的重要载体，是乡村振兴的前沿阵地，也是城乡一体化和承接大城市产业转移的重要载体，不断推进县域治理现代化，实现县域的高质量发展，是县域发挥"衔接性"，推进国家系列重要战略落地的基础和前提。可见，从国家整体战略层面来看，实现县域治理现代化转型，推动县域高质量全面发展，也显得尤为重要。

二 研究现状与简要述评

在全面深化改革的时代背景下，县域因其场域特殊性和角色背景，承载着关系国家治理体系和基层社会发展的双重责任。政府、学界等社会各界不断加强对县域治理的研究，旨在认知表征、剖析本质和摆脱困境，以推动县域治理朝更高效、公正和可持续的方向发展。本书首先总结归纳国外县域治理文献的核心维度，主要涉及治理理论、地方政府治理以及政府能力等方面。然后，整理国内文献中有关县域治理的关键议题，包括县域治理困境及优化路径、县政改革、县级政府治理以及县域治理现代化等。通过系统的文献梳理，为深刻理解县域治理提供理论支持，为进一步提出县域治理现代化转型的路径选择提供思路。

（一）国外研究现状

在国外学界的相关研究中，治理理论、地方政府治理及政府能力是重要的研究议题。在治理理论领域，主要侧重于对治理本质与内涵的探讨，关注如何切实提高治理效能，解决实际社会发展困境等方面；在地方政府治理领域，主要侧重于地方政府治理改革和路径优化等方面；在政府能力领域，则主要聚焦于政府能力的内涵、结构、有效发挥，以及政府能力的评估分析框架等方面。

1. 关于治理理论的研究

在20世纪90年代，西方学界开始广泛使用"治理"一词。20世纪90年代中后期，西方发达国家已初步显现出后工业化时期的特征。随着信息技术等科学技术的飞速发展，经济社会也在持续发生变化，时代变迁带来了各种挑战与机会。在世界格局的不断变幻中，资本主义经济在相对长时期的稳定繁荣后进入了经济建设和社会发展的迟滞阶段，由此引发的各种社会问题使政府的合法性受到公众怀疑，如何平衡政府、社会和市场三者之间的关系成为理论界亟须解决的问题。在此背景下，从政府高层到民间学者开始批判反思资本主义经济社会发展的现实运行机制，越来越关注治理体系的优化和社会制度的创新，以求能够适应快速变化的环境。在此背景下，西方社会掀起了一场对治理理论与实践的研究热潮。

西方学者对"治理"的性质及其含义进行了探索，但由于"治理"这一概念自身的复杂性，出现了各种不同的理论成果。美国学者鲍勃·杰索普认为，"治理"一词逐渐在许多语境中广受欢迎，以至变成了一个既可以涉及任何东西，又可以毫无意义的流行词语。治理的要点在于确定社会目标。一般来说，社会目标来自持续反省协商的过程，并建立于此基础之上。① 治理体系的核心，并非始终拘泥于传统思维下发布的命令，亦不是在新逻辑下被放任演变发展。相反，它涉及以相互沟通为基础，借助持续的建议来调整治理方法，从而实现更为灵活和适应性强的治理形式。格里·斯托克关于治理的理念超越了政府独自承担责任的传统模式。他提出治理主体不应局限于政府，还包括广泛的社会公共机构和各类行为者，通过精心设计的治理机制，清晰勾勒出社会经济问题的边界，同时也能够明确责任模糊点，以解决当代社会面临的复杂挑战。且他认为在治理过程中，虽然各行为者网络是自主自治的，但各个社会公共机构之间仍存在相互的权力依赖。② 而保罗·斯科特与罗伯特·J. 麦克唐纳则认为，"治理"由于自身含义的模糊和外延的复杂，很难给出一个明确的定义。③ 西方学者们关于"治理"的定义并不完整和统一，大部分的研究集中在"分权"的社会管理思想上，而缺乏"国家视角"的治理观念。

实践表明，作为维护社会秩序中心的国家，无论在理论上还是在社会运作机制中都有着举足轻重的作用。那些忽视或过度削弱国家权威力量的国家和地区，大多陷入治理困境，以致社会失序和混乱。而在这些失序与混乱之中，"政府"与"市场"始终是绕不开的两个议题。西方治理理论一直面临"政府"与"市场"这两个议题的两难选择，这也折射出各国政

---

① 〔英〕鲍勃·杰索普：《治理的兴起及其失败的风险：以经济发展为例的论述》，漆蕪译，《国际社会科学杂志》（中文版）1999年第1期。
② 〔英〕格里·斯托克：《作为理论的治理：五个论点》，华夏风译，《国际社会科学杂志》（中文版）1999年第1期。
③ Paul Scott, Robert J. MacDonald, "Local Policy Management Needs: The Federal Response," *Public Administration Review*, Vol. 35 (1975), pp. 786-794.

府始终面临应当采取干预主义还是应该坚守自由主义的两难选择。关于这个问题，古典自由主义代表人物约翰·洛克、亚当·斯密等人对"政府"与"市场"的作用做了详细的论述。洛克在《政府论》中提到，"人们联合成为国家和置身于政府之下的重大的和主要的目的，是保护他们的财产"①。而亚当·斯密表示，"在这个场合，像在其他许多场合一样，他受着一只看不见的手的指导，去尽力达到一个并非他本意想要达到的目的。也并不因为事非出于本意就对社会有害。他追求自己的利益，往往使他能比在真正出于本意的情况下更有效地促进社会的利益"②。由此可见，洛克强调政府的目的是保护私有财产，因此应注重保障个体权利，而斯密则强调市场作为看不见的手在经济发展中所起到的重要调控作用。在资本主义早期阶段，这种权利和义务的明确划分确实具有一定积极意义，但是在"资本+市场"的双重逻辑支配下，自由主义遭到了普遍的怀疑。从资本主义国家的发展视角来看，自由主义一方面扫除了资本追逐利润的壁垒，助推了资本的无序扩张；另一方面宣扬"市场万能理论"等伪科学理论，削弱了政府对市场的监督作用，也削弱了国家干预的公信力。面对国家与市场的复杂抉择，英国政府机构率先改革，奉行凯恩斯主义，推进政府对市场的持续干预。而到了20世纪六七十年代，这种政府力量对市场的强势干预导致经济滞胀初露端倪，失业、公共安全威胁、环境污染、社会保障压力等问题层出不穷。1979年，为应对日益棘手的治理问题，英国撒切尔内阁掀起了以企业管理理念为核心的新公共管理运动，其直接目的是要减少预算赤字，提高政府效率。戴维·奥斯本等代表学者主张政府应在公共管理中"掌舵"而非"划桨"。③ 而除了新公共管理外，还有强调公平价值的新公共行政、强调理性人假设的公共选择、强调富裕而非掌舵的新公共服务等，这些不同学者的思想学说与其引领的政府改革的兴起，都是旨在构建更为灵活和有序的治理机制，以更好地适应现代社会面临的经济挑战，并强调政府应更加明确自身定位，发挥正确作用，以促进社会的整体繁荣与发展。

---

① 〔英〕洛克：《政府论》（下篇），叶启芳、瞿菊农译，商务印书馆1964年版，第77页。
② 〔英〕亚当·斯密：《国民财富的性质和原因的研究》（下卷），郭在力、王亚南译，商务印书馆1979年版，第27页。
③ 〔美〕戴维·奥斯本、特德·盖布勒：《改革政府：企业精神如何改革着公营部门》，上海市政协编译组、东方编译所编译，上海译文出版社1996年版，第1~3页。

总的来说，尽管西方学者从"国家主义"和"自由主义"两种视角出发，研究两种治理范式的深层弊端，但他们却未能就如何解决社会发展与经济运行的固有问题提供明确有效的解决措施。这反映了对于资本主义体系内在矛盾的认知困境，即便找到了问题所在，也难以找到平衡的、系统的、切实可行的解决办法。所以，西方学者想要在现有社会运行逻辑下建立一个更加合理、公平的治理体系，提升政府的治理能力，还需要进行广泛的理论研究和深入探索，这也呼唤学者们在超越传统范式的基础上，寻求创新性治理理念和治理体系，有效提升治理能力，以应对现代社会治理面临的各式各样的日益复杂的挑战。

2. 关于地方政府治理的研究

伴随着"新公共管理"与"全球政府再造运动"的兴起，地方治理问题已成为各国政府改革关注的焦点。在现代社会治理体系中，地方政府治理扮演着尤为重要的角色，是学界不可忽视的研究议题。

从现有文献来看，可以将国外已有研究成果分为两类：一类是对国外地方政府（包含县域政府）及其治理的研究；另一类是对中国地方政府（包含县域政府）及其治理的研究。就第一类而言，代表性成果主要有理查德·D. 宾厄姆等的《美国地方政府的管理：实践中的公共行政》、文森特·奥斯特罗姆等的《美国地方政府》、埃里克·阿尔贝克等的《北欧地方政府：战后发展趋势与改革》、赫尔穆特·沃尔曼的《德国地方政府》、理查德·廷德尔和苏珊·诺布斯·廷德尔的《加拿大地方政府》等；就第二类而言，代表性成果主要有许慧文和马克·布莱彻的《困鹿：中国一个县的治理与经济》、许慧文的《国家的触角：中国政体素描》、弗里曼等的《中国乡村，社会主义国家》等。[①] 总体来看，国外研究对以下三个领域比较关注。第一，对政府绩效评估的探讨。国外学界对地方政府绩效评估研究的一大特点便是在注重政府效能研究的同时重视社会的整体满意度研究。J. A. 钱德勒在《当代地方政府》一书中，基于英国地方政府治理的价值理念，强调地方政府实行民主制所具有的积极意义，认为在治理过程

[①] 陆喜元、丁志刚：《西部地区县级政府治理能力现代化——以 H 县为例》，社会科学文献出版社 2020 年版，第 7~8 页。

中，应当特别注意并妥善处理好与民众的关系。[1] 第二，对地方政府机构改革的探讨。在经济快速发展、高度开放的现实背景下，西方国家一些区级政府开始在区议会、区领导控制议会和具有较大独立立法权的议会实行问责制，这种适应现实治理环境的主动变革，使相关学者开始关注地方治理结构在适应社会变革中的适应性和创新性发展。理查德·D. 宾厄姆等深入研究了美国不同地区政府之间的差异，探讨了地方政府治理中存在的资源分配、财政事务和行政伦理等各种各样的问题，并且提供了优化地方政府治理的路径。[2] 文森特·奥斯特罗姆等通过"支配—治理"的内在关系系统地呈现了美国地方政府治理的现状，并详细描绘了其演进过程。[3] 第三，对地方政府职能转变的探讨。随着市场经济的不断发展，政府开始通过委托或购买的方式将一部分职能转移给市场，学者们也日益重视政府与市场之间的合作关系，力求通过研究为政府职能的灵活转变提供理论和实践指导，这种关注也体现了对于地方治理适应市场经济的动态调整的深刻思考。菲利佩·特莱斯重点证明了制度和公共政策对资本主义建设产生的积极影响，认为提升地方政府治理水平可从以下四个方面入手：第一，明确地方政府职能和国家的作用；第二，密切关注制度设计和公民参与机制；第三，运用正确的治理手段，激发民间社会力量加入并加强社会资本建设；第四，重视政府的政治领导。[4]

国外对地方政府（包含县域政府）治理的这些研究视角具有新颖性和细致性，一定程度上对国内学者的研究具有启发性。但是，不得不承认的是，在基本国情存在深层次差异的情况下，国外地方政府与国内地方政府在设置理念、方法、方式、层级和职能等诸多方面都存在较大差异。尤其是在县域政府建制层面，我们很难找到能够与国内县域层级建制直接对应的研究样本，有关研究成果稀少，在此不再赘述。

---

[1] 〔英〕格里·斯托克：《作为理论的治理：五个论点》，华夏风译，《国际社会科学杂志》（中文版）1999年第1期。

[2] 〔美〕理查德·D. 宾厄姆等：《美国地方政府的管理：实践中的公共行政》，九洲译，北京大学出版社2005年版，第15页。

[3] 〔美〕文森特·奥斯特罗姆、罗伯特·比什、埃利诺·奥斯特罗姆：《美国地方政府》，井敏、陈幽泓译，北京大学出版社2004年版，第22页。

[4] Filipe Teles, "Beyond Paternalism Towards Social Capital: Local Governance Reform in Portugal," *International Journal of Public Administration*, Vol. 35, No. 13 (2012), pp. 864-872.

3. 关于政府能力的研究

伴随着西方福利国家的大规模涌现以及经济社会变革的加剧，公共服务需求急剧增加，经济社会发展问题日趋复杂，公众对政府处理公共事务能力的要求越来越高，政府职能所覆盖的领域不断拓展，政府行政规模也随之不断膨胀。但政府服务能力和效率并没有随着公共需求的增加和自身规模的膨胀而相应提升。在此背景下，西方国家的学者、政治家对公共资源的使用以及如何更高效地利用公共资源提升公共服务水平越发关注，这不仅是理论上的思考，更是对政府在不断变化的社会环境中如何更加灵活、高效地履行职责的务实思考。伴随着上述这些问题，一系列与地方政府能力建设相关的课题逐渐成为研究热点。

西方学界关于政府能力的研究，普遍关注政府能力建设问题。P. M. 伯吉斯认为能力建设是改变政府关系的一项重要政策要素，要加强州政府及当地政府的能力建设，就需要提升其治理水平，重点提高地方政府对联邦政府的政策程序以及项目的设计、发展和评估的参与程度。[1] J. W. 怀特则从政策需求确定、政策项目开发、政策绩效衡量、政策效果评估以及最终效果分析五个层面展开，将城市政府能力建设看作一个政策管理过程。[2] 保罗·斯科特与罗伯特·J. 麦克唐纳在此基础上进一步从治理流程的角度，从工具性、组织力和资源性三个方面对地方政府能力进行了剖析。[3] B. W. 霍纳德尔通过对现有能力内涵的深入剖析，建立了一个以政治为导向的综合性政府能力评价体系，并以此为依据，分析了当前政府能力建设中存在的各类问题。[4]

进入20世纪90年代，新公共管理运动在西方国家迎来鼎盛时期，政府治理理念在行政过程中日益受到广泛关注。这种对理念的关注，既有利于促进政府部门和外部环境的沟通，也有利于政府自身的发展和社会发展的客观需要，使政府的能力增添了新的内涵。加布里埃尔·A. 阿尔蒙德、

---

[1] P. M. Bugress, "Capacity Building and the Elements of Public Management," *Public Administration Review*, Vol. 35 (1975), pp. 705-716.

[2] J. W. Wright, "Building the Capacities of Municipal Governments," *Public Administration Review*, Vol. 35 (1975), pp. 748-754.

[3] Paul Scott, Robert J. MacDonald, "Local Policy Management Needs: The Federal Response," *Public Administration Review*, Vol. 35 (1975), pp. 786-794.

[4] B. W. Honadle, "A Capacity-building Framework: A Search for Concept and Purpose," *Public Administration Review*, Vol. 41, No. 5 (1981), pp. 575-589.

小 G. 宾厄姆、鲍威尔在《比较政治学：体系、过程和决策》一书中指出，政府能力指"设立政治行政领导层，并赋予他们的能力，使其制定政策并推动社会执行政策，特别是维护公共秩序和合法性"[①]。戴维·奥斯本和特德·盖布勒提出了改进政府职能的十条原则。[②] 在此基础上，研究者们还对能力主体与社会、经济、政治和文化等因素之间的相互作用进行了探讨。孔令锋和向志强认为"卡尔多—希克斯改进"原则为政府推动可持续发展、走向"帕累托最优"提供了理论基础，并决定了政府能力的核心是制度供给能力。因此，要使政府能力得到最大程度的发挥，就必须坚持市场导向、地方政府优先、公众参与、依法办事。[③] 上述对政府能力建设的多维研究视角，有助于深入认识在动态变化的社会情境下，政府如何通过与各种环境要素、利益主体的交互作用，实现有效治理。

在此之后，随着新公共管理运动的深入开展，关于政府能力与现实治理问题的实证研究日益增多，对政府能力的评价研究也不断增多，并逐渐成为学术界关注的焦点。彼得·摩根提出从组织层面来评估一个组织执行其功能所需的七项原则：该组织可以了解并根据环境的改变而调整；该组织可以同外界的群体或机构建立联系，并将此作为实现其目标的一部分；该组织制定了一套有效的招募、培养和留住员工的计划，使他们能够完全行使其主要职能；该组织有能力使其存在合法化；该组织的机构、技术和程序可以使工作人员履行其关键职能；该组织（具有相关）的企业文化、价值和组织激励对业绩进行评估和奖励；该组织有能力、资源、自主性，能在比较合理的时期实现对目标的集中管理。[④] 查尔斯·波利丹诺从功能性维度将政府部门的主要能力划分为三个要素，即运作效能、政策能力、执行能力，并提出对三个要素有重大影响的环境变量，主要是：市民社会情况、政治稳定情况、经济危机以及援助者的行为情况、国家社会分裂情

---

① 〔美〕加布里埃尔·A. 阿尔蒙德、小 G. 宾厄姆、鲍威尔：《比较政治学：体系、过程和政策》，曹沛霖等译，上海译文出版社1987年版，第433页。
② 〔美〕戴维·奥斯本、特德·盖布勒：《改革政府：企业精神如何改革着公营部门》，上海市政协编译组、东方译所编译，上海译文出版社1996年版，第1~3页。
③ 孔令锋、向志强：《论政府能力与可持续发展》，《中国人口·资源与环境》2007年第2期。
④ Peter Morgan, "The Design and Use of Capacity Development Indicators," Paper prepared for the Policy Branch of CIDA, 1997.

况。在此基础上，试图建立一个系统的政府能力指数。① 这些研究为政府能力评价提供了一些参考，但是可以看到，这些指标因子过于抽象、模糊，与具体的发展目标以及制度、组织环境都不相匹配。与此同时，这些指标并未明确提及提高能力的各种分析层次，因而无法利用它们来评价组织是否具有能够持久地执行其职能的能力。

（二）国内研究现状

为更加精准地把握国内学界有关县域治理问题的研究向度，本书选取的中文文献仅限于来源类别为"核心期刊+CSSCI"的 CNKI 数据库中，以"县政改革""县域治理""县级政府治理""县域治理现代化"为主题进行有关县域治理研究的文献。这些文献的发文跨度为 2002~2022 年，检索时间为 2023 年 11 月 13 日，共计得到中文文献 988 篇。如图 0-1 所示，2002~2022 年中国县域政治研究总体呈现波动式上升的态势，其中 2002~2008 年的文献数量整体增长缓慢，处于初步发展阶段；2008~2010 年文献数量较之前增长幅度较大，结合当时时代背景可知，在 2008 年 10 月召开的党的十七届三中全会上，明确提出"扩大县域发展自主权、增强县域经济活力和实力"等"壮大县域经济"的具体措施和要求，这在一定程度上为学界的研究注入了新活力，这一阶段关于县域经济和县级财政的文献数量高达 132 篇；2010~2018 年的发文量历经起伏，呈现水平式波动，2014

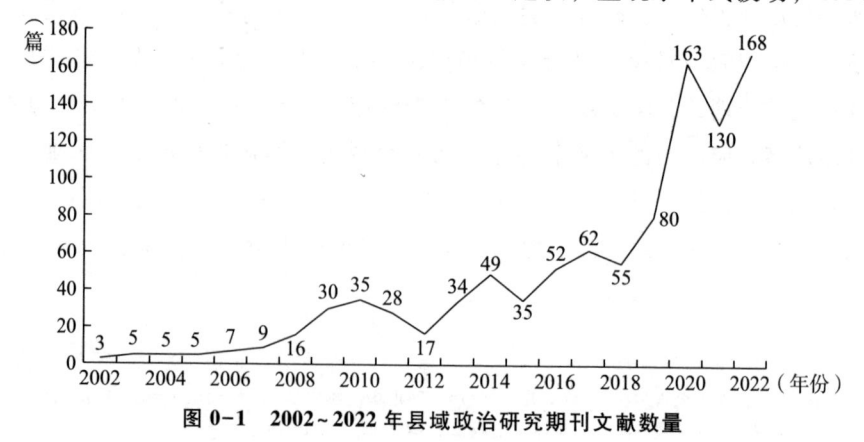

图 0-1 2002~2022 年县域政治研究期刊文献数量

资料来源：**CNKI** 数据库。

---

① Charles Polidano, "Measuring Public Sector Capacity," *World Development*, Vol. 28 (2000), pp. 805-822.

年文献数量的突然增多极可能与党的十八届三中全会首次提出"推进国家治理体系和治理能力现代化"重大命题相关；2018~2022年的文献数量直线上升，增幅超过100篇，这同样与党和国家政策的出台和逐步实施有紧密联系，如中共中央办公厅、国务院办公厅2017年印发了《关于支持深度贫困地区脱贫攻坚的实施意见》，与县域脱贫相关的文献在这一时期迅速增多。

而由图0-2可知，在主题呈现上，"县域治理"这一课题的研究开始较早，并一直维持着较高的研究热情；"县政改革"这一概念在2003年萌芽，并在2008~2011年不断升温，而后在学术界逐渐消失；"县级政府治理"在2004年首次出现，随后一直处于研究边缘地带；"县域治理现代化"相较于前三者出现最晚，学界对它的关注始于2013年党的十八届三中全会提出的"推进国家治理体系和治理能力现代化"这一重大命题，此后热度逐渐升高，虽在2021年有所下降，但整体仍保持着相对较高的研究热度。

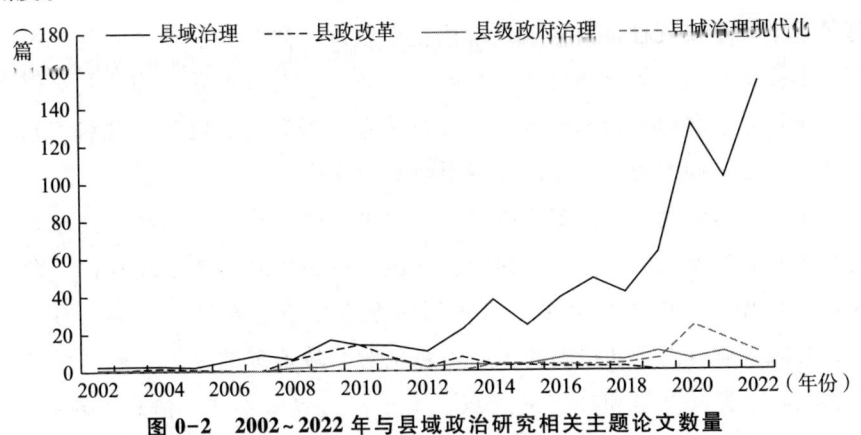

图0-2 2002~2022年与县域政治研究相关主题论文数量

资料来源：CNKI数据库。

1. 县域治理研究

县域作为国家治理的接点部位和基础，在国家治理现代化中扮演着重要角色。在持续推进国家治理体系和治理能力现代化的过程中，县域治理研究逐步成为学界研究的热点，国内学者针对县域治理有关问题的研究逐步深入。

（1）县域治理困境

第一，财政困境。县域治理过程中遇到的问题很多，其中财政困境问题是国内学者关注的焦点之一。贾康和白景明认为，财政体制对县乡财政困难的影响主要有三个方面：一是地方政府之间的事权和支出职责不平衡，事权持续下移，而上级政府则过分集中财力；二是政府机构设置太多，导致税制利益分割的可能性较小；三是政府对财政支出规范的决策权过分集中，同时存在规范混乱的现象。①阎坤认为，自1994年实行分税制以来，县财政收入的重心逐渐转移，但因缺少主体税种等，县对税收的重视程度较低，主要是对非税收入进行管理，而"甩包袱"的支出策略又使其陷入了两难境地。②贾晋和李雪峰在对我国县域经济发展状况进行分析的基础上，提出"扩权强县"战略是解决县域经济发展问题的一项重大措施。他们希望通过扩权，增强县级政府的财政自足力，从而促进县域经济的发展，实现财政收入的间接增长。但是，通过对四川省 2005~2015 年的面板数据进行实证研究发现，"扩权强县"对县域财政困境的化解没有明显的积极影响。这就要求我们进一步审视"扩权强县"的政策效应，更加完整地认识其对县域经济发展的作用。③张冬梅认为，县域财政是县域治理的基础和重要支柱，县域财政现代化面临地方财政制度体系与县域财政能力等多重困境，需要通过地方财政体制放权与分权改革、构建县域财政现代预算制度和财政管理绩效差别评价体系、提升县域财政管理组织软实力和信息系统硬实力等来驱动县域财政治理现代化。④

第二，行为困境。改革开放以来，中央不断进行权力下放，县域政府的自主权力逐渐增加，这一方面使以县域政府为代表的地方政府在"政策执行"过程中对中央与上级政府决策体系产生更为系统的影响，另一方面，县域政府自由行动空间的无序扩张也对县域治理的良好发展产生了负面影响。根据马万里和刘雯的观点，由于权力界限不清、信息不对称等，中央政府难以有效监督地方官员的决策行为。在政绩目标、地方利益或个人利益等各种因素的影响下，地方官员的自由裁量权可能会被滥用，从而在实际政府场景中出现诸多"异化""偏离"行为，也导致地方政府行为

---

① 贾康、白景明：《县乡财政解困与财政体制创新》，《经济研究》2002年第2期。
② 阎坤：《中国县乡财政困境分析与对策研究》，《华中师范大学学报》（人文社会科学版）2007年第2期。
③ 贾晋、李雪峰：《"扩权强县"与县级财政解困绩效的实证研究——基于四川省 2005~2015 年的面板数据》，《中南财经政法大学学报》2017年第4期。
④ 张冬梅：《中国县域财政治理现代化的困境与路径研究》，《河北学刊》2021年第3期。

变异进而呈现偏离理性官僚制基础的"人格化"特征。① 除此之外，周黎安通过审视地方官员政治升迁机制，认为财政分权加剧了地方政府官员之间关于政治、经济的双重竞争，并由此产生了"地方保护主义"等不正当竞争现象。② 该观点的要义在于提出了，在财政分权体制下，为了政治晋升，官员们强化了彼此之间的竞争，从而引发了地方政府之间的保护主义行为。王国红则指出，县域政府因追求自身利益最大化而对市场进行过分干预，导致出现区域间重复投资、产业结构趋同、恶性竞争、地方保护主义等现象，严重影响了生产要素的合理流动与资源优化配置。③ 陈叶军、辜胜阻同样认为，由于欠缺充分的利益激励，县级政府在公共服务领域常常放弃许多基本职能，存在无所作为的情况。④

第三，体系困境。于建嵘、蔡永飞认为，我国县域发展遇到"没钱""没权""没人"等瓶颈问题的原因在于，与以城市为中心的现代化战略相适应的国家治理结构存在缺陷，县政改革涉及国家治理结构的调整问题，需要着力解决中央与地方、城市与农村、国家与社会的权力结构关系。⑤ 周庆智认为，只有深入研究和变革地方治理体系的治理逻辑、权威结构和运行机制，才能够真正推动地方治理体系改革。因为现在的地方治理体系无法也无力解决地方公共权威弱化、治理内卷化以及社会政治化等问题。要解决这些问题，必须从重塑地方公共权威、建构政府公共性、社会自治的发展与成长等三个方面着手。⑥ 贺雪峰认为，县级治理存在的最大问题是，过度强调标准化和指标化，加之问责泛化和事务政治化，以及自上而下越来越多的甚至相互冲突的中心任务压力，切割了县级治理的完整性，县级政权难以统筹资源，其职能被条线任务所制约，县级治理也难以做到因地制宜，缺乏积极性、主动性，应依据实际情况适时调整央地关系，在

---

① 马万里、刘雯：《地方政府行为变异：一个共时性的分析逻辑——兼论有心理维度的政府行为研究》，《人文杂志》2021年第1期。
② 周黎安：《晋升博弈中政府官员的激励与合作——兼论我国地方保护主义和重复建设问题长期存在的原因》，《经济研究》2004年第6期。
③ 王国红：《我国县域治理的困境与创新》，《科学社会主义》2010年第5期。
④ 陈叶军、辜胜阻：《解读中央一号文件："市管县"四大弊端"扩权强县"五个问题》，《理论导报》2009年第3期。
⑤ 于建嵘、蔡永飞：《县政改革是中国改革新的突破口》，《东南学术》2008年第1期。
⑥ 周庆智：《地方权威主义治理逻辑及其困境》，《中共中央党校（国家行政学院）学报》2020年第5期。

收放结合之间做好文章。① 仇叶认为，党的十八届三中全会以来，中央开始重新调整行政权力的分配结构，加强对基层的控制，在这个过程中确立了一系列的改革措施，如细化的指标化管理制度、严格的监督和问责制度等。基层政府逐渐被置于自主性收缩的强动员结构中，不得不应对日益膨胀的治理任务。在此过程中，"多中心工作"模式的启动，重组了县、乡、村三级治理体系。"多中心工作"模式的形成代表着基层治理体系逐渐走向刚性化，从双向关联国家与社会的多元有机体系，日益转变为单一对上负责的压力应对体系，损耗了国家在基层的可持续治理能力与合法性生产能力。②

第四，能力困境。当前，县域治理在理念、体系等因素的综合制约下，普遍存在治理能力弱化的问题。王丽慧认为，县级政府在政府职能转换中的不到位是县级政府治理陷入困境的主要原因。从本质上讲，县级政府的功能定位应该是提供公共物品和公共服务。但是，当前部分县级政府在履行政府职能方面存在明显的不足，主要体现在：一是基层公共服务的供给不足，无法满足农村社会发展对公共服务的需求；二是公共服务供给的不平衡问题，比如，在社会福利方面，弱势群体在教育、医疗和社会保障等方面所能享受到的公共服务少于其他群体。③ 另外，全能主义的管理方式加剧了管理困境。在改革开放以前，中国的政治和社会是一种"全能"的运作模式，于建嵘、张正州指出，这种全能主义以单位制为细胞，以纵向组织为中介，实行高度中央集权。④ 杨发祥、王乐全认为，在县域社会发展为我国经济高速增长做出贡献的同时，公共服务非均等化、民众需求多元化、社会治理能力滞后等成为县域社会面临的重要治理问题。⑤ 在"全能政府"的框架下，县级政府"无所不能"，往往陷入"全能而不能"的窘境。

---

① 贺雪峰：《央地关系视野下的县级治理》，《治理现代化研究》2021年第2期。
② 仇叶：《行政权集中化配置与基层治理转型困境——以县域"多中心工作"模式为分析基础》，《政治学研究》2021年第1期。
③ 王丽慧：《县级政府管理困境与管理方式创新》，《中国行政管理》2009年第5期。
④ 于建嵘、张正州：《理念、体系、能力：当前县域治理的转型困境与发展方向》，《学术界》2019年第6期。
⑤ 杨发祥、王乐全：《新发展阶段县域社会治理能力现代化研究——一个社会学的分析视角》，《贵州社会科学》2022年第10期。

(2) 县域治理的优化路径

基于县域治理的诸多困境，国内学者投入对县域治理优化路径的相关研究，试图找到合适的路径选择。

第一，优化府际权力关系，创新符合现实国情的县域治理结构。王国红提出，县域治理结构仍需进一步优化，特别需要解决结构不均衡的问题。这方面的研究主要针对国家纵向与横向治理结构的调整，也就是要处理好中央与地方、城市与农村、农村与农村之间的利益关系。此外，要大力提倡"强县"改革，将经济社会管理权限进行一定程度的下放，同时简化行政审批程序的流程，建立健全县域经济管理体制机制，实现事权财权的平等对待和权责利益的一致划分。同时，要科学界定县级政府的行为边界，并在适当时机调整政府职能，进而更清晰地规范县域治理，提高政府的执行效能。县级政府要积极实现从经济型政府向服务型政府的转变，同时完善县级政府的治理结构。① 陶勇认为，县级政府在公共服务中的权责不匹配、事权与财权不匹配等问题，严重制约了其提供基本公共服务的能力。因此，需要构建以基本公共服务为目标的地方政府治理结构。② 朱光磊、张志红揭示了中国不同层级政府间的职责"同构现象"，认为要想实现政府职能的转变，必须打破职能同构，对政府垂直部门的职能进行合理的调整，才能真正实现政府职能的转变，实现行政体制的改革，实现部门之间的协调。③ 李铁牛、李渡认为，在现行体制中，县域政府治理缺乏高效有力的统筹协调机制，县级政府必须从政府行政体制内部出发，改革政府内部"条块"结构，并自上而下地推进行政体制改革，不断优化府际关系，真正建立起高效整体的服务型政府。④

第二，加强统合治理，完善县域议事协调机制。田先红提出，要推进国家治理体系和治理能力现代化，就必须建立起协调有序的地方政府治理体系，在县域治理过程中，县域党委和政府要发挥协调作用，通过建立健

---

① 王国红：《我国县域治理的困境与创新》，《科学社会主义》2010 年第 5 期。
② 陶勇：《县级政府提供基本公共服务的困境——基于地方政府治理结构的视角》，《公共经济与政策研究》2014 年第 1 期。
③ 朱光磊、张志红：《"职责同构"批判》，《北京大学学报》（哲学社会科学版）2014 年第 1 期。
④ 李铁牛、李渡：《我国县级政府府际关系优化问题研究》，《哈尔滨师范大学社会科学学报》2019 年第 3 期。

全议事协调机构统合各方面资源，推动国家战略和大政方针等在基层得以落实，推进县域治理现代化。① 李博等认为，在县域治理中，成立议事协调机构能够集中多方力量完成治理目标，在生态环境保护、乡村振兴等具有攻坚性的治理任务中尤为有效，是推进县域治理现代化的重要手段。②

第三，革新干部考核评价机制，创新县域治理工作。王国红认为，应积极探索与科学发展观相契合的干部管理与评价方式。在评价地方政府绩效时，要把地方保护主义和过多的政府干预作为严格禁止的指标，以此防范领导干部片面追求经济增长指标。鼓励基层干部把精力集中在具体工作上，减少基层政府领导班子的频繁更换，保证地方在长远的发展计划中能坚持下去，实现相对持续的发展。③ 余练指出，在县域治理现代化过程中，要加强对基层干部的绩效考核工作，运用现代信息技术加强对基层干部的考核，是县域治理现代化的必然要求。其能够有效打破"二八定律"，在政府内部形成合理竞争，激发公共部门和组织的活力。④

第四，建立健全公共财政体系，提升县域治理能力。瞿磊、王国红提出，构建一套适合我国国情的财税体制，是提高县级政府治理水平的关键。在此过程中，必须确保财权与事权的相互匹配，创设合理的财政管理制度。可以通过进行财政省直管县的体制改革，提升县级政府的公共服务水平，实现基本公共服务均等化。⑤ 唐婧、张富泉提出，要尽快建立起政府间人均财力均衡的公共财政制度与公共服务体系，实现公共服务的均等化。⑥

2. 县政改革研究

目前，学术界对县政改革的研究，主要围绕县政改革的必要性、县政改革的基本价值取向和县政改革的路径选择等问题展开。

---

① 田先红：《统合治理与中国县域治理现代化——基于县域议事协调机构的经验分析》，《甘肃社会科学》2023 年第 2 期。
② 李博、靳永翥、詹绍文：《统合治理与县域议事协调机构的运行机制创新研究——基于西北 H 县的案例分析》，《中国行政管理》2023 年第 7 期。
③ 王国红：《我国县域治理的困境与创新》，《科学社会主义》2010 年第 5 期。
④ 余练：《大数据驱动县域基层干部绩效考核提升机制及其成效——基于浙江省 L 区数字化绩效考核的实证考察》，《求实》2023 年第 5 期。
⑤ 瞿磊、王国红：《广西县域治理创新实践及其发展方向》，《学术论坛》2013 年第 1 期。
⑥ 唐婧、张富泉：《分税制改革与完善社会主义市场经济体制研究》，《政治经济学评论》2021 年第 2 期。

首先，对县政改革的必要性进行研究。周庆智以"权力清单"改革为切入点，对县级政府权力结构及其运行中的结构性矛盾进行了分析，认为县域治理的基本特点是"资源所有权"与"行政管理权"相结合，这使得县域治理的目标并非"公共利益最大化"而是倾向于"国家利益（含基层政府利益）最大化"。① 樊红敏则认为，在县域政府治理中，"行政—动员"是一种广泛存在的现象。该模式采取一种非制度化的行政整合机制，通过强制的行政动员和传统的常规手段，将各类资源集中于科层结构中，从而实现对县级政府的有效控制。② 然而，这种方式带来了一系列问题，导致县域治理陷入制度化困境，社会参与性不足，县域治理行动在很大程度上偏离政权建设的目标。行政化动员型治理模式可能在追求快速行动的同时，忽视规范和制度化的重要性，进而导致过度依赖行政手段，陷入权力过度集中、行政效率不高的困境。

其次，对县政改革的基本价值取向进行探讨。目前学界已达成共识，认为自治性和公共性是县政改革的核心价值，倡导从政治合法性而非行政效率出发，重新构建县政体制，明确县的政治地位。于建嵘、蔡永飞认为，目前县政改革的大趋势仍是以"省直管县"为主，虽然"强县扩权"等改革在一定程度上强化了县级政府掌控经济、管理社会的能力，提升了县级政府行政效率，但大大受制于现有制度的刚性约束以及多重利益主体的相互博弈。③ 要从根本上解决改革过程中的这些困境，必须实现"强县扩权"向"县政自治"的转型。"强县扩权"向"县政自治"的转型，是行政权力向法治权力转移的演进。徐勇探讨地方自治时强调，要依托国家一体化与民众参与同步扩大自治权。④ 他认为地方自治要保证国家主权的统一，同时鼓励人民群众的积极参与。这意味着，自治不能从整个民族中单独抽离，而应该在民族融合的范围内推进，自治与国家整体利益应是一致的。相较之下，杨雪冬提出的现代自治概念更侧重于在国家法律框架内对本地事务进行自我管理。他强调自治并不是对国家的背离，而是一种捍

---

① 周庆智：《控制权力：一个功利主义视角——县政"权力清单"辨析》，《哈尔滨工业大学学报》（社会科学版）2014年第3期。
② 樊红敏：《县域治理改革的切入点》，《郑州大学学报》（哲学社会科学版）2013年第1期。
③ 于建嵘、蔡永飞：《县政改革是中国改革革新的突破口》，《东南学术》2008年第1期。
④ 徐勇：《国家化与地方性背景下的双向型县域治理改革》，《探索与争鸣》2009年第11期。

卫国家权威的手段。① 在这种理解下，自治被视为国家制度内的自我管理，强调在法律规定范围内进行自治，以确保国家权力的有效行使。另外，周庆智认为，县政改革中的"公共性"原则是近代国家建构与民主管理的内在要求。② 这一原则不仅是政府合法性的基础，也是公民权利发展的必然要求。这意味着政府的公共性构建不仅符合国家建设的需要，而且对于保障公民权利具有重要作用。国内学者从不同角度阐释了地方自治的现代意义，自治在地方治理中具体体现了民主理念，同时必须在国家法律框架内进行，以确保对国家权力的维护。县政改革的公共性原则被视为国家建设、民主治理、政府合法性和公民权利发展的内在需求，为地方自治提供了基本的制度支持。

最后，对县政改革的路径选择进行研究。吴理财认为，现有学术研究显示地方治理中县与乡之间的联系往往呈现一种自上而下的支配性权力结构。③ 然而现实是，学术界关于该议题的讨论主要集中在中国地方政府间关系的总体性质上，导致对县乡层级特有性质的理论性分析相对被忽视，研究结论多倾向于从宏观的视角出发探究府际互动的一般性规律，而县乡层面的互动关系所具有的独特性并未获得适当的探讨。周飞舟立足于税费改革历程中县乡政府间的经济往来，对县乡层面的互动关系进行了深入分析。④ 其研究认为，乡镇公共财政的紧缺，导致出现县级财政对其产生相对控制的现象，进而使得县与乡镇之间的关系经历转型，县级财政逐步变成乡镇财政的"家长"，乡镇政府日益成为县级政府的"派出机构"。而乡镇政府为保障自身正常的职能运作，往往积极向上级政府申请项目和资金支持，进而其治理行为的选择实施紧紧依附于上级政府的指挥命令，最终导致乡镇政权走向"悬浮化"。由此，也给农村社会发展带来了更为严峻的现实问题：谁来提供乡村公共物品和公共服务？可以肯定的是，即使乡镇政权处于"悬浮"状态，农村地区对公共服务与资源保障的需求也不会因此而停止，而要想摆脱这一困境，就必须依托更高级别的县级政府，因

---

① 杨雪冬：《论"县"：对一个中观分析单位的分析》，陈明明主编《权利、责任与国家》（《复旦政治学评论》第四辑），上海人民出版社2006年版，第153~175页。
② 周庆智：《县政治理：权威、资源、秩序》，中国社会科学出版社2014年版，第125页。
③ 吴理财：《县乡关系的几种理论模式》，《江汉论坛》2009年第6期。
④ 周飞舟：《从汲取型政权到"悬浮型"政权——税费改革对国家与农民关系之影响》，《社会学研究》2006年第3期。

此必须调适县乡关系。除此之外，一些学者还从管理机制、体制结构、制度环境以及实际操作等不同维度深入探讨了乡镇与县级政府间的互动关系。迄今，已提出民主合作模式[①]、互助模式[②]等多种改革模式。

3. 县级政府治理研究

在国内关于县级政府治理问题的研究中，学者的研究视角宽广各异，但在以下几个方面的研究较为集中。

第一，中央与地方关系在县域治理中的作用。汪锦军指出，在单一制的中国政府体系中，地方政府的权力运行一直受上级和中央政府的影响，这种纵向间权力关系也影响了其与社会互动的过程，因此，政府与社会的互动是一个多层级政府与社会的复杂运行过程。[③] 王雅君的研究表明，县级治理结构中官僚体制（科层制）的断裂已成为制约其现代化进程的重要因素。由于我国尚未明确纵向各政府层级之间的权责划分，也未明确各级政府内部不同职能部门的权责分配，因此易导致县级政府等地方政府出现管理权力倒挂和碎片化的现象。[④]

第二，公共财政对县级政府治理的影响。"财政是庶政之母"，亦是政府职能有效履行的物质保障。将公共财政作为一个新的视角来研究县级政府的治理能力，将有助于深入理解县级政府在治理方面的实际表现。关于县级政府的公共财政与政府治理的关系，国内学者从不同角度出发取得了诸多研究成果。在实证研究方面，范逢春与谭淋丹基于2008~2018年的面板数据构建了拥有13个具体指标的测度体系，对50个县域的社会治理质量进行评价。数据分析表明，县级政府财政能力、财政分权程度、地方税收、社会资本等都与县域社会治理质量显著相关。[⑤] 李一花与李齐云以"省直管县"为研究对象，通过对县级财政分权指数的构建及对财政改革的影响进行实证研究，发现县级政府的财政自给和发展能力越高，其对区

[①] 荣敬本等：《从压力型体制向民主合作体制的转变——县乡两级政治体制改革》，中央编译出版社1998年版。

[②] 李芝兰、吴理财：《"倒逼"还是"反倒逼"——农村税费改革前后中央与地方之间的互动》，《社会学研究》2005年第4期。

[③] 汪锦军：《纵向政府权力结构与社会治理：中国"政府与社会"关系的一个分析路径》，《浙江社会科》2014年第9期。

[④] 王雅君：《县级政府治理现代化与结构转型》，《求实》2017年第11期。

[⑤] 范逢春、谭淋丹：《高质量发展背景下县域社会治理质量差异及影响维度——基于50个县域面板数据的分析》，《河南师范大学学报》（哲学社会科学版）2021年第1期。

域经济发展的自主性就越大，其公共物品的供给水平也就越高。[①] 叶满城、刘爽认为，提高政府治理水平的重要途径就是实现财政收支信息的透明化，只有这样，公众才能对政府进行预算管理的整个过程有一个更加清晰的认识，这也是公众对其进行监督的先决条件。[②] 然而，以上这些研究更多侧重于公共产品和服务的需求与供给这一层面，而忽视了公共财政在影响县级政府治理能力方面的重要性，即往往将治理能力与服务供给挂钩，而忽略了经济运作所需的资金支持对治理能力的影响。

第三，法治规范对县级政府治理的影响。"法治"与"治理"的关系，是当今学术界十分关心的一个话题。通过对西方法治理观的辩证分析，结合我国法治建设的现实状况，可发现法治在国家治理中具有举足轻重的作用。夏柱智提出，从维持社会安定的角度出发，法治除了具有维持"秩序状态"的功能外，还是现代制度系统的内核，以其为核心的法律制度应当具有全面包容性和全面发展的功能，要运用法治化思维推动县域治理创新。[③] 杨庆育提出，要想提高政府的管理水平，就必须在法律法规中明确政府的职责，妥善处理好中央与地方、政府与市场、政府与社会之间的关系。[④] 陈金钊认为，县域治理的法治化方式不仅是司法手段，还是国家、政府、社会"三位一体"的综合治理形式，必须毫不犹豫地推进县域政府法治化进程。[⑤] 加强县级政府法治建设，是当前构建和谐社会的重要课题，法治在推进"四个全面""五位一体"建设中发挥着极其重要的作用。"县域治理法治化"是一种融合了"法治化"与"县域治理"的新概念，它的提出对中国基层治理问题的探讨既有实践意义，又有理论意义。

第四，治理内容和主体多元化对县级政府治理的影响。简政放权既是推动政府回归公共性的有效途径，也是实现政府治理向现代化转型的着力点。[⑥] 为了推动我国的行政制度改革向前发展，中央要继续对市场和社会

[①] 李一花、李齐云：《县级财政分权指标构建与"省直管县"财政改革影响测度》，《经济社会体制比较》2014年第6期。

[②] 叶满城、刘爽：《地方政府财政透明、信息发送与公共治理成本控制》，《当代经济研究》2020年第3期。

[③] 夏柱智：《"条块互嵌"与基层治理法治化——县域治理创新的角度》，《天津行政学院学报》2019年第5期。

[④] 杨庆育：《地方政府治理能力现代化的理性阐释》，《重庆社会科学》2016年第2期。

[⑤] 陈金钊：《论县域治理法治化》，《扬州大学学报》（人文社会科学版）2019年第2期。

[⑥] 何显明：《基于国家治理体系现代化的简政放权逻辑》，《行政管理改革》2015年第7期。

横向放权，对地方政府纵向放权。单纯依靠权力来强行分配社会资源，并通过压缩公民的权利来实现经济发展与社会稳定，是一国为尽早走出极端贫穷，在实现发展赶超战略的背景下所采用的一种非传统治理手段。它只是在一定历史阶段采取的一种特殊的管理模式，无法实现可持续发展，也不符合国家治理现代化的客观要求。实际上，要想实现经济和社会的可持续发展，政府、市场和社会必须共同努力。正如任剑涛所言，"市场释放价格的动力，社会发挥自我调节的功能，再加上一个规范的国家权力系统，这些因素结合在一起，为国家发展带来的动力，远比纯粹以国家力量为动力要强大得多"[①]。另外，伴随着经济发展与社会建设的不断推进，人们的生活质量不断提高，国民的文化素质也不断提高，与此相伴的是民权意识的逐渐觉醒。这种发展趋势使单纯依靠行政手段促进经济增长、维持社会稳定的政府管理方式已很难维持，需向多元化治理体系建设转变。杨峰、徐继敏通过对推动国家治理能力现代化的内涵、作用和核心三个方面的阐释，提出要顺利实现县域治理现代化，必须确保国家继续对县域进行改革，在放权的同时，还要保证民主性，扩大公民的有序参与。[②] 具体而言，向市场放权的重点包括以下三个方面。首先，进一步简化行政审批流程。行政审批制度是一种在传统计划经济条件下管理经济的方式，其本质是通过最大化权力、最小化责任来简化管理。行政审批过多，既提高了政府的行政成本，又抑制了市场与社会的活力，同时也容易滋生政府及其公职人员的寻租行为，严重影响了经济与社会的正常发展。其次，杜绝滥用行政权力排除和限制竞争的行为，主要表现为行政强制交易、地方保护主义、对企业的生产管理进行不当干预等。最后，充分发挥市场在资源配置中的决定性作用。在市场经济条件下，由于市场主体的多元化和由此衍生出来的各种复杂的利益关系，仅依赖政府管制的方式已经难以对其进行有效的治理。

4. 县域治理现代化研究

随着党和国家对治理现代化问题关注度的持续提升和一系列战略方针的制定出台，国家治理现代化研究热度也持续提升，作为国家治理现代化

---

① 任剑涛：《除旧布新：中国政治发展侧记》，中央编译出版社2014年版，第4页。
② 杨峰、徐继敏：《"治理体系与治理能力现代化"语境下的县域治理》，《学术论坛》2016年第2期。

的重要组成部分,县域治理现代化研究也成为学界关注的焦点。丁志刚、陆喜元指出,县域治理现代化是指在国家治理的框架内,对县级政府进行重新塑造,重建政府与市场、政府与社会之间的互动,并对其进行科学、合理的分配,从而建立起一种具有多元化的治理主体、民主化的治理过程和高效化的治理效能的结构体系。① 王雅君从结构化转型的视角出发阐释了县域治理现代化的根本意义,即它能够与社会发展的不断变化相匹配,从而促进县级政府的现代化转型。② 由于县域处于城乡融合节点的特殊位置,现代社会越来越强的流动性,致使多样化的利益群体在多元化的社会结构中高度碰撞,因此要改变其传统的治理模式,以更有效的行为选择推进县域治理民主化、制度化和法治化。

目前,国内对县域治理现代化问题的研究角度广、思路宽、进路多,如果从推进县域治理现代化对策方案的角度来总结,可以大致归纳为以下三个方面。

其一,县域治理理念现代化。县域治理的治理实践与运作方式的形成,离不开理念的效应导向。能否确立科学的、合理的治理理念,不仅关系到县域治理现代化目标能否实现,也在根本上决定着县域治理的最终效果。何雪松和覃可可指出,要确立以人民为中心的县域社会治理理念,突出"共享、共富"的价值观,这是全面建成小康社会后的一个重要价值取向,让广大人民群众都能共享改革开放的成果,促进共同富裕。③ 贺雪峰指出,要形成科学的县域治理观念,就必须从"维稳"转向"维权",以"为民"为本,以维护人民的权益为价值追求。④ 刘文茜认为,县域治理走向很大程度上取决于是否确立了科学合理的治理理念,科学合理的县域治理理念应该在县域治理的各个环节融入创新、协调、绿色、开放、共享的新发展理念。⑤

其二,县域治理体系现代化。党的十九届四中全会决定中提出,要

---

① 丁志刚、陆喜元:《论县级政府治理能力现代化》,《甘肃社会科学》2016年第4期。
② 王雅君:《县级政府治理现代化与结构转型》,《求实》2017年第11期。
③ 何雪松、覃可可:《城乡社会学视野下的县域社会治理现代化》,《社会科学辑刊》2021年第4期。
④ 贺雪峰:《乡村治理现代化:村庄与体制》,《求索》2017年第10期。
⑤ 刘文茜:《新时代背景下县域治理现代化的困境与路径》,《沈阳干部学刊》2023年第4期。

"完善党委领导、政府负责、民主协商、社会协同、公众参与、法治保障、科技支撑的社会治理体系"[1]，明确揭示了治理体系现代化的主体维度和路径维度密切相关，在选择治理主体时，应综合考虑各方面因素，并根据实际情况进行取舍。[2] 对此，杨发祥、王乐全认为，县域治理体系现代化具体涉及党建引领、政府履责、社会参与、村居自治等方面。[3] 对于县域治理体系创新，有许多学者聚焦县域治理的实践场域，发现了诸多具有积极意义的行动模式。例如，杨振保总结了西峡县的"一专三员"治理模式。所谓"一专三员"，是指深化村（社区）党支部书记专职化管理，向非公有制企业派驻党组书记兼任企业发展环境监督员，向乡镇（街道）派驻观察员，向行政村（社区）派驻信息员。"一专三员"模式创新了以问题为中心的处置机制，有针对性地提高了管理服务水平，促进了基层党员干部转变工作作风，对于推动地方治理现代化发挥了重要的积极作用。[4] 翟坤周、毛磊认为，城乡融合发展是一个"要素结构"和"空间结构"整合的县域自主性治理过程，应从"主体—过程—政策"三维协同出发，明晰城乡融合发展县域自主性治理的运行机制，明确城乡融合发展县域自主性治理的集成路径，破解县域治理体系难题。[5]

其三，县域治理能力现代化。县域治理能力的现代化内涵丰富，既包括政府自身的法治建设、信息公开建设、职能建设和责任化建设，还涉及政府和社会组织之间的协作、公众的公共事务参与度和公共服务满意度等。这种现代化的治理能力特征包括以制度化规范社会生活、以民主化充分体现民意、以法治化依法行使权力等诸多方面。立足国家治理现代化的现实需要，丁志刚、陆喜元从"政府、市场与社会的关系"、"政府自身"及"制度化、法治化"三个方面来理解县级政府的治理能力和现代化。他

---

[1] 《中共中央关于坚持和完善中国特色社会主义制度 推进国家治理体系和治理能力现代化若干重大问题的决定》，中国政府网，2019年11月5日，https://www.gov.cn/zhengce/2019-11/05/content_5449023.htm?ivk_sa=1024320u&wd=&eqid=9c82949b000ef4ac00000004647dac5d。

[2] 何增科主编《社会管理与社会体制》，中国社会出版社2008年版，第2~5页。

[3] 杨发祥、王乐全：《新发展阶段县域社会治理能力现代化研究——一个社会学的分析视角》，《贵州社会科学》2022年第10期。

[4] 杨振保：《县域治理现代化的新探索——对西峡县"一专三员"治理模式的调查与思考》，《学习论坛》2015年第4期。

[5] 翟坤周、毛磊：《中国式现代化城乡融合发展的县域自主性治理》，《理论与改革》2024年第1期。

们提出，县级政府管理能力的含义是：县级政府在实现宪法和法律规定的功能时所具备的相应能力，也就是履行职能的能力，本质上就是县级政府的制度化和法治化能力；转变职能的能力，即县级政府为顺应国家治理现代化而培育、塑造和创新的能力，本质是县级政府的现代化建设与管理创新能力。[①] 杨发祥、王乐全认为，提升县域治理能力需要立足中国国情，并充分借鉴国际经验，探索符合中国国情的县域治理能力建设理论依据，把中国特色社会主义制度优势转化为县域社会治理效能。[②]

（三）简要评析

国外研究方面，对于政府治理的一般理论研究具有前瞻性。对于地方政府的研究，研究视角和研究方法多样。研究视角主要有府际关系和府际合作视角、集体行动和社会资本视角、多元化视角、治理过程差异性视角等，研究方法主要有历史分析法、制度分析法、结构—功能分析法和国家—社会二分法等。但是，由于基本国情和国家制度的差异，国外学者对于县域政府的研究较少，几乎没有对类似我国县域政府层级的地方政府的研究。国外研究成果中，国家治理及地方政府治理的一般性理论对于我国县域治理研究具有一定参考价值，但是其应用型的研究主要基于西方资本主义国家制度和发展阶段，具有典型的国别特色和时代特征，对于我国县域治理现代化转型研究不具备太多的参考性。

国内研究方面，关于治理的基础性研究集中在党的十八届三中全会以前，涌现了大量关于治理内涵、价值、原则等方面的基础性研究成果。党的十八届三中全会以来，随着"国家治理"和"治理现代化"等话题越来越成为社会各界的焦点，特别是作为党和国家重大发展战略被提出以后，学界关于治理的应用型研究呈现"井喷"态势。在此影响下，县域治理研究的方向和重点也在逐步变化，学界以审慎严谨的学术态度和实践所得，形成了丰富的研究成果，相关的研究著述在内容上呈现"百花齐放、百家争鸣"的盛况。当前，学界关于县域治理方面的研究主要是探讨县政改革、县级政府行为、县级政权建设、县域政府治理结构调整、县域政府能力提升等问题，呈现零散的特点，关于县域治理现代化的研究还不够完

[①] 丁志刚、陆喜元：《论县级政府治理能力现代化》，《甘肃社会科学》2016年第4期。
[②] 杨发祥、王乐全：《新发展阶段县域社会治理能力现代化研究——一个社会学的分析视角》，《贵州社会科学》2022年第10期。

整、系统，没有形成整体性研究进路。因此，关于县域治理进一步的研究，必须从理论自觉的角度来系统化推进，并形成框架性适用路径，从而为我国县域治理现代化提供整体性、适用性思路。

综上，国内外已有成果为本书的写作提供了丰富的理论基础、多样的研究视角，以及多学科、多层次的研究方法。笔者认为，县域治理现代化的研究在已有研究的基础上，需要从以下几个方面实现突破。第一，明确县域治理现代化内涵。在文献梳理和理论探析、实践观察的基础上，找到我国县域治理现代化所包含的基本问题和重点领域。第二，建构我国县域治理现代化转型的总体研究框架。在掌握基本问题和重点领域的基础上，搭建我国县域治理现代化转型的基本框架。第三，加强理论自觉，构建本土话语体系。找准理论基础，结合中国特色，建构我国县域治理现代化研究范式。

基于以上考虑，本书将从现代化语境出发，在国家治理现代化整体框架下，从理念、体系、能力三重维度，阐明我国县域治理现代化转型的行动困境、逻辑向度和路径选择，提出我国县域治理现代化整体性、框架性的实现策略。

三　相关概念与理论基础

（一）相关概念

在本书的研究体系中，涉及一些相关概念，这些概念的基本内涵和特定含义是整个研究体系的逻辑起点。因此，有必要对本书所涉及的一些概念进行阐释与说明。

1. 县域治理

县域是指县级行政区，包括县、县级市、地级市所辖区等。县域治理是地方政府治理的关键环节，也是国家治理的基础，更是国家治理体系和治理能力现代化的关键"接点"。[1] 县域治理是一个集经济、政治、文化、社会等于一体的复杂综合体，[2] 县域治理所涉的空间广、对象多、层级丰

---

[1] 王敬尧、黄祥祥：《县域治理：中国之治的"接点"存在》，《行政论坛》2022年第4期。
[2] 范和生、郭阳：《县域治理的关键议题及善治路径——基于安徽五县的实证研究》，《福建论坛》（人文社会科学版）2021年第12期。

富、事务繁杂，其内涵和外延都十分丰富。

我国对"治理"的运用，可以追溯至20世纪50年代初，经过了新中国成立之初的"根本治理"、改革开放初期的"综合治理"、党的十八大以来的"国家治理"等几个阶段的发展演变过程，并在一定程度上反映了这一概念的内涵和外延。[①] 对于县域治理，学界围绕"什么是县域治理"展开了诸多探索，赋予了县域治理丰富的内涵。杨华从总体观上对县域治理进行界定，认为县域治理是对全县公共事务的治理。[②] 邹力行则着重强调了县域治理的基本力量，认为县域治理是指在县域层面上，通过建立健全政府机构、政治体制、运行机制和管理体制，而对各区域进行的一种综合性行政管理，[③] 把政府治理等同于县域治理。而杨峰、徐继敏从县域治理的目标和过程出发探讨县域治理的内涵，认为县域治理是通过对公民主体地位的肯定与尊重、政府职能的转变，以及对市民社会的培育，力求在基层政府与公民之间进行"协商管理"，以"官民和谐"为目标，以县域公共利益最大化为目标，在县一级实施的基层治理。[④] 这一概念明确了县域治理的目的，将公民的主体地位加以落实，并指出了县域治理的过程和机制，是一个比较完整的定义。王国红、瞿磊则进一步拓展治理主体，准确界定了政府、市场、民间组织在县域公共事务管理中的作用，协调了三者的关系，积极推动了社会市场主体、市民社区等服务管理主体的形成和发展。[⑤] 可见，县域治理的实质在于多元化，它要求政府和社会、公众之间建立良性健康的沟通互动，强调县域治理主体协同有效地参与县域公共管理活动，以促进县域经济社会的有序运作。

本书将"县域治理"理解为：在县域范围内，有关治理主体履行主体责任，在县域政治、经济、社会、文化等领域开展的公共管理活动，是县域治理主体共同实现县域"善治"的全过程。

2. 县域治理现代化

党的十八届三中全会提出"全面深化改革的总目标是完善和发展中国

[①] 许耀桐：《当代中国"治理"概念的演进探析》，《国家现代化建设研究》2023年第3期。
[②] 杨华：《县域治理中的党政体制：结构与功能》，《政治学研究》2018年第5期。
[③] 邹力行：《县域经济与社会土地改革论》，中国金融出版社2014年版，第24页。
[④] 杨峰、徐继敏：《"治理体系与治理能力现代化"语境下的县域治理》，《学术论坛》2016年第2期。
[⑤] 王国红、瞿磊：《县域治理研究述评》，《湖南师范大学社会科学学报》2010年第6期。

特色社会主义制度，推进国家治理体系和治理能力现代化"，从治理理念、体系和能力的三维坐标出发表述国家治理愿景。① 这表明，国家治理现代化至少应包含三个层面：一是治理理念的现代化，二是治理体系的现代化，三是治理能力的现代化。治理理念是治理主体开展治理活动的意识遵循和价值取向，治理理念现代化是国家治理体系现代化、治理能力现代化的先决条件。治理能力现代化是实现国家治理理念现代化、国家治理体系现代化的具体体现。从结构—功能视角来看，如果将治理视为权力运转过程中通过多样化的机制策略而呈现出的"效能差异"或"博弈态势"，那么不同的参与者在博弈中，根据自己的意愿、倾向和需要，以及在博弈中的角色定位，就会形成一种战略结构效应。这一结构化意味着，治理是基于制度框架、制度安排等技术细节的战略推演。同时，治理参与主体在宏观框架下，对权力运行过程中各种博弈关系进行预测和整体把握，从而获得更多的治理话语权。② 国家治理体系改革可分为三个向度：一是体制性的优化布局，即制度层面的设计；二是工具功能层面，行政机制、市场机制、社会参与机制等各种机制之间的相互渗透与交错；三是在体制优化和机制交融下，在微观战略层次上进行多重指导。③ 从这个维度出发，可以将治理体系理解为治理的结构与体制机制的组合，在此意义上，政府结构与体制机制的现代化是国家治理体系现代化的一个重要方面。县域治理能力是县域治理主体为实现有效的政策目标和发展战略，通过充分利用自身素养和本领，合理运行县域治理体系，领导和组织全体社会成员贯彻落实相关治理要求，最终推动县域经济社会良序发展的综合能力。县域治理能力现代化是把治理体系的制度与机制向能力进行转换，④ 包括减少治理成本，最大限度地提高治理效率，简化治理方法，提高治理水平，实现治理效益的市场化和治理理念的社会化。⑤

---

① 于建嵘、张正州：《理念、体系、能力：当前县域治理的转型困境与发展方向》，《学术界》2019年第6期。
② 赵中源、黄罡：《新时代国家治理现代化的变革逻辑与实践图谱》，《学术研究》2022年第11期。
③ 赵中源、黄罡、邹宏如：《国家治理现代化的内在理性、变革逻辑与实践形态》，《政治学研究》2022年第1期。
④ 张佐、陈楠：《推进县域治理体系和治理能力现代化的路径选择》，《学术探索》2014年第11期。
⑤ 沈佳文：《环保公共参与视角下的生态治理现代化转型》，《中国领导科学》2016年第5期。

本书认为，县域治理现代化的提出是我国社会治理转型的迫切需要，是落实推进国家治理现代化总体要求在县域范围内的体现。县域治理现代化是一项整体性的系统工程，是以治理理念现代化为出发点，以治理体系现代化为支撑点，以治理能力现代化为落脚点，实现县域"善治"的整体性进路。

（二）理论基础

理论是通过对过往历史经验的提炼而形成的系统观念，是我们解决问题的重要支撑。根据本书的研究主题和整体研究进路，选取现代化理论、现代国家建构理论和结构功能理论作为研究的主要理论基础。

1. 现代化理论

现代化理论源于19世纪盛行的关于社会经济变迁与发展的一般理论。"现代化"一词首先出现在文艺复兴时期，最早的现代化理论研究是从对西方向资本主义社会转变的解释开始的，这就形成了一种关于社会经济变化和发展的一般性理论。20世纪50、60年代，随着帝国主义殖民制度的崩溃，资本主义不断将落后的民族、地区和阶级融入所谓的"文明"过程中，发展出了各种各样的理论学派。但从本质上讲，现代化理论就是对世界现代化的实践进行的理论性的总结与提炼。[1]

（1）"现代化"的内涵

现代化就是向现代迈进的进程，是实现"集大成"的阶段，它所表现出来的是进步的奋斗方向。最早的时候，西方学者把"现代化"界定为17世纪西欧、北美兴起的制度与价值观念，并向欧洲乃至整个世界扩散。[2] 布莱克将"现代化"作为一种普遍的观念来介绍，说明自从科技革命以后，人们生活中的各种事情都在快速地变化着。[3] 现代化的特殊意义在于它的动态性以及它对人类事务影响的普遍性。我国学术界对现代化内涵的研究可谓众说纷纭。何传启认为，现代社会总体上发生了两次重要的现代化变革，第一次是从农业时代及其经济、社会和文明向工业时代及其经

---

[1] 韩喜平、朱禹璇：《现代化理论的溯源与创新》，《西北工业大学学报》（社会科学版）2023年第3期。
[2] 〔美〕吉尔伯特·罗兹曼主编《中国的现代化》，上海人民出版社1989年版，第3~5页。
[3] 〔美〕C.E.布莱克：《现代化的动力》，段小光译，四川人民出版社1988年版，第8~13页。

济、社会和文明的过渡,而从工业时代到知识文明的转变,是我们向第二次现代化迈进的一个重要里程碑。[1] 尹保云在《什么是现代化——概念与范式的探讨》中介绍,现代化是指在物质、制度和观念三个层次上的现代性的添加与拓展。[2] 现代化理论是这样一种动态的理论模式:它要回答的是社会变迁的渊源及其决定性因素,传统社会与现代社会的划分及其定义,现代化的各种不同的社会类型、发展过程,现代化的各个方面(文化、政治、经济、心理等)及其相互联系。[3]

(2)现代化理论的发展阶段

现代化理论发展的第一阶段是古典理论阶段。1983年,涂尔干在《社会劳动分工》中提出了两种不同类型的社会结构:传统社会和现代社会。传统社会是封闭的,成员之间的分工是固定的,而现代社会则是在竞争环境中,通过劳动分工建立的特殊社会组织满足各种社会需求。而马克斯·韦伯则选择以文化作为社会变革引擎来分析社会发展的研究路线。他认为,新教教义在某种程度上改变了人类的价值观,因为它们产生了一种新的伦理——勤奋、进步。新教徒通过仔细地计划、勤奋、节俭和进取创新,催生了资本主义;合理利用资本来发展企业、提高竞争力、满足消费者需求等,所有这些都导致了从早期资本主义向现代创业资本主义的转变。总之,涂尔干和韦伯建立了社会学发展的一般理论,包括传统社会与现代社会的划分、不断变化的道德规范体系、社会分化等。[4]

20世纪40年代到70年代是现代化理论发展的第二阶段,即"结构功能主义"阶段。代表人物为美国结构功能主义社会学家帕森斯、马里奥·列维。帕森斯以世界史视野将现代化划分为三个阶段:在第一阶段,英国、法国和荷兰是主要参与者,这三个国家在工业革命和民主革命中都非常成功;在第二阶段,在欧洲东北部(德国)快速工业化的推动下,不平等和落后的民主化导致了纳粹的政治动荡;第三个阶段是在二战后,当时美国重新控制了世界,其民主革命与工业革命的融合程度远超欧洲。帕森

---

[1] 何传启:《第二次现代化——人类文明进程的启示》,高等教育出版社1999年版,第157页。
[2] 尹保云:《什么是现代化——概念与范式的探讨》,人民出版社2001年版,第92~109页。
[3] 王佩儒:《西方现代化理论概述》,《社会科学》1987年第12期。
[4] 〔英〕安德鲁·韦伯斯特:《发展社会学》,陈一筠译,华夏出版社1987年版,第31~32页。

斯认为，社会现代化的本质在于人类行为和社会关系的深刻变化。他创建了变量来描述两种不同的社会模式和社区，其模型变量包括五组——普遍性与特殊性、扩散性与专一性、情感性与中立性、先赋性与自致性、私利性与公益性，每组分别由两个不同的极端值组成。① 1966 年，马里奥·列维出版了《现代化与社会结构》一书，从经济、政治和社会关系着手，分析了现代社会与非现代社会之间的差异和联系。他认为，随着社会结构的变化，社会的各种功能必然分化。在帕森斯现代"模型变量"的影响下，列维运用变量模型对现代社会与非现代社会这两种社会类型的结构进行了比较，总结了现代社会八种不同的社会结构特征。②

现代化理论发展的第三阶段是当代现代化的理论阶段。在当代，对现代化的理论研究已经从简单的叙述转为研究现代化的过程与方式，总结国内外现代化的经验教训，以及在现代化过程中所遇到的问题。所以，这一阶段的现代化学说可谓五花八门。学者们将现代化的理论划分为两大类，一是发达国家的现代化理论，二是发展中国家的现代化理论。前者包括后工业社会理论、超工业社会理论、增长极限理论等，后者主要包括社会趋同理论、依附理论等。现代化的研究不存在一种固定范式，只有不同的程度和速度，一切根据本国的实际情况而定。要想现代化建设顺利发展，必须将物质要素与思想要素相结合。单纯地求助于物质要素的"物本论"，是一种谬误；同理，只依赖思想本身的运动的"观念论"，也无法立足。③ 任何一个国家开展现代化运动，都需要统筹兼顾、全面安排。

（3）现代化理论与县域治理现代化转型研究的逻辑契合

"现代化"概念源于西方，20 世纪初期传入我国后迅速在社会各界引起广泛关注和讨论。基层治理现代化是中国式现代化的重要组成部分，其具有向上衔接国家战略，向下统领农村发展和振兴的双重功能。④ 县域作为国家行政结构上的基础层级，其治理的现代化程度直接影响国家治理的现代化进程。

---

① 谷中原、吴师法：《西方社会现代化理论发展阶段论略》，《湖北省社会主义学院学报》2007 年第 5 期。
② 奚从清、沈赓方主编《社会学原理》，浙江大学出版社 2001 年版。
③ 俞吾金：《谈谈现代化理论研究上的观念论倾向》，《复旦学报》1996 年第 2 期。
④ 丁建彪：《国家战略驱动与基层治理现代化——兼论精准扶贫与乡村振兴"双重战略"的衔接》，《政治学研究》2023 年第 5 期。

现代化理论是国家治理现代化的理论基础之一，作为国家治理现代化体系的延伸，现代化理论自然也成为县域治理现代化的重要理论基础，县域治理现代化与现代化理论有诸多的耦合面，具体可归纳为三个维度：治理理念的现代化、治理体系的现代化和治理能力的现代化。从县域治理理念的现代化来看，现代化的理念是实现现代化转型的前提，是否拥有科学、合理的治理观念，不仅关系到治理现代化的目标能否达成，在本质上也影响着治理实践的最终结果。[①] 结构的现代化是现代化理论的重要方面，从县域治理体系现代化的角度来看，推进县域治理现代化需推进制度现代化与治理主体现代化的同步协调发展。同时，还需关注县域治理制度体系的现代化，以完善的治理制度优化县域社会公共秩序，从而激发县域发展活力。[②] 实现功能与能力的现代化，也是现代化理论需要关注的重点，能力现代化是理念现代化和体系结构现代化的落脚点。从县域治理能力的角度来看，实现县域社会治理现代化，必须在理念和体系结构现代化的协同推动下，实现县域治理能力的现代化。

2. 现代国家建构理论

（1）"国家建构"的内涵

"国家建构"是 20 世纪 80 年代出现的一种新的理论模式，引进中国后引起了我国学者的极大关注，国家建构理论逐渐成为学界的热门话题，学界逐渐开始深入探究中国的国家演变和政治发展历程，这不仅有助于我们更好地理解和诠释这一过程，还能够为政治学、社会科学的发展提供有力的支持。[③]

国内外学者对国家建构的基本要素有着大致相同的理解和认识。但是，关于如何界定"国家建构"，却很少有学者能够给出明确回答。一般来说，讨论如何界定"国家建构"这一概念时，社会科学一直延续着韦伯传统与马克思传统。韦伯传统指的是以官僚制为中心的近代国家的组织问题；而马克思传统则主要涉及近代国家的职能问题，这一问题的中心是对

[①] 王浦劬：《新时代乡村治理现代化的根本取向、核心议题和基本路径》，《华中师范大学学报》（人文社会科学版）2022 年第 1 期。

[②] 刘文茜：《新时代背景下县域治理现代化的困境与路径》，《沈阳干部学刊》2023 年第 4 期。

[③] 贺东航：《国家构建理论与中国现代国家构建历程探析》，《江汉论坛》2008 年第 6 期。

阶级的分析。① 蒂利对"国家建构"的定义指出了国家与社会关系中国家对于社会的权力控制与强化。蒂利认为，国家建构具有两个主要特征：国家所拥有的权力，以及国家所拥有的能力。其中，前者即国家权力涉及其在全球范围内的影响，而后者即国家能力则涉及其如何有效地管理、协调、维护自身利益。在蒂利看来，国家权力和国家能力是国家建构的关键要素。② 瓦尔德纳基于蒂利的理论和韦伯的分析，认为国家建构是"从间接统治向直接统治的转型"。③ 从现实的历史发展过程来看，国家建构的成果主要是实现了对基层和其他社会组织的直接治理，以及有效提高了资源和地区的整合能力。健全的市民社会既是现代国家建构的结果，又是现代国家建构的基石。④ 王建娥指出，国家建构需要一个复杂的进程，即领土和行政资源的政治整合。这意味着在建构现代国家时，首先要建立一个完善的领土结构及统一的政府机关，以便统一管理、协调、协调社会关系。其次，要建立一种新的社会秩序，使每个公民都能够拥有相应的地位，从而建立有效的社会结构，使个人都能得到公平对待进而实现社会的稳定发展。⑤ 而国家建构要从国家的现代化进程和国家的发展目标出发，不断地对国家与市场、社会、公民的关系进行调整，使国家的政治生态更加稳定有序。杨雪冬认为，国家建构可被视为一个持久的历史进程，必须不断地探索、改善、完善、优化与市场和社会的关系，以满足经济、政治、文化等多方面的需求。⑥ 此外，储建国指出，国家建构必须不断地调节其运行机制，做到与时俱进，保证其可持续地、健康地发展。⑦

因此，从本质上讲，国家建构就是一个国家不断发展渗透和控制社会能力的过程，是为了实现对社会的持续渗透和控制，国家不断增加自身机

---

① 曾毅：《现代国家建构理论：从二维到三维》，《复旦学报》（社会科学版）2014年第6期。
② 转引自金文：《西方国家建构研究脉络评析》，《中国矿业大学学报》（社会科学版）2013年第4期。
③ 〔美〕戴维·瓦尔德纳：《国家构建与后发展》，刘娟凤、包刚升译，吉林出版集团有限公司2011年版，第24页。
④ 徐勇：《"回归国家"与现代国家的建构》，《东南学术》2006年第4期。
⑤ 王建娥：《国家建构和民族建构：内涵、特征及联系——以欧洲国家经验为例》，《西北师大学报》（社会科学版）2010年第2期。
⑥ 杨雪冬：《中国国家构建简论：侧重于过程的考察》，《上海社会科学院学术季刊》2002年第2期。
⑦ 储建国：《大部制改革与现代国家构建》，《学习与探索》2008年第7期。

构和官员、扩大职权与职能,并建立相适应的专业制度结构和相应的人力资源支撑,不断调整自己与市场和社会以及社会与市场这三种关系,使之有利于自己存在、维持和强大的过程。①

(2)"国家建构"的要素

从近代以来西欧国家的国家建构进程和中国国家建构史来看,有三个不可替代的因素不断推动国家建构的发展,并最终塑造了现代国家,即强制、资本、认同。

强制是一个国家在建构过程中的基本组成部分,也是国家统治的一个重要手段。强制是协调行动一致的重要手段,而所协调的这些行动通常是会给社会行为者造成物质和财政损失或伤害的。② 武装力量是强制的核心,其被广泛应用于监禁、剥夺、羞辱和发布威胁等行为,以确保公民的安全和社会秩序的稳定。现代国家建构不仅是一个概念,而且是一个真实的历史过程。③ 回顾现代欧洲国家建构史不难发现,战争是国家建构的根本动因。战争进行时,新的行政问题也随之出现,如何应对日益暴露出来的各种问题,就显得更加迫切。因此,今天的西欧国家经历了税收的增加、资源分配和运输能力的不断提升以及广泛而深刻的社会动员,这促使国家特别是中央政府改变其管理社会不同群体的方式。随着资源的不断积累和集中力量的发展,一个个国家便应运而生;它们在指定的地域内建立起一系列组织,以此来掌握主导资源,并在某些方面拥有其他组织无法比拟的优势。④ 战争促使各国建立新的渠道和机制,以改善军事资源的使用和利用,设立专门的财务机关和财政部门,以及强制民众遵守战时要求的警务机关和法庭,通过颁布中央法令等强化行政制度,正是这些新的体制安排使国家能够对其国民行使"直接统治"。⑤ 因此,无论国家类型如何,国家建构从一开始就表现为扩大和加强国家的强制能力。战争和地缘政治压力的加

---

① 杨雪冬:《民族国家与国家构建:一个理论综述》,刘建军、陈超群主编《执政的逻辑:政党、国家与社会》(《复旦政治学评论》第三辑),上海辞书出版社2005年版,第84~107页。
② 〔美〕查尔斯·蒂利:《欧洲的抗争与民主(1650—2000)》,陈周旺、李辉、熊易寒译,上海人民出版社2008年版,第43页。
③ 徐勇:《"回归国家"与现代国家的建构》,《东南学术》2006年第4期。
④ 〔美〕查尔斯·蒂利:《强制、资本和欧洲国家(公元990—1992年)》,魏洪钟译,上海人民出版社2007年版,第22页。
⑤ 何显明:《中国现代国家建构的内在逻辑》,《浙江学刊》2020年第6期。

剧，以及调动资源和控制社会的必要性，导致了中央权力的扩张，以及基于管理和控制社会各个领域的武装力量和镇压机构的能力，加强了对地方官员和基层社会的直接统治，从上到下建立了一支强大的能够管理和监控社会所有领域的国家力量。正如哈贝马斯所说，健全的国家体制主要体现在：税制结构的集中化与稳定性；对中央集权的军队进行控制；立法与司法机构的垄断；以专门的官吏统治的方式来进行管理。① 国家一体化的加强、国家至上权威和政治秩序的统一建构也深刻反映了现代国家建设包含着将权力与资源从各个有权势的团体手中转移到中央，从而极大地加强了国家对社会的渗透与控制的需求。②

资本是一种可以通过一定的努力来提高其利用价值和强化资本拥有权的有形和可变资源。③ 资本是一个国家政权得以高效运转的重要因素。它既是一个国家发展的支柱，也是一个社会的财富来源。因为政府并不是直接创造财富，而是通过暴力的方式来获得社会的财富，所以，在国家建构过程中，资本就是一种权力，它和强制之间的关系是国家和社会关系的一个重要部分。资本的私权属性决定了国家必须以公共权力的形式对财产权与私有利益进行界定与保护。④ 在资本主义处于弱势地位的时候，主要是靠君主的权力来创建一个统一的国家来打开市场。而随着资产阶级力量的壮大，尤其是地理大发现大大拓展了人类交往的空间，他们在近代国家建设中扮演着越来越重要的角色。⑤ 正如《共产党宣言》中所言，"资产阶级在它已经取得了统治的地方把一切封建的、宗法的和田园诗般的关系都破坏了……过去那种地方的和民族的自给自足和闭关自守状态，被各民族的各方面的互相往来和各方面的互相依赖所代替了"。⑥

认同现象在日常生活中尤为普遍，包括国家认同、民族认同、社会认同、文化认同和政治认同。心理学家埃里克森指出，个人的心理认同是建立在其所处的社群环境中的，而这些社群的传统价值观对于个体的发展具

---

① 陈嘉明等：《现代性与后现代性》，人民出版社2001年版，第137页。
② 何显明：《中国现代国家建构的内在逻辑》，《浙江学刊》2020年第6期。
③ 〔美〕查尔斯·蒂利：《欧洲的抗争与民主（1650—2000）》，陈周旺、李辉、熊易寒译，上海人民出版社2008年版，第43页。
④ 徐勇：《现代国家建构中的非均衡性和自主性分析》，《华中师范大学学报》（人文社会科学版）2003年第5期。
⑤ 徐勇：《"回归国家"与现代国家的建构》，《东南学术》2006年第4期。
⑥ 《共产党宣言》，人民出版社2018年版，第30~31页。

有极其重要的意义。① 建构国家认同的基础要素,可以大致分为两类。一类是文化与民族的要素,也就是说,人们在社会或政治生活中,通过血缘关系、外貌特征、肤色、语言、宗教信仰或习俗风尚等民族性和文化因素,来辨别"我们"和"他们",并加强"我们"之间的一体性。另一类是政治层面的制度性要素。从古至今,人类社会不断发展演变,形成了一种复杂的政治制度。这种制度不仅构建了人与人之间的关系,也塑造了公共空间和社会结构,使人们能够感受到整体的联系,并且有着维护和发展的需求。② 本书所述国家建构中的认同要素是以民族为核心的认同。战争是国家建构的驱动因素之一,它驱动了这种内部聚集和外部排斥,并最终形成了我们所说的"民族"。民族认同是基于民族互动中所表现出来的民族差异形成的。就如费孝通所认为的那样,中华民族是一个由自己的文化和生活组成的大家庭,只有当它们与其他非本族群体接触时,才能够产生真正的民族认同感。③ 在任何社会中,建立一种民族认同并非一件简单的事情,而是需要多方参与,既要求民族对民众的认可,也要求个体为自己的民族认同做出努力。据此,近代国家在建立之后,也逐渐开始了民族建设、民族认同、民族团结等工作,促进了中央政权和民族主权的统一和巩固,从而形成了如今世界各国的基本形态和范围边界。

综合来说,强制、资本、认同三者之间彼此交织联系。三者的交织联系有助于不断推进现代国家建构的进程,而现代国家建构进程的发展和变化也持续为现代国家的建构指明发展道路和前进方向。

(3) 现代国家建构理论与县域治理现代化转型研究的逻辑契合

在国家建构的进程中涉及四对关系:执政党与政府的关系、中央与地方的关系、国家与社会的关系以及国际关系。中央与地方的关系体现了一国权力垂直分配的原则与模式,即国家整体与部分的权力分布。对于国家建构,杰索普和福山都着重指出了"集权""放权""分权"的双重需要。④ 在单一制国家中,中央政府成为国家政治的核心,中央拥有绝对的

---

① 转引自李素华《对认同概念的理论述评》,《兰州学刊》2005年第4期。
② 暨爱民、彭永庆:《国家认同建构:基础要素与历史逻辑》,《中南民族大学学报》(人文社会科学版)2016年第1期。
③ 费孝通:《中华民族多元一体格局》,中央民族学院出版社1989年版,第7页。
④ 转引自郁建兴《治理与国家建构的张力》,《马克思主义与现实》2008年第1期。

权力，可以在全国区域内发号施令，而地方政府则受到中央的支配或控制。① 为了使中央与地方之间的关系更加和谐稳定，必须建立起一种制度化、法治化的互动关系，以实现现代化的治理和发展。② 因此，必须协调好中央集权与地方分权的关系，"向地方放权的程度应与中央调控能力的提高成正比"③，只有这样，才能最大限度地发挥"两个积极性"，把中央的责任放在宏观调控、监控督察上，把更多的权力下放到地方。

现代国家建构理论的目标是构建一个集中统一的国家政权，实现国家权力的集中统一行使。而县域治理现代化转型必然涉及国家治理体系结构与基层治理体系结构的调整与变革。县域治理现代化转型过程中涉及的央地关系调整、基层治理结构调整，都需要在实践中不断探索和创新，而现代国家建构理论则为这种实践提供了理论支持和指导。同时，县域治理现代化转型的实践经验也可以为现代国家建构理论的发展和完善提供有益的参考。

首先，现代国家建构理论与县域治理现代化转型在系统性与整体性中相适应。现代国家建构理论强调国家的整体性和系统性，认为国家是由多个部分组成的一个有机整体，各个部分之间相互联系、相互影响，国家权力集中统一行使，以提高国家治理效能。县域治理现代化转型同样需要采用系统性和整体性的方法，调整治理结构和权力划分，这既涉及国家整体层面上的治理结构和权力关系调整，也涉及县域内部治理结构与权力划分问题，例如，如何更好地划分中央与地方的权力，如何将县域内的各个组成部分有机地联系起来，形成一个协调统一的整体等。在推进县域治理现代化转型时，还涉及县域内城乡、区域、经济、社会、文化等各个方面的协调发展以避免片面性和碎片化问题，县域权力的合理配置和集中行使的问题，以及确保政令畅通、提高治理效能的问题，这些县域治理现代化需要研究和解决的问题，都与国家建构所要研究和解决的问题高度契合，在理论运用上存在很大的共通性。

其次，现代国家建构理论注重制度建设和法治化，通过建立健全制度

---

① 熊文钊：《大国地方——中国中央与地方关系宪政研究》，北京大学出版社2005年版，第5页。
② 熊文钊：《大国地方——中国中央与地方关系宪政研究》，北京大学出版社2005年版，第162页。
③ 潘小娟：《中央与地方关系的若干思考》，《政治学研究》1997年第3期。

和法律体系来规范国家权力的运行和社会秩序。县域治理现代化转型也需要加强制度建设和法治化，通过制定科学合理的县域治理规章制度和法律法规，确保县域治理行为有法可依、有章可循。通过规范化治理，提高县域治理的公正性和透明度，提升群众对县域治理的信任感和满意度。此外，现代国家建构理论注重科学性和创新性，认为只有不断创新才能适应时代的变化和发展的需求，强调引入现代科技手段提高治理效能。在县域治理现代化转型实践中，也需要积极运用现代信息技术和大数据等科技创新成果，推动县域治理的智慧化转型。通过智慧治理，提高县域治理的精准性和效率，提升县域治理的现代化水平。

最后，现代国家建构理论强调公民的参与和协商，让公民积极参与到国家事务的管理中。县域治理现代化转型也需要采用参与式和协商式的方法，广泛听取县域内各个社会群体的意见和建议，形成共识和合力，共同推动县域治理现代化转型。同时，还需要建立健全参与机制和协商机制，为县域内的各个社会群体提供平等参与和协商的平台。

现代国家建构过程是国家与社会关系不断变化、适应，最终稳定并进一步改善的过程。现代国家建构理论将地方治理研究置于国家政权建设的历史背景和理论框架下，这一框架认为中国正处于从传统向现代的转型中，其中国家的转型是这一转型的内核。这一过程也显著表现在地方权威再造和国家对地方政权的整合方面。"县治"也是连接传统与现代的纽带，在县域治理现代化转型实践中，县域改革必然要通过重构旧要素、推动新旧要素的有机结合，实现治理现代化的转型。

3. 结构功能理论

（1）结构功能理论的溯源

结构功能理论是近代西方社会学中具有较大影响力的学派，在20世纪中叶的社会学理论中举足轻重。基于对社会体系结构和功能的分析，结构功能理论构建了一个对社会体系进行均衡维护的诠释框架，以特有的进路对系统运作进行全面诠释。结构功能理论认为，社会是一个具有一定结构或组织形式的系统；有序地形成相互联系的各个社会组成部分，并为整个社会履行相应的职能；社会整体上呈现均衡状态，虽然各成分都在变动，但是经过自身的调整和整合，最终还是会达到一个新的均衡状态。结构功能理论的最终使命是探求结构与功能的统一，强调社会整体系统的一致性以及在此基础上实现整个社会系统的平衡与和谐。① 与此同时，这一理论也指出，虽然社会系统的总体平衡已经得到维持，但是一旦其各个部分的结构失去平衡，就会导致"正常"模式向"病理"模式转变。② 因此，我们需要确保各部分之间的角色行为和价值规范能够协调一致，从而实现功能的完善和目标的达成。③

19世纪，随着生物学的迅猛进步，孔德、斯宾塞以及其他社会学者开始把生物学的观点融入到他们自身的研究当中。他们指出社会结构与自然界的生命有机体具有相似特性，即都具备多个独立的功能，拥有构建出一个复杂的、完备的结构的能力。社会系统和生物学中的生命有机体一样，是由不同子系统组成的一个完整有机体。涂尔干还对功能主义进行了深入的研究。他强调社会的完整性，认为一个正常的社会应该保持最低程度的社会团结，内部互动是整体运作的基础。20世纪初，人类学家拉德克里夫·布朗与马林诺夫斯基首次将"结构—功能"的概念和方法应用于社会科学。他们提出功能统一性假设，认为社会整体是一个功能统一体，需要不同部门之间的互动和协调，这为功能主义奠定了理论基础。20世纪中期前后，结构功能理论中最具代表性的人物、美国社会学家帕森斯对结构功能主义进行了一贯而系统的阐述。他指出，社会结构是由具有不同基本功能的子系统组成的一个"整体性社会系统"，其存在必须满足四个功能条件："适应"功能、"达成"功能，"整合"功能和"维持"功能。结构功能主义作为一种较为成熟的系统分析方法，可以为解决许多社会现象和问题提供解释性的分析依据。此外，默顿对功能分析范式进行了发展。默顿的功能分析理论的突出特点是对"显功能与潜功能""正功能与负功能"进行了进一步的区分，他将"功能选择"纳入其中，以此作为结构功能理论的新的基本前提。他认识到要想获得成功，就需要重视和考虑各种社会和文化因素如何影响个体的决策，④ 因此他主张建立"多元化"的社会学理论，即所谓的"中程理论"。默顿在继承帕森斯思想的基础上大胆拓展，

---

① 刘润忠：《社会行动·社会系统·社会控制——塔尔科特·帕森斯社会理论述评》，天津人民出版社2005年版，第13~18页。
② 周怡：《社会结构：由"形构"到"解构"——结构功能主义、结构主义和后结构主义理论之走向》，《社会学研究》2000年第3期。
③ 侯钧生主编《西方社会学理论教程》，南开大学出版社2010年版，第164页。
④ 转引自刘润忠《试析结构功能主义及其社会理论》，《天津社会科学》2005年第5期。

将结构功能理论推向一个全新的高度。①

(2) 结构功能理论的主要特征

结构功能理论在研究起点的基本假设、相关概念的使用和分析方法中存在高度的一致性，这种一致性构成该学派的基本特征。具体而言，它主要体现在三个维度：研究层次、研究方向、研究主题。

首先，从研究层次来看，结构功能理论强调整体主义。通过系统的概念，把社会结构和整个社会作为他们研究的基本分析单元。在社会与个人关系中，结构功能理论强调社会优先于个人，个人参与社会活动的动机是社会价值体系的反映。

其次，从研究方向来看，结构功能理论研究的重点在于探索当前社会系统的结构特征、运作机制以及它们如何影响社会发展，而这种探索与历史演进和传统因果理论有着本质的区别。结构功能理论认为，社会系统的内部组成部分并非由外部力量推动，而是由内在因素决定的。结构功能理论并不追溯社会系统内部组成部分的出现原因，而是将其视为既成事实，主要强调它们对维持社会系统的贡献。

最后，从研究主题来看，结构功能理论回答了一个基本问题：必须满足哪些条件以及如何保持社会制度的稳定？通过研究，结构功能理论给出的回答是，只有满足功能要求，才能维持系统的运行。②

(3) 结构功能理论与县域治理现代化转型研究的逻辑契合

从结构功能理论的视角来看，政府体系中各要素间相互关系的优化将导致新的整合效应，这种效应既依赖于制度外部环境，也依赖于制度内在因素的配置。③ 在结构功能理论视角下，县域治理具有系统复杂性、宏观动态性和多元耦合性。

首先，县域治理的系统复杂性体现在县域治理系统的政治、经济、文化、社会子系统统一结合在县域治理的总体框架内。县域治理现代化转型带来了治理环境的变化，因此必须不断通过多样化协调和调适，才能逐步实现与外部环境的契合，最终满足治理现代化转型的过渡要求。因此，从

---

① 王翔林：《结构功能主义的历史追溯》，《四川大学学报》（哲学社会科学版）1993年第1期。
② 于海：《西方社会思想史》，复旦大学出版社2011年版，第270~272页。
③ 夏德峰：《结构功能主义视野下的国家治理体制机制优化》，《社会主义研究》2014年第4期。

结构功能理论视角审视，在县域治理现代化转型中，县级政府应该根据当地的实际情况，准确把握外部环境的发展趋势，积极拓展多元利益的新要素，及时发现社会变革的新趋势，进而调整政府的职能结构，以便实现系统稳定，更好地预测经济社会的结构变化。[1]

其次，县域治理的宏观动态性体现在县域治理是一种全面的社会文化概念。它旨在通过建立一个以县级政府为核心的政策活动空间，并借助于多种多样的社会组织网络，来满足日益增长的公共服务需求。因此，在实施县域治理时，必须重新审视公共服务与公民角色之间的关系，积极灵活地调整管理方法，提高县域管理决策的科学创新水平，将政策的视角拓宽至加强地方可持续发展能力的层次上。[2]

最后，县域治理的多元耦合性体现在其是国家治理在地方层面的延伸。县域治理体系是由多种因素组成的复杂系统，包含了一定程度的结构性张力。因此应充分发挥各要素的价值功能和制度效能，通过对话、协商、谈判和妥协等方式，建立相互依赖、互惠互利的合作机制，为经济社会的可持续发展提供有效支撑，从而使县域治理体系更加完善、更具有可操作性。[3]

四 研究框架与研究方法

（一）研究框架

本书首先以历史探究为起点，对我国县域治理范式的演进路径进行深入学理剖析，分析我国传统县域和当代县域治理范式的生成逻辑、基本轮廓和问题表征。在历史进路中，概括出基于"理念—体系—能力"的县域治理现代化转型的三个核心分析维度。再结合实践层面的田野调查，更加直观地阐明我国县域治理基于"理念—体系—能力"三重维度的时代困境，以及困境生成的原因。在此基础上，提出我国县域治理现代化转型的整体框架和集成改革方案，即治理理念、治理体系和治理能力三重维度互

---

[1] 丁新宇：《结构功能主义视角下的县域治理》，《长春工程学院学报》（社会科学版）2017年第1期。

[2] 张国玉：《中国县域治理改革的基层探索与顶层设计》，《四川行政学院学报》2016年第1期。

[3] 陈国权、李院林：《论县政的内涵及其改革的实质与目标》，《社会科学战线》2010年第8期。

动调适的整体性路径（本书研究框架及技术路线见图 0-3、图 0-4）。

具体来看，导论部分阐明本书的研究背景和研究意义，明确研究目的，在全面梳理国内外研究现状的基础上，提出本书的研究进路；第一章凝练总结我国县域由古至今的治理范式，得出我国县域治理范式的历史进路，并着重分析我国当代县域治理范式的形态和表征，在此基础上勾勒出我国县域治理在中心主义范式规约下理念、体系、能力的实际镜像，形成理念、体系和能力的三维分析框架，为现代化转型确立靶向；第二章选取A、K、M 三地，以田野调查的方式对我国县域治理某些典型的真实镜像和现代化转型的行动困境进行实践层面的演绎，以补充和印证第一章理论分析部分内容，为后文指出我国县域治理现代化转型的方向和路径打下基础；第三章在前文分析论证的基础上，提炼出我国县域在理念、体系和能力上的问题所在，指出我国县域治理现代化转型的逻辑向度；第四、五、六章以确立的逻辑向度为遵循，结合县域实际，提出我国县域治理现代化的实现路径。

（二）研究方法

1. 文献分析法

本书采取了文献分析法，在研究准备阶段参考了大量的国内外文献资料，把握各类文献的异同之处，翔实开展归纳整理、分析鉴别，强化概念理解，深化理念认知，为做好比较研究和理论分析奠定扎实基础。

2. 案例研究法

本书采取了案例研究法，在研究中基于 A 市、K 市和 M 省三个研究样本开展田野情境的个体案例分析，再回归围绕研究样本选择开展现实呈现背后的治理逻辑分析，从各个样本的特点及形成过程中进行县域治理现代化转型研究，探索县域治理发展的动力和规律，寻找现代化转型情境平衡路径。

3. 实地调研法

本书采取了实地调研法，又称田野调查法，是一种质性研究方式，特点在于研究者需通过观察、访问等方法收集有关资料，并根据对调查资料的质性分析揭示被研究对象的行为方式以及行为方式背后隐藏的深层逻辑。[1] 本书在县域治理现代化转型研究过程中，通过深入案例地区现场观

---

[1] 仇立平：《社会研究方法》，重庆大学出版社 2015 年版，第 261 页。

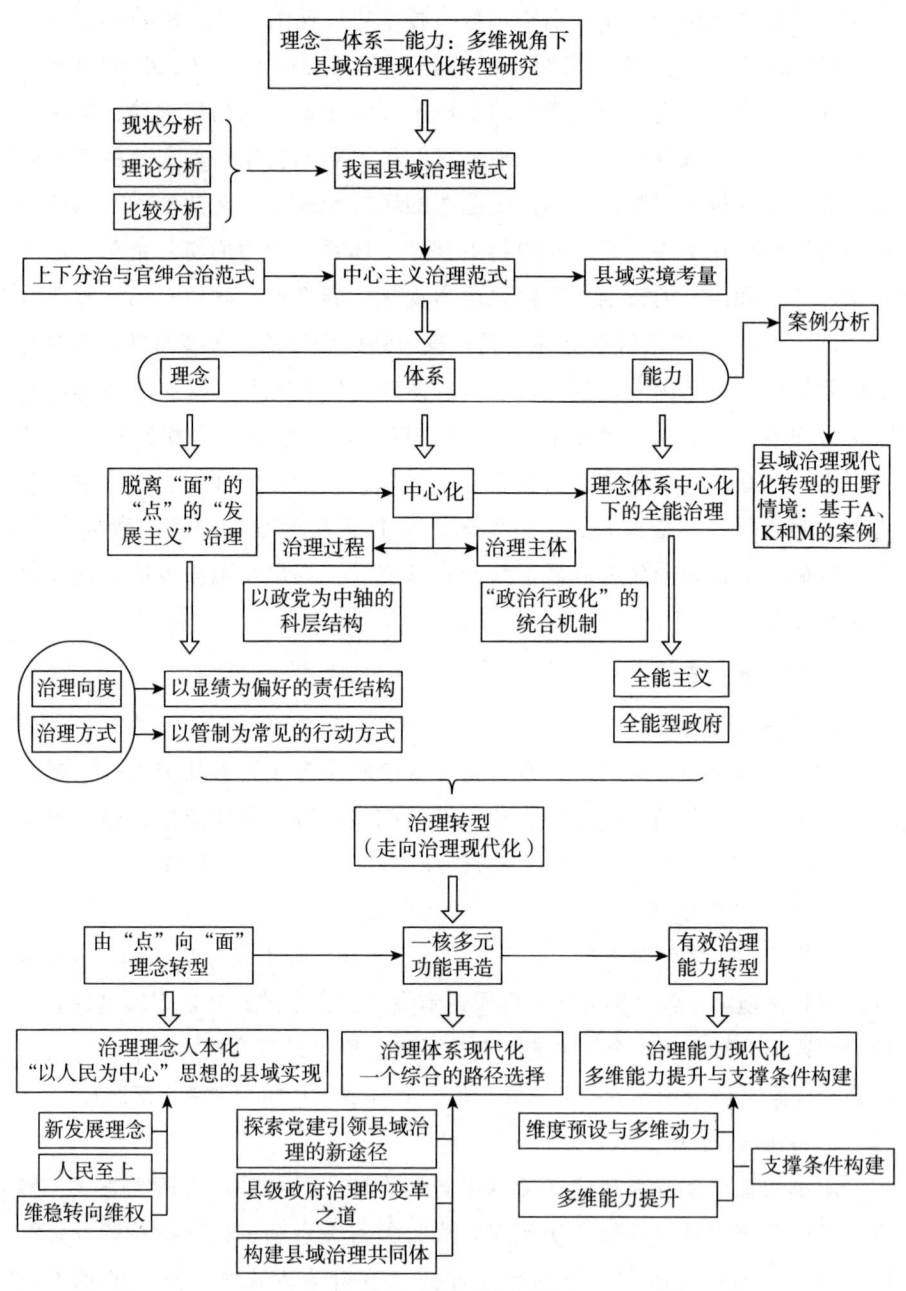

图 0-3 本书研究框架

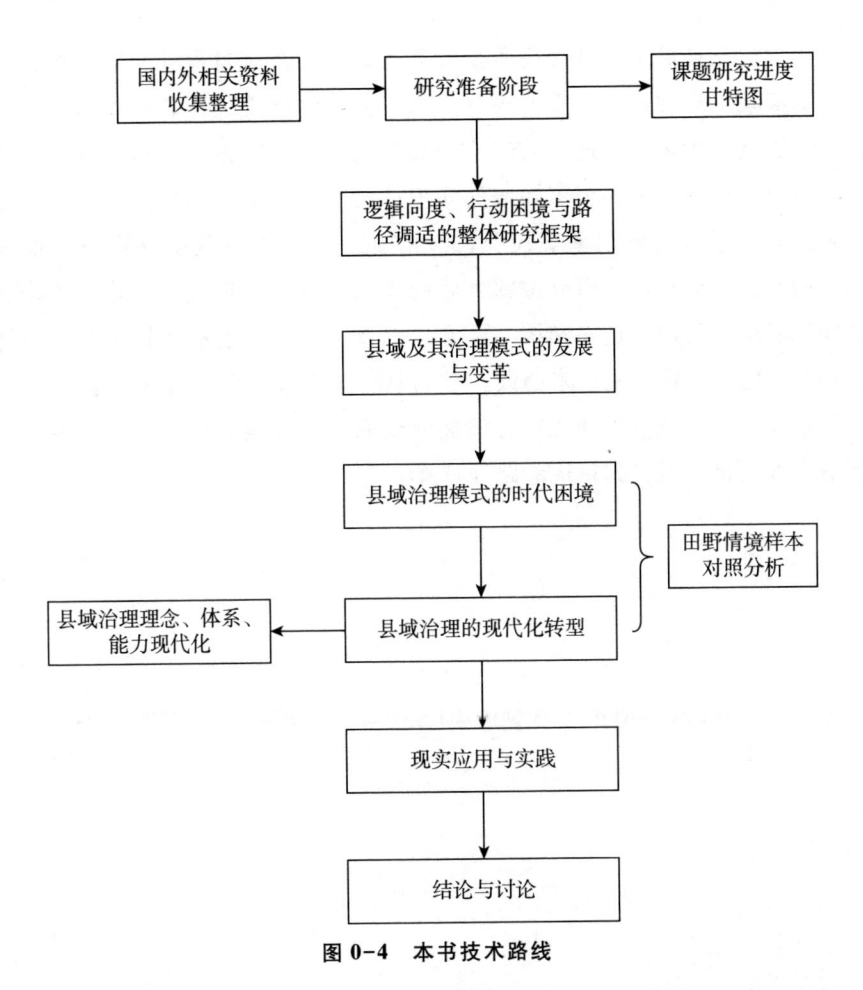

```
┌──────────────┐    ┌──────────┐    ┌──────────┐
│国内外相关资料│───▶│研究准备阶段│───▶│课题研究进度│
│  收集整理    │    │          │    │  甘特图  │
└──────────────┘    └────┬─────┘    └──────────┘
                         ▼
                ┌─────────────────┐
                │逻辑向度、行动困境与路│
                │径调适的整体研究框架│
                └────────┬────────┘
                         ▼
                ┌─────────────────┐
                │县域及其治理模式的发展│
                │     与变革      │
                └────────┬────────┘
                         ▼
                ┌─────────────────┐       ┌──────────┐
                │县域治理模式的时代困境│──────▶│田野情境样本│
                └────────┬────────┘       │  对照分析 │
                         ▼                └──────────┘
┌──────────────┐    ┌─────────────────┐
│县域治理理念、体系、│◀──│县域治理的现代化转型│
│  能力现代化  │    └────────┬────────┘
└──────────────┘             ▼
                ┌─────────────────┐
                │  现实应用与实践  │
                └────────┬────────┘
                         ▼
                ┌─────────────────┐
                │    结论与讨论    │
                └─────────────────┘
```

图 0-4 本书技术路线

察，并对相关主体进行半结构式或无结构式访问等，最大限度收集研究资料，在此基础上对被研究对象进行理解、说明和诠释，进而从调查研究中把握县域治理话题的内涵、案例特征及其所处特殊环境，形成了全面深入的观察描写与分析。

小　结

县域是国家的基本板块，县域治理是国家治理的基础和"接点"。国家治理体系和治理能力现代化转型，需要县域承载知识积累的观察"窗口"和制度变革试验的"载体"。中国特色社会主义新时代，建立起有益于县域经济、社会、文化发展的治理理念和治理体系，全面提升县域治理能力，实现县域经济、社会高质量发展，不仅是县域自身的发展目标，也是国家实现治理现代化的重要环节。基于县域治理现代化研究主题的学理认知，围绕治理理论、地方政府治理和政府能力三个方面，对国外有关研究进行全面梳理；依靠中国知网的知识脉络，围绕县域治理困境、优化路径、县政改革和县域治理现代化四个方面，对国内有关研究进行全面探视。同时，归纳和提炼研究主题背后的现代化理论、现代国家建构理论和结构功能理论的理论逻辑和核心要素，以及与研究主题的逻辑契合，设计相对合理的研究框架和技术路线，致力从治理理念、治理体系和治理能力三个维度，对县域治理现代化转型展开全面、系统的研究，以求为我国县域治理现代化转型找到更优的路径选择。

第一章
县域治理范式演进：上下分治、官绅合治到中心主义范式

县域治理现代化在理论上无法凭空想象，在实践中更无法凭空捏合。研究县域治理现代化，需要钩沉历史长河中"郡县制"的衍生与演变过程，深刻理解"郡县治，天下安"历史判断的传统依据，在理论上刻画出传统县域治理的基本范式，再结合实践层面的田野调查，更加直观地剖解实践图景、拼合观察碎片，进而找寻研究主题当代时空的再出场进路。本章在深入研究我国县制的角色生成逻辑与历史进路的基础上，详细考察我国不同历史时期县域治理范式的主要形态与演进的内在逻辑。最终，勾勒出在中心主义范式规约下，当代县域治理基于理念、体系和能力三重维度的真实镜像。

第一节 传统县域治理：上下分治与官绅合治

县域的历史生成与演变，以及在此过程中形成的场域特征和范式进路，是研究县域治理现代化转型的重要基础和逻辑起点。在传统中国，封建皇权体制下的郡县制，囿于传统民本和道德化行政的思维，呈现"皇权不下乡"和"中央治官、地方治民"的上下分治逻辑。晚清到新中国成立前的阶段，中央权力部分延伸到乡村，产生了官治和自治的结构性张力，形成了"官绅合治"的特殊格局。

一 县制的历史生成、演进和角色安排

郡县治，天下安。我国县制的生成演变已历经两千多年。在县域的历

史演进过程中,由于其场域的特殊性,在整个国家体系中,其一直发挥着"基础性""衔接性"的重要作用。

(一) 我国县域的历史生成

我国县的沿革演变历史悠久,大致来看,可以从县制的发展与演变、县辖政区的发展与演变两个视角切入考量。

1. 县制的发展与演变

据历史学家考证,中国的县并不是与国家一同产生的。一般认为中国的县制起源可追溯至西周时期,其雏形在春秋时期开始显现,战国时期得到进一步发展,而到了秦朝则得到了全面的推广与实施。[①] 县的出现,从根本上讲,是生产力发展催动生产关系变化的必然结果,是经济基础决定上层建筑的历史规律使然。西周时,我国的地方治理主要依赖于宗法分封制,即"封邦建国"。宗法制度源自原始的父系家长制,在商代已具备雏形,周代逐渐完善,是一种以家庭为中心,依据血统和嫡庶来组织社会,分配权力和财产,维系贵族世袭统治的制度。周天子采用"采邑"的方式,将自己国都以外的封地全部分封到各个诸侯手中,再由诸侯分封,层层递进,最后形成了"天下""国""家"三个层次。[②] 然而,由于它们是依据宗族或血统的关联而设定的,因此并未形成真正的行政区划。春秋战国前社会生产力发展有限,在宗法制度和配套的分封制度下,国君与中央政府通过宗法血缘关系与封君封臣关系,已经可以实现对地方和社会的有效控制和管理,并没有县制的发展的条件和冲动。春秋末年,农业生产中开始使用铁器和牛耕,大大提高了生产力。生产力的发展,加速了生产关系的变化,封建生产关系逐渐萌芽,占有大量"私田"的新兴地主阶级也开始出现。随着封建主义的生产关系逐步代替奴隶制的生产关系,政权性质和组织形式也必然发生更替。[③]"集乡聚为县"的出现,使当时的政治格局发生了巨变,不仅国家授予贵族和大臣的采邑和官员负责的管理机构都被明令规范,而且这种政治格局在当时已经被广泛认可,从而使当时的地

---

① 贺曲夫:《我国县辖政区的发展与改革研究》,博士学位论文,华东师范大学,2007。
② 周振鹤、李晓杰:《中国行政区划通史·总论:先秦卷》,复旦大学出版社2009年版,第292页。
③ 王载珏、李新秋:《历史的车轮不可阻挡——王夫之〈论秦始皇废分封立郡县〉读后》,《湖北大学学报》(哲学社会科学版) 1974年第3期。

方政治体系得以稳定发展。[1] 持续百年的变法运动中，通过诸国不断探索与实践，新的官吏选拔任用制度逐渐兴起，新的官僚制度渐次成形，世卿世禄制被逐渐废除，贵族特权被逐渐削弱，最终建立起一套完整的官僚行政制度。在一系列改革的基础上，强大的中央集权体制得以最终形成，郡县制最终得以确立。秦朝建立后，县制正式推向全国，县开始作为我国一级稳定和重要的政治实体而长期存在。可以说，完整形态的县制是生产力发展、新的统治阶级建构中央集权体制的产物。

2. 县辖政区的发展与演变

秦始皇完成中国的大一统后，对既有的政治体制进行了深刻改革。他废除了"分土封侯"和"世卿世袭"等旧的政治体制，代之以更为集中和高效的治理方式。他将"县"作为一种正式的行政单元确立下来，并将郡县制推广到全国各地。每一个县由君主直接任命的官员进行管理。郡县制的实行是我国行政区划史上重要的里程碑，它奠定了中国行政区划的基础。汉初，一方面沿袭秦郡县制，另一方面实行分封制。东汉末年，为了应对黄巾起义的紧急局势，中央政府加强了地方的权力，使州由监察区向行政区划发生了根本性转变，从而开始了我国历史上州—郡—县三级的新政区体制。隋朝实施二级制，583年撤郡，以州辖县，并开始在县以下建立新的基层制度。607年又改州为郡，实行郡县制。唐代改郡为州，并将陪都和皇帝行辕所在的州升为府，在重要地区设都督府，在边远民族地区设都护府，实行州府—县二级制。唐太宗为了加强对地方的监督，把全国划分为十道监察区，到了唐玄宗又增加到15个。安史之乱以后，道从监察区发展成了一级行政区，形成了道、州、县三级行政区。宋初遵循唐制，设道辖县。994年废道置路，实行路—州（府、军、监）—县三级制。元朝设行中书省作为地方政府的一个永久行政机构，也即行省，行省之下，分别设置路、府、州、县。从那时起，我国就开始"划省而治"。明朝废行中书省，地方设三司。因作为国家一级行政区的各布政使司辖境与原行省相同，习惯上仍以行省称之。全国共有13个布政使司，下设府，府下辖县。清代地方层级体系为省—道—府—县。在内地设18行省，省下设道，道下设府，府下设县。民国初期承袭清制直至1913年，省府、厅改为县，

---

[1] 周振鹤、李晓杰：《中国行政区划通史·总论：先秦卷》，复旦大学出版社2009年版，第292页。

并在省辖县之间增设"道",实行省—道—县三级体制。1921年,以当地政府之名,建立了特别市和普通市等各级行政区。1927年,道撤销,实行以省辖县为第二层级的体制。

由上可见,秦汉以降,政区体系虽然经历了数次变迁,但大多由高层政区、统县政区演变而来,而县作为基层政区,则相对稳定,变动不大。从表1-1中可以看出县级行政区数量的变化是相对稳定的。

表1-1 历代县级行政区数目变化

单位:个

朝代	年份	县数	朝代	年份	县数	县级行政区数
秦		约1000	隋	607	1253	
西汉	-8	1578	唐	740	1573	
东汉	140	1180	宋	1102	1234	
三国	265	约1190	元		1127	1324
西晋		1232	明		1138	1427
南北朝	580	1752	清	1815	1455	1549

资料来源:周振鹤:《体国经野之道:中国行政区划沿革》,上海书店出版社2009年版,第37页。

西汉时期,汉武帝在三边地区增设多个郡县,县的数量迅速增加。但由于东汉时期人口减少,县级行政区划进行了大规模调整,县的数量明显减少。隋代由于大量合并州、县,县级行政区划数量明显减少。而唐代县的数量急剧上升,主要得益于恢复了被隋代并省的部分县、国土范围的扩大和新县的建立。相反,宋代的国土范围明显缩小,县级行政区的数量也随之急剧下降。到了元代,县的减少可以归结于多方面原因。其中最重要的是持续的战争和人口的迁移,导致许多县被迫撤销。另外元朝有很多州都没有附郭县,因此在州的管辖范围内就形成了一个和属县等同的县级行政区。自秦汉时期实行郡县制伊始,附郭县制度便已确立,并在其后的发展过程中经历了一系列变迁。据学者研究,"宋代以前,州是统县政区,州治必须设于某个县城之中,这个县被称作附郭县。元代许多州不设附郭县,因此州治周围就形成一个与属县相当的县级政区。……无论有没有附郭县的州,所含政区的数量都是相同的,唯一的区别就是多了一个县。同时,元朝还有很多州的'不领县',这些州实际上也属于'县府'。最后,江南地区由于户口较多，又有一批县升为州，这些州也不辖县，从区划上来看，自然也是县级政区。而后的明、清两代，所有的州都不设附郭县，清代的直隶厅也是这样"[1]。因此，在元明清三代，从纯粹的县来看数量都偏少，从县级行政区来看数量就正常了。明清两代，边疆民族地区"改土归流"。民国时期，府州、厅改为县，建立一大批新县或过渡县，县级行政区数目有所增加。

（二）县制的角色安排

无论是古代，还是现当代，县制的角色安排均具有"基础性"和"衔接性"的双重特性。县域的基础性表现在县域的场域特殊性和历史稳固性两方面；县域的衔接性表现在县域治理是权力与权利接点、战略与政策接点两方面。

1. 县域治理的基础性

自古以来，县域在促进地方经济社会文化发展、改善民生、化解社会矛盾等各方面都发挥着举足轻重的作用。县是区域经济与社会整合的最基层单元，是推进国家治理体系和治理能力现代化的重要依据。[2] 县域几乎包括国家治理的所有对象和内容，县域政府是基本公共服务的提供者、国家治理的实施者。可以说，县域治理是国家长治久安和全面发展的基础。

县域治理的基础性首先体现在县域的场域特殊性。一方面，县域是我国最基本的治理单元。到 2020 年，全国共有 2844 个县级行政区，中国有 93% 的土地和 74% 的人口在县辖范围内，其 GDP 占全国的 53% 左右。[3] 如果将国家比作一张网，那么全国的县就像是连接这张网的"纽结"。如果"纽结"松动，国家政局就会变得动荡不安；反之，如果"纽结"牢固，国家政局就会保持稳定。所有的政令法令都必须通过县来实施。综合考虑全局和地方的情况，县域政府的表现对于全国的繁荣昌盛至关重要。另一方面，县域是我国国家治理的"神经末梢"。作为基层最完备的国家组织，县一直是统治制度稳定存在的基础。近代以来，随着地方自治观念和制度

---

[1] 周振鹤：《中国地方行政制度史》，上海人民出版社 2005 年版，第 51 页。
[2] 张佐、陈楠：《推进县域治理体系和治理能力现代化的路径选择》，《学术探索》2014 年第 11 期。
[3] 何晓斌：《以县域为基础的现代化和共同富裕》，《探索与争鸣》2021 年第 11 期。

的引入，县逐步被视为现代政治的基础。① 可以说，县域囊括了我国基层最基本的治理场景，县域政权是直接面对人民的地方决策中心，是国家意志执行的终端执行单元，是国家政治、经济、社会、文化目标得以实现的基本执行单元和关键单元，县域治理最直接地关系到群众的切身利益，是国家治理的基础。

县域治理的基础性还体现在县域的历史稳固性。自秦朝建立大一统的封建国家开始，郡县制在传统中国绵延不断，直到清朝晚期依然是国家政权最坚固的政治基础、经济基础、社会基础、文化基础，显现出强大的历史张力、文化张力和制度张力。超长期的稳固存在，使县域对于社会秩序一直发挥着关键的维护作用。在县域治理发展中，存在传统与近代、国家与社会、中央与地方、独裁与民主、集权与分权等一系列复杂的内在关系。可以说，县域能够从微观层面集中反映国家的转型发展和社会的历史变迁，县域作为一个分析单位对认识和理解国家政治具有重要的基础性作用，县域的历史延续和稳固存在决定了国家治理离不开县域治理，决定了县域治理的基础性地位。

2. 县域治理的衔接性

县域治理的一个重要特征就是"接天线"并且"接地气"。自秦朝在全国推行郡县制以来，县域就成为国家与社会、政权与民众的"关节"部位。新中国成立后，国家在县域以下设立基层政权组织、群众自治组织，国家权力不断向基层社会延伸，形成政治权威基础上的庞大权力组织网络，县域承上启下的"关节"作用越来越显著。徐勇提出的"接点政治"的概念，将县域比喻成"接点"，形象地描述了县域的衔接性特征与作用。②

县域治理的衔接性主要体现在县域治理是整个国家治理体系的"权力接点"和"权利接点"。传统中国的县域治理以自上而下的"郡县制"和自下而上的"乡村自治"相结合实现自主运行。③ 近代以来，我国治理体系的发展与改革体现出明显的"双向互动"特征，国家权威"自上而下"

---

① 贺东航：《当前中国政治学研究的困境与新视野》，《探索》2004年第6期。
② 徐勇：《"接点政治"：农村群体性事件的县域分析——一个分析框架及以若干个案为例》，《华中师范大学学报》（人文社会科学版）2009年第6期。
③ 费孝通：《乡土中国》，上海人民出版社2007年版，第275～293页。

向基层社会渗透，政治权力逐步向基层社会延伸，基层社会力量也更加积极主动地"自下而上"行使民主权利、参与社会治理，而这种"自上而下"和"自下而上"的权力行使和权利实现的衔接点往往集中在县域。随着时代的进步，县域的"接点"地位日益受到认可，它不仅代表了两千多年来中国传统文化的根本，而且成为国家治理的核心"接点"，不仅代表了政府的行政管控能力，更代表了政府之间的交流、协调和竞争。①

县域治理的衔接性还体现在县域治理是国家治理的"战略接点"和"政策接点"。在国家改革与发展的过程中，县域是乡村振兴的基本单元，是城乡一体化的重要切入点，是推进农业农村现代化的关键，是实现共同富裕的基础。这些重大战略具体落地政策的制定与实施，一般都要经过"局部地区试点"到"全面推行"②，从改革发展实施试点迈向体制创新，是各种重点性政策措施和创造性变革实施的必由之路。而这一道路的重要基础，则是从全国范围内选择具有代表意义的县域为试验点，在体制进一步发展和变革的进程中，省市两级一般只负责改革政策的转译管理工作，而县级政府才是直接推动者，是从"试点模式"迈向"示范性"的重要依托。③ 在国家重大战略政策试验、实施，并走向示范的过程中，县域在上级政府与基层社会之间进行有效联结，发挥重要枢纽作用，成为优化治理效能、实现改革发展目标的重要衔接点。

二 "上下分治"："皇权不下乡"的逻辑

在传统中国，郡县制贯穿于两千多年的皇权帝制时代，完整而连贯地构成中国传统社会地方治理的基本表征，但其中内含的却是"皇权不下乡"的分治逻辑。对于皇权是否绝对不下乡的学界争论，限于篇幅难以延展深究，本书仅基于"皇权不下乡"的内在逻辑，从"国家—社会"的结构性视角描述封建社会乡村社会相对自治的状态，这可以从历史渊源、治理结构和基本功能三方面予以阐释。

（一）"皇权不下乡"上下分治范式的历史渊源

中央政权不直接干预地方行政，而通过设立地方官员来实现分权和管

---

① 王敬尧、黄祥祥：《县域治理：中国之治的"接点"存在》，《行政论坛》2022年第4期。
② 王浦劬、赖先进：《中国公共政策扩散的模式与机制分析》，《北京大学学报》（哲学社会科学版）2013年第6期。
③ 王敬尧、黄祥祥：《县域治理：中国之治的"接点"存在》，《行政论坛》2022年第4期。

理的模式，在中国封建社会中有着深厚的历史渊源。首先，封建制度的行政区划对"皇权不下乡"分治模式的形成产生了深远影响。通过将国家划分为不同的地方行政单元的方式，中央政权的管理压力得到有效缓解，地方政府也能够更灵活地应对地方事务，这样的层级体系为"皇权不下乡"的分治范式提供了体制前提。其次，封建时代的统治思想有利于"皇权不下乡"模式的形成。上下分治模式的思想渊源是多元而复杂的，涉及儒家、法家等封建社会主流政治思想。在中国传统社会中，儒家自汉武帝时期以来便始终占据古代中国的思想统治地位。儒家强调礼治和君臣之道，主张地方官员应当具备德行和治理能力，以推动地方治理；儒家意识形态中维护皇权大一统的信念，促使儒臣主动服从中央。① 法家强调法制和制度，主张制定明确的法规，确立责任划分，以实现分权并提高治理效率，这一分治思想在历史上的政治实践中得到了体现。

综合而言，在行政区划的基本形态和封建社会主流政治思想的共同影响下，我国形成了一个相对完善的上下分治的治理模式，这种模式有助于适应广袤的国土、多样的地域文化和地方特色，实现更有效的地方治理，在封建大一统帝制下为中央统一和地方自治的政治体系提供了一种平衡的制度构建方式。

（二）"皇权不下乡"上下分治范式的治理结构

皇权不下乡的治理模式，是在皇权的强势支配下，在乡官、里长、家族族长、宗族首领等势力的共同作用下，维持地方社会秩序的一种模式。中央政权通过严格的选拔和考核机制，任命地方官员对地方实行分权管理。但地方权力的运行始终在中央政权的约束和控制之下，地方官员必须遵循皇帝的指令，执行中央政权的决策。严密的监督和控制机制，保证了皇帝对辖区的实际掌控。县衙主要由主官、副官、差役和幕僚等组成。县官统领县的一切事务，负责决策和组织，所属员隶和差役分承上事，以一人一事、一人一责的原则处理上级机构下达的各项任务。地方士绅和宗族则发挥着极大的"参政辅政议政"作用，并形成了较为稳定的政治官僚系统治理外的士绅辅助治理体系，在基层各类事务如征收赋税、调解民事纠

---

① 金观涛、刘青峰：《开放中的变迁：再论中国社会超稳定结构》，法律出版社2010年版，第8页。

纷、承办公共工程等方面都扮演着地方领袖的角色。①

总的来看，中国传统县域治理结构是皇权政治和大一统体制下形成的以县衙为核心，以县衙的派出机构和"准官方组织"为主要组织架构，以"士绅组织"为辅助架构的垂直管理体系。这种治理模式所形成的管理结构，是中国传统社会基层社会管理的基本模式。

（三）"皇权不下乡"上下分治范式的基本功能

在古代中国国家治理实践过程中，"皇权不下乡"的分治模式有效地适应了复杂的社会治理结构，央地之间形成了长期有效的治理模式，为封建中国的基层社会稳定做出了极大贡献。首先，行政权、立法权和司法权的集中，保证了中央政府高效地行使权力，以确保政府决策的权威性和政策执行的一致性。中央政府制定和执行全国性的政策，统一规划和协调各地区的发展，进而确保了国家整体利益的最大化。其次，中央政权负责制定国家层面的政策和法规，而地方政权负责在地方层面执行这些政策。在中央赋予的一定范围的自治权背景下，地方官员能够根据本地实际情况调整政策，进而保证地方决策更具有适应性和灵活性。地方服从中央号令，负责对辽阔地区的行政管理。② 再次，分治的治理结构在一定程度上促进了信息流通和协同的功能实现。中央政府的政策和指令从上到下传达到地方，地方官员再层层上报反馈及建议，使中央深入了解地方情况后更好地完善相关政策法规。除此之外，由于地方政权负责处理具体的地方问题，地方政府可以更好地了解和回应当地民众的需求，问题也能够更及时地得到解决，进而减少了因中央权力无法迅速响应而导致的社会不安。这一分治模式在古代中国政治体制中扮演着重要的角色，展示了中央与地方之间相互依存的关系。它在维护国家整体性的同时，尊重和反映了地方的多样性，为古代中国社会提供了一种相对稳定和适应性强的治理机制，既维护了国家统一，又保障了地方自治。

总体来看，秦统一后推行的郡县制，成为传统中国地方政治制度的基本形态，构成传统中国大一统皇权治理体系的基础。"皇权不下乡"分治

---

① 金观涛、刘青峰：《开放中的变迁：再论中国社会超稳定结构》，法律出版社2010年版，第9~10页。

② 金观涛、刘青峰：《开放中的变迁：再论中国社会超稳定结构》，法律出版社2010年版，第7页。

范式在两千多年的传统中国历史进程中不断发展,将国家意志和基层社会有机结合,在中央集权制国家权力和意志向下延伸的过程中,形成了较为稳定的颇具中国特色的治理结构与机制。传统帝制国家的整体意志通过县域治理在基层实现,有效支撑起传统中国皇权政治体系。

三 "官绅合治":分治范式的近代演变

古代中国虽然是"皇权不下乡"的上下分治范式,但上下分治逻辑中的"上"的形态改变将直接决定分治逻辑的存续和演变。近代以来的国权沦丧,半殖民地半封建社会形态的结构性改革,给上述分治范式带来了巨大的冲击,形成了我国近代"官绅合治"的新格局。

(一)晚清时期

晚清时期,在内忧外患、皇权岌岌可危的特殊时局之下,通过资产阶级维新派的积极宣传,19世纪末20世纪初,地方自治思想在中国迅速广泛传播,"地方自治之议论日触于耳","举中国几于耳熟能详"。[①] 清王朝开始了自上而下的变革,随之,县域治理也开启了变革之路。这一时期,中国传统独裁统治日渐衰微,而西方民主观念广泛传播。晚清政府模仿日本维新变法的治理变革经验,试图推行自上而下的地方自治改革,县域自治改革就是其中一部分。

自1901年宣布实施新政后,1906年9月1日,清政府进一步下诏宣布"预备仿行立宪",并于1908年8月27日颁布宪政编查馆拟定的《九年预备立宪逐年筹备事宜清单》。[②] 鉴于地方自治思潮在全国范围内已深入人心,清政府为稳固其统治基础,不得不正视并接纳这一趋势。为此,清政府进行了缜密的规划与布局:"第一年颁布《城镇乡地方自治章程》;第二年筹办城镇乡地方自治,设立自治研究所,并颁布《厅州县地方自治章程》;第三年续办城镇乡地方自治,筹办厅州县地方自治;第四年续办城镇乡地方自治和厅州县地方自治;第五年城镇乡地方自治,限年内初具规模,续办厅州县地方自治;第六年城镇乡地方自治一律完成,厅州县地方

---

① 唐国军、黄秋燕:《地方自治:清末广西试验的效益与局限》,《广西社会科学》2016年第1期。
② 故宫博物院明清档案部编《清末筹备立宪档案史料》(上册),中华书局1979年版,第61~67页。

自治，限年内初具规模；第七年厅州县地方自治一律成立。"① 这些文件以国家法律的形式确立了镇乡的法律地位，并对镇乡的自治范围做了详尽的界定，主要包括教育、道路建设、农业商业、公共事业、公共卫生等内容。另外，清政府还在有关文件中明确了城镇、乡等各级政区的自治选举方案和自治权能，制定改革日程，计划在几年内就要实现"建立城镇乡地方自治"的目标。但是，随着民族危机的加剧，县域自治的改革必须让位于其他更紧迫的政治改革。因此，宣统二年修正逐年筹备事宜清单中，城镇、乡等地方自治改革变为变通事项，不再设定具体明确的城镇、乡地方自治期限。

总的来说，清末变法初步形成了县乡两级行政制度的雏形，行政权力得以延伸到县级以下场域。教育、卫生、慈善救济、公共营业等明确为地方自治事务，而赋税、司法、警政等仍为官治，初步确立了"地方自治专以办地方公益事宜，辅佐官治"的治理格局。②

（二）民国时期

1911年辛亥革命爆发，延续两千余年的中国皇权政治体制覆灭，北洋政府时期为巩固自身政权基础，也对地方治理体系进行了一定改革。1913年颁布《暂行划一地方管制令》《划一现行各县地方行政官厅组织令》，1914年颁布《县自治法》，1921年颁布《市自治制》《乡自治制》，等等，将地方划分为省、道、县三级，逐步构建起新的区乡行政体系。除道外，各级地方均设民选议会，开始继续尝试地方自治，各地兴办的教育、警察、财务等局所会同县知事一起筹办全县教育、治安等各类事务。但随着北洋政府的覆灭，其县制改革很快便寿终正寝。南京国民政府成立后，按照孙中山的建国纲领，军政完成民主革命，接着就进入训政阶段，实行中国国民党的党治主义，其目标是通过训导国民掌握政权最终实现宪政。而在地方治理层级，孙中山主张地方自治，地方议会和行政官均由人民选举。据此，中国国民党制定了《训政纲领》《中华民国训政时期约法》以及各级地方组织法、选举法等，确定地方行政层级划分。其中，县设民选参议会，以县长为地方行政长官，区、乡镇坊、闾邻直接召开民众大会，

---

① 故宫博物院明清档案部编《清末筹备立宪档案史料》（上册），中华书局1979年版，第61~66页。

② 王先明：《绅董与晚清基层社会治理机制的历史变动》，《中国社会科学》2019年第6期。

选举区长、乡镇坊长、间邻长以及区监察委员会、乡镇坊监察委员会，间邻长协助乡镇坊长办理事务。孙中山提倡的地方自治是为了实现直接民权，加强地方组织，促进地方事业发展，以奠定革命建国基础。但由于内忧外患，《训政纲领》未能真正得到贯彻落实，地方自治改革目标也未能实现。南京国民政府时期推行了以县为基层政权的"地方自治"，制定《县组织法》《县各级组织纲要》《县各级组织纲要实施原则》，推行"新县制"改革。国家权力通过制度化的途径，逐步扩展到基层，县级以下政府成为中央在基层的代表，行使着对基层社会的管理权，逐步建立起乡镇一级的基层管理制度。但新县制也没能摆脱"人力物力"的窘境，加上中国的独裁传统、"名实不副"的现代地方自治、蒋介石独裁统治，以及在新县制实施过程中产生的各类利益集团，"掏空"了国民政府的基层政权，基层腐败像可怕的瘟疫一样蔓延开来，最终"锁定"了新县制的运行。①

从总体上讲，近代以来中国县治的变迁与发展具有三大特点。一是由于中央政府对基层的深入，具有地方特色的县级政府管理制度逐渐建立，从而形成了组织化、制度化的县级政府体系。二是由于县治的"官治"和"自治"的二元矛盾日益凸显，政府对地方自治的制度化干预成为一种可能。三是在中国近代社会大转型时期，随着地方自治运动的兴起，乡绅制也产生了巨大的变化，其社会地位和政治地位显著提升，与基层政权进行功能互补，官民治合一，逐渐形成了"官绅合治"的基层社会治理体系。②

第二节　当代县域治理：中心主义治理范式的规约

新中国成立以来，"落后就要挨打"的惨痛记忆孕育了以政党为主导核心、国家为空间载体、政治动员为基本方式的压缩式"赶超战略"。落实这一战略，国家权力触角自然加速延伸到社会各个角落，形成国家与社会关系的系统性再构，"皇权不下乡"的上下分治逻辑被抛弃，逐步形成了中心主义治理范式。县域中心主义治理范式实质是纵向层面的国家中心治理范式和政党中心治理范式的基层折射。

---

① 刘彦波主编《中国县域治理史》（近代卷），长江出版社 2019 年版，第 150 页。
② 公丕祥：《传统中国的县域治理及其近代嬗变》，《政法论坛》2017 年第 4 期。

一　中心主义治理范式的理论溯源

中心主义治理范式理论源于国家政治形态上的中心与非中心之分，主要表现为社会中心主义、国家中心主义和政党中心主义三种形态。

（一）理论探究

自古希腊以来，西方政治学发展已有两千多年的历史。在这个漫长的历史进程中，尽管政治学派别众多，但国家一直是不变的焦点，国家学说在政治学中也占据着核心地位。对于作为政治学基本分析单元的国家，人们有着多维度、多视角的分类和认知。而随着有关研究的不断深入，学界逐步达成共识，认为世界上任何一个国家的政治体制，如果立足于制度产生和发展的机理或动力机制——内部因变量和内在结构——自变量，可以分为中心主义政治制度和非中心主义政治制度两大类。[①]

纵观古今中外，社会中总是存在许多力量，它们或是特定的群体，或是某种组织或权力机构。那种居于社会中心地位，通过正式或非正式的组织架构，抑或通过一定的制度框架，能够对国家与社会的进步起到引领、指导或支配性作用的群体或组织，就是社会中心力量；与之相对应，不具备此类作用的其他群体或组织，就是社会非中心力量。[②] 所谓中心主义政治制度，即一种以社会中的核心力量或制度为基石发展和形成的制度体系。这种核心力量或制度在整个制度结构中占据主导地位，并且能够衍生出其他相关制度。这种政治制度的特点在于其高度的集中性和统一性，以一个核心力量或制度为中心，向外辐射和扩散，形成一套完整、有序的制度体系。在人类文明的早期，普遍存在中心主义国家政治形态。在现代化的转型过程中，中心主义的基本理念和制度并未被削弱，反而在科技进步的背景下进一步提升。传统的集体主义观念和单一制政治结构在现代科技的推动下，也呈现一定的强化趋势。另外，近代的军队和新型的中心政党逐渐替代了传统的士大夫群体，成为新的社会中心力量。这些中心政党往往代表了中心主义国家政治形态的主要制度形式，而过去的君主官僚制正逐渐被民主共和制或君主立宪制所取代。所谓非中心主义政治制度，即一

[①] 王续添：《中心主义政治制度与"中国政治模式"》，《经济社会体制比较》2010年第6期。
[②] 王续添、辛松峰：《中心主义国家现代化的历史逻辑——以近代中国社会中心力量转换为中心的考察》，《政治学研究》2021年第6期。

种由社会中多种力量或制度共同催生并发展的制度体系。在这种制度结构中，不存在一个单一的、核心或主导的力量或制度。相反，它是一个多元化、多中心的制度架构，各个力量或制度在相互交织、相互作用中共同塑造和推动着整个制度体系的发展。非中心主义国家政治形态的出现可以被视为人类政治发展模式的一次重要变革。这种变革是在摒弃传统中心主义政治普遍性基础上的创新，在为丰富人类政治思想提供思路方面做出了巨大的贡献。

可见，中心主义国家的主要内容和突出特征就在于：（1）中心主体，即社会中心力量；（2）中心理念，即由社会中心力量主导建构的国家主流意识形态；（3）中心制度，即社会中心力量如何领导国家的制度；（4）中心过程，即由社会中心力量主导并由中心制度展开的以纵向为主轴的核心治理过程。由此，这些要素便构成了一种完整的中心主义国家形态，所反映的正是带有普遍性意义的中心主义政治模式。[1]

（二）主要形态

中心主义范式在不同的政治环境中呈现不同的形态，以往社会科学有关国家现代化的研究将其分为两种主要形态：一种是"社会中心主义"，以早期出现的内生型国家为代表，强调社会本身是推动变革的动力，强调社会自治性和内生力量，主张弱化国家的作用；另一种是"国家中心主义"，以后发外生国家为典型，也即西方政治语境中的威权主义社会，认为政府的力量是社会资源的集中和现代化的主要动力，突出国家权力的主导作用。[2] 两种分析范式长期在社会科学研究中占主导地位，却都未充分考虑到政党作为政府和社会各层面重要整合力量的作用。而现实证明，在现代化进程中，政党是国家和社会之外的最大基本变量，政党、国家与社会之间的相互关系很大程度上决定了不同国家现代化的不同路径。[3] 因此，根据政治环境和国家建构路径的不同，可将中心主义范式的国家治理模式大致分为三种：社会中心主义模式、国家中心主义模式和政党中心主义模

---

[1] 王续添、辛松峰：《中心主义国家现代化的历史逻辑——以近代中国社会中心力量转换为中心的考察》，《政治学研究》2021年第6期。

[2] 张伟：《作为主导现代化进程新范式的"政党中心主义"》，《社会主义研究》2021年第1期。

[3] 周宇翔、刘备：《社会中心主义与政党中心主义——基于英、美、俄政党政治经验传统的比较分析》，《法制与社会》2013年第19期。

式。这些模式的存在和特征折射了国家治理中权力关系的错综复杂性，以及这些关系对现代化进程的影响。

1. 社会中心主义

社会中心主义的兴起是对以研究国家、政权结构为主的旧制度主义政治学研究局限的回应，其以"社会中心"为视角来分析政治生活，[①] 重点关注政治制度和社会环境的相互作用：从外部的角度去探究社会环境如何作用于政治制度，以及如何影响政治制度；同时政治系统通过自身的机制进行自我调节，从而适应并反作用于环境。社会中心主义相关研究重视和研究社会和权力之外的个人或集团的力量，体现了其对现实需求的重视与反映。另外，在社会环境中，社会中心主义还十分重视市场机制，主张市场的自由运作、个体的自主选择和竞争主导资源的流动和分配。如此，自由主义思想与市场经济的结合推动了个人和社会层面的发展。作为一种自动调节资源配置和经济活动的方式，社会中心主义解放了生产力，并创造了大量社会财富。

然而在这种模式下，政府处于相对弱势地位，强人或强势集团等社会力量在社会中扮演更重要的角色，个人对其表现出较强的依附性，政府受制约并服从其安排，这种现象在一定程度上限制了国家权力的自由运作。在公共政策的制定和实施过程中，相关利益集团因拥有较强的实力和影响力，能通过庞大的资源影响政策制定者和执行者，进而使国家成为社会利益集团的工具。虽然在这个过程中国家会做一些自己的调整和决策，但实际上仍是在社会利益集团的框架内进行的，无法脱离其束缚。没有强大的权力平衡机制解决资源垄断的问题，就无法协调社会自主性与国家总体和长远利益之间的矛盾。[②] 在这种情况下，政府可能变成社会力量的附带产物，从而导致国家必要的干预减少，风险控制能力也被削弱。

2. 国家中心主义

行为主义发展之后，学者们发现社会中心理论的建构无法有效解释国家与社会发展之间的关系及其演变历程。经过不断反思，他们明确发出了

[①] 李新廷：《社会中心主义·国家中心主义·政党中心主义——西方比较政治学研究视角的演进与中国关照》，《国外理论动态》2016年第2期。

[②] 张伟：《作为主导现代化进程新范式的"政党中心主义"》，《社会主义研究》2021年第1期。

"回归国家"的呼声，开始重新强调国家政治结构的重要性。将国家重置于研究社会变革和政治问题的重心，标志着国家中心主义的兴起。[①] 国家中心主义的基本特点在于其不断追求国家（广义上的政府）权力的扩张，并在此过程中极大地限制社会群体与个体的权力。[②] 在这一模式中，虽然社会组织和个体没有彻底被排斥，但是其处在一种依靠国家权威的消极状态中。

在国家中心主义的框架中，以权力为支撑的国家有能力根据自身的意志，通过各种政治手段去形塑和改造社会。[③] 在经济领域，政府同样起到主导作用，这体现在国家拥有关键产业，并通过经济计划和政府对市场的干预，确保经济的稳定和公正分配。国家中心主义认为国家是最重要的组织形式，其权威和利益应该在各方面占主导地位。为了实现国家目标，政府应当能够集聚强大的社会资源，牢牢掌握民众的意识形态工作的领导权，进行决策并强制性执行。不可否认，在国家治理实践过程中，尤其是当国家面临安全困境时，国家中心主义有利于社会正常运转。

然而，国家应当高度集权的主张导致该范式面临来自其他政治理论的持续批判，尤其是涉及权力过度集中、社会创造力和个人自由受限等问题。无可否认的是，权力过度集中在中央政府手中可能削弱监督机制，使政府官员难以受到有效监督，增加滥用职权、为自己谋取私利的风险。此外，国家的职能涵盖范围广泛，不仅替代市场来组织所有的经济活动，还在很大程度上代替个人安排日常生活，这导致社会团体和个人缺乏自主权和决策权。在追求国家利益至上的过程中，社会的创造力被压制在权力结构的强制性之下，个人言论等自由也可能受到限制。从某种意义上说，"国家中心主义"是一种二元对立的模式。在这种模式下，国家与社会、政府与市场、中央与地方等二元关系被高度对立起来，这种对立关系极易导致社会不稳定和矛盾加剧。

[①] 李新廷：《社会中心主义·国家中心主义·政党中心主义——西方比较政治学研究视角的演进与中国关照》，《国外理论动态》2016年第2期。
[②] 马德普：《简析近代以来国家治理模式的变迁——兼论中国国家治理模式的变革》，《行政科学论坛》2014年第5期。
[③] 李元元：《双面国家："国家知识"的人类学阐释——基于与西方国家中心主义范式的比较研究》，《世界民族》2017年第4期。

3. 政党中心主义

政党在现代国家与社会生活中具有不可替代的作用，是现代西方政治体系中不可或缺的一部分，因此西方学者与政治家将政党视为国家与社会之外的一股重要政治力量。在欧美等发达国家，由于其政党大多出自议会，因此政党的组织结构总体上比较松散，议会作为党派博弈的制度化平台使得各党派将更多的精力放在选举和议会内的事务上，而非过多地关注庞大的组织层级和规模。而在后发国家，由于面临国家重组和治理失序问题，政党作为具有主导性的政治力量产生在政权建立之前。[1] 在后发国家的特殊发展背景下，政党需要具备强大的凝聚力和领导力，方能取得执政权，保证政治秩序稳定，并借助自身能力将其规范和期望有机地融入国家建设过程中。政党政治的理论和实践均是以西方经验为基础，因此并不适合用来解释后发国家政党主导地位的模式。

因此，在后发国家的政治发展和现代化转型期间，作为组织国家建设的唯一的主导力量，[2] 强有力的政党扮演着关键角色，助推着国家的构建和民族的融合。在这些国家中，政党成为国家合法性和权威性的源泉。"不能像研究其他国家那样，直接用国家与社会的二分法来研究中国问题，要充分考虑到党作为一种特殊的政治力量在国家生活、社会生活以及国家与社会关系中的重要作用。"[3] 以俄罗斯和中国为例，政党不仅具有代表性的功能，而且承担了治理职能，能够有效地协调和汇聚各方利益，指导和管理政策的制定和实施。在这种模式下，居于核心地位的政党在国家治理中发挥着至关重要的作用。整个国家治理体系都是围绕政党建立并由政党主导的。然而，关于政党中心主义的理论化构建，目前仍需进一步研究和探索。

二 中心主义治理范式的历史呈现

新中国成立后，执政党基于国家平台，在思想改造、政治改革、经济

---

[1] 李新廷：《社会中心主义·国家中心主义·政党中心主义——西方比较政治学研究视角的演进与中国关照》，《国外理论动态》2016年第2期。

[2] 杨光斌：《制度变迁中的政党中心主义》，《西华大学学报》（哲学社会科学版）2010年第2期。

[3] 林尚立：《集权与分权：党、国家与社会权力关系及其变化》，陈明明主编《革命后的政治与现代化》（《复旦政治学评论》第1辑），上海辞书出版社2002年版，第153页。

建设和社会整合等方面,不断以中心主义治理范式规约国家治理。作为"微型国家"的县域,伴随国家整体治理逻辑和体系的变化,在中心主义范式的规约下,也相应经历了"全面扩张""经济至上""深化改革"三个时期。这三个时期的县域治理都显现出显著的中心主义范式的规约。

(一)"全面扩张"时期

1949年到改革开放以前,我国整个国家发展和县域发展过程都呈现明显的全面扩张性,强力推动实现经济社会的重构。新中国成立之初,我国并没有完全摆脱内忧外患的基本状况,对内要恢复国民经济,解决经济结构失衡、工商业萎缩、农业发展落后等现实问题,对外要应对资本主义国家势力的封锁与打压,因此需要通过改组和加强国家权力组织,在政治、经济和社会各个领域实行集中、统一的管理,以便实现"有计划地生产"。"为实现政党确立的社会经济发展目标,政党和政府全方位地渗透并有效控制社会的各个层面和各个领域,对社会生活进行最广泛、最深入的政治动员。"[1]

在党的推动下实现"全面扩张"是这一时期的中心发展目标,从国家层面到县域层面,都围绕这一中心目标展开各项工作。实现"全面扩张"的主要条件是国家强大到足以全面整合社会资源并将其纳入自身的行政管理体系,通常会表现出"政府主导、强制规范、全面掌控、统一治理"的特征,即国家吞并社会,社会被国家所淹没,具有典型的中心主义治理色彩。"1978年以前,中国在政治上组织和领导体制高度一元化,经济上则实行单一的命令型计划经济体制,公与私、国家与社会、政府与民间融为一个高度统一的整体。"[2] 这一时期,"政府以国家权力为后盾实施国家和政府对社会的全面控制和赤裸裸的政治统治"。[3] 在这一时期的历史进程中,国家垂直领导体系得以加强,党政单一权力中心的县域治理结构得以建立,国家权力实现下沉,不断向县域下辖的基层社会渗透,中央和县域的汲取能力、规范能力、强制能力、分配能力等随之增强,强化了国家对

---

[1] 萧功秦:《中国的大转型:从发展政治学看中国变革》,新星出版社2008年版,第84页。
[2] 俞可平:《中国公民社会的兴起与治理的变迁》,社会科学文献出版社2002年版,第204页。
[3] 胡孟霞:《服务型政府建设中存在的问题及对策研究》,硕士学位论文,湖南师范大学,2007。

县级政权的组织化管理，并以县域为依托，实现了国家权力在基层社会的有效延伸，进一步加强了对基层社会的治理能力。这从客观上有利于国家集中力量恢复发展国民经济，维护社会稳定。同时，国家权力的下沉和县域治理结构的重构，使传统县域治理格局中地方精英的权威性和合法性由基层社会向国家正式行政体制转移。

（二）"经济至上"时期

从党的十一届三中全会到十六届三中全会，在"中心主体"的推动下，主导我国很长一个时期的"经济至上"的中心治理理念得以确立，我国县域治理模式也随之转向"经济发展型"。

在中心主义的规约下，为落实这一时期的中心治理理念，党和国家不断调整县域治理结构与机制。自1978年起，中国经济体制与行政体制的深度调整，使各级政府之间的联系发生变化，并激发出新的活力。这极大地提高了地方政府的自主能力，给予地方政府更多的自主选择空间，促进了地方社会的发展与进步。[1] 在国家整体治理理念、治理格局转型的背景下，县域治理模式发生深刻变化。这一时期，我国的县域从固化的行政层级、中央政府的派出机构或代理机构，逐步向拥有自主意识的利益行为主体转变。随着公民意识的提高以及社会自组织力量的壮大，社会逐渐参与到管理事务中，国家与社会之间的合作意识逐渐萌发并日益加强，但政府依然是社会服务的主要提供者，在社会管理中起主导作用。[2] 县域政府通过为居民提供物质及社会保障，使其在当地的权力与地位得到了当地精英与百姓的认同。

随着行政体制改革的进一步深化，我国在地方层级逐渐建立起了"市管县"体制，旨在"以城带乡""城乡合治"，促进地方经济的发展。然而，随着社会主义市场经济体制的逐步建立和完善，"市管县"丧失了原来的制度支持条件和与之相匹配的制度环境，制约着地区经济的整合发展，阻碍了地方经济的统筹协调。由此，国家先后进行了撤县设市、撤县设区、省直管县、乡财县管等一系列行政区划体制改革实践，以求通过调整纵向政府间的关系，确保县域经济社会平稳快速发展。在这一历

---

[1] 何显明：《市场化进程中的地方政府行为逻辑》，人民出版社2008年版，第26~28页。
[2] 郭风英：《"国家-社会"视野中的社会治理体制创新研究》，《社会主义研究》2013年第6期。

史进程中，县域政府"人财事"等管理权限得以扩大，开始由"被动型政府"转向"主动型政府"。一方面，相较于计划经济时代，县域政府拥有了更多的财政自主权，以政治绩效为核心的评估体系使地方有足够动力动员地方资源推动经济的发展；另一方面，转型时期，由上到下各级政府建构的以"经济绩效"和"政治任务"为主的"压力型体制"，也使地方政府"倍感压力"。① 而在 1994 年分税制改革后，中央政府将财政权逐步回收，但并没有真正涉及中央和地方事权的划分，县乡政府面临的财政压力日益增大，而治理责任并没有减少，联结中央与地方、上层与基层的县乡政府成为政治系统中"政治应力"最脆弱的部位。基层政府往往更加关心的是与政绩考核直接相关的经济绩效等考核指标的治理领域，而对其他公共事务缺乏治理动力，陷入"治理越位"与"治理缺位"的两难困境。②

总之，在中心主义治理范式的规约下，这一时期围绕经济发展这一中心，县域政府利用中央和省市放权获得的权力，全面追求经济增长等"硬指标"，而忽视经济增长以外的政府责任，特别是公共产品和公共服务的有效供给，带来经济发展方式不合理、经济社会发展失衡等次生问题，导致我国的社会发展相较于经济发展严重滞后，在一定程度上影响了县域政府的公共性和合法性基础。

（三）"深化改革"时期

2003 年，党的十六届三中全会盛大召开，会议审议并通过了《中共中央关于完善社会主义市场经济体制若干问题的决定》。这一决定强调了坚持"以人为本"的核心理念，明确了完善社会主义市场经济体制的总体目标和主要任务，为深入理解和实践科学发展观提供了重要指导。县域治理在国家整体治理观转变的背景下，开始探索如何建构一种完整、均衡、长远的发展模式，以推动经济、社会及个体的全面发展。我国县域政府的主要任务开始由以经济建设为中心逐步转向统筹兼顾，并着力调整政府职能、提升政府能力，推动解决粗放发展带来的各种次生问题。与此同时，县域政府对经济建设方式进行调整，逐步开始重视市场主体在促进县域经济发展方面的重要作用。同时，县域政府大力推进城乡统筹发展，均衡城

---

① 刘彦波主编《中国县域治理史》（现代卷），长江出版社 2019 年版，第 5~6 页。
② 刘彦波主编《中国县域治理史》（现代卷），长江出版社 2019 年版，第 6 页。

乡公共服务供给，推进新农村建设，发展现代农业。在这一时期，县域政府对创新公共服务的供给给予高度关注，担负起提供县域公共物品的主要职责，并在实践中逐步将"以官为本"的行政理念转化为"以人为本"的行政理念，不断提高基层群众的满意度。

这一时期的县域治理改革，显著增强了县域政府的公共性，强化了基层政府的服务属性，但是"科学发展"的理念并没有完全确立，"经济至上"的理念尚未完全破除，政府在管理体制机制的改革上还不够深入彻底，一些体制机制障碍未能从根本上破除，中心主义范式规约下的县域治理模式依然清晰可见。

总之，在新中国成立以来的多个历史时期，我国的县域治理在治理主体、治理向度、治理方式等方面都显现出明显的中心主义色彩，在中心主义范式规约下，不同时期的县域治理在国家治理的整体框架下，不断调适治理的中心理念、治理结构与机制，以维系社会正常运转，落实"中心理念"，完成"中心目标"。

第三节　中心主义范式的县域实境考量：
理念、体系、能力

中心主义范式下的县域治理映射出很多的历史镜像与现实成像，透过现象看本质，我们可以从三个维度来归纳中心主义范式下县域治理的真实镜像，即理念维度上脱"面"强"点"的"发展主义"，体系维度上的主体中心化与过程中心化，能力维度上理念和体系中心化下的全能治理。

一　理念：脱"面"强"点"的"发展主义"

中心主义范式下的国家治理，会形成一个治理"中心理念"，即由"中心主体"或者社会中心力量主导建构的国家主流意识形态。新中国成立以后，特别是改革开放以后，在中心主义范式的规约下，我国从上到下形成了一种脱"面"强"点"的"发展主义"治理理念。中国发展道路的选择，不是一个简单的单向历史过程，而是外部刺激和内部回应相结合的复杂过程。"但总体而言，中国公共管理基本上承袭了带有'发展主义'

色彩的价值取向。"[①]"发展主义"奉行"经济优先""经济第一"的原则，将发展经济作为社会治理的中心点。其核心是"以经济发展作为国家和个人的当务之急，一切政策安排和个人计划皆围绕发展这一中心来部署"[②]，但往往忽略经济发展这一中心点以外的"面"上的发展需求，主要表现为治理向度的中心化和治理方式的中心化。

（一）治理向度的中心化：以显绩为偏好的治理

新中国成立以后相当长的一个历史时期内，在中心主义范式的规约下，整个社会被塑造成一个以实现发展为核心目标，注重效率优先的庞大运作机器，并且每个"零件部位"都被要求能促进机器的高效运转。这种比喻强调了社会的有序性和效能，将各个社会组成部分比作机器的组成要素，使其有机地协同工作以实现整体运行的流畅性。而县域作为国家治理的基础和"接点"，同样也是这部大型运作机器的"零件"之一，要求其在实现经济发展等核心目标和坚持效率优先的价值追求上，不能给这部庞大机器的运转"拖后腿"。

改革开放后，党和国家的整体工作重心转移到经济建设上，推动经济发展成为国家治理的"第一要务"。压力型体制在一定程度上引导了地方政府的行为倾向，使其更倾向于向上显示政绩，并将经济增长置于优先地位。[③] GDP 等可量化的主要经济指标也成为考核地方和各级官员"业绩"的重要依据，为了更好地应对政绩考核，县级政府更愿意挑选能在短期内拉动经济增长，并传递出清晰的政绩信号的项目，而不是那些能够持续推动辖区经济发展的投资项目。加之，分税制改革后，县域的"财权"与"事权"存在一定程度的不匹配情况，财力有限的县域政府迫于"业绩"需要，强烈渴望通过经济快速增长获取财政收入，以取得更多政绩，这进一步强化了县域政府推动地方经济快速发展的"能动性"。这种以"业绩"为主要目标的"经济发展"衍生出显著的地方保护主义和功利性，导致县域政府利用垄断性权力和中央向地方转移的自主权力，整合各方资源，追

[①] 汪大海、唐德龙：《从"发展主义"到"以人为本"——双重转型背景下中国公共管理的路径转变》，《中国行政管理》2005年第4期。
[②] 杨龙：《作为意识形态的发展主义》，《理论与现代化》1994年第9期。
[③] 吴昊：《地方政府治理结构改革与职能转变——从经济学视角展开的分析》，《学习与探索》2006年第6期。

求经济利益最大化和地方利益最大化。然而，这样的经济发展并没有消除经济社会发展的不平衡，相反，还带来了其他很多治理问题。

（二）治理方式的中心化：以管制为常见的行动方式

在中心主义范式规约下，为快速实现"发展主义"下的治理目标，政府往往热衷于以"中心主体"的权威对其他主体进行管制，以提高效率，实现快速发展的目标。政府在这一过程中显露出"绝对理性人"的形象，力图厘清其中的各种经济联系，制定最佳方案，获得最大的经济效益。这就造成了"以政府为中心"的国家权力结构从上到下单向运行，通过"指令""指示""命令""强制"等方式，以"项目制"和"运动式"等治理方式来达成治理目标。实践表明，在某些特定时期，该治理方式在相应的背景下可能产生良好效果，却并不合乎实际的治理趋势。

1. 项目制治理

项目制治理就是一种以"项目"为载体的政绩生产"管制"。项目制是一种以保证经济发展为前提，对政府、地区、城乡间的财政平衡进行宏观调控的手段。[1] 1994年分税制改革之后，各地政府从运营企业中得到的利益减少，加之财权上移，事权下放，部分地方财政入不敷出，财政普遍吃紧，迫使地方的财政支出需要依靠中央财政对地方的转移支付补助，这就使大量财政资源以专项（或准专项）转移支付的形式从中央流向地方。[2] 这些专项资金大多数以项目形式下达，上级政府设定建设目标并进行验收考核，而下级政府负责具体实施。项目设立带来自上而下的大量资金，基层政府的积极性也随之提升。地方政府将抓项目和跑项目视为日常工作的重要核心，目的在于利用专项资金来弥补本地财政的不足，以保障公共事务的顺畅开展。县级政府是项目分级运作中的关键环节，不仅是项目承上启下的中转站，而且可以为项目资源的"再组织"搭建制度空间和社会场域，按照项目制的分级运作逻辑，县级政府属于项目的"打包者"。[3] 作为项目资源下达基层时上级项目资金在基层的首要承接者，县级政府在资源管理方面扮演着至关重要的角色，它需要对各类资源进行统筹调配，以确

---

[1] 张向东：《央地关系变化逻辑与政策实践的微观机理——兼论项目制的定位》，《四川大学学报》（哲学社会科学版）2020年第5期。

[2] 渠敬东：《项目制：一种新的国家治理体制》，《中国社会科学》2012年第5期。

[3] 欧阳静：《县域政府研究的路径分析》，《天津行政学院学报》2015年第5期。

保资源的合理分配和高效利用，并督促乡镇、村落进行项目落实。对于县级政府而言，这不仅是一笔财源，而且还是推动经济发展的巨大杠杆，能够集聚资源办大事，进一步推动县域经济发展。① 县级政府可以通过各种项目资金贯彻政治意图，采用政治和经济激励等，叠加考核手段传递行政压力，使下级部门更好地了解到自己的治理理念和意图，进而有效推行自己的政策。

2. 运动式治理

常规治理机制是以现代专业化的官僚机构为依托，按照一定的法律法规，对社会中的公共问题采取的"例行公事"的治理方式。但人们日益增长的社会治理需求与社会资源总量之间的供给逐渐出现错位，在治理工具和治理资源匮乏的大背景下，常规治理机制往往难以应对当前复杂多变的问题和挑战，从而影响既定目标的实现。因此，在面对重大任务和繁杂的治理目标时，以短时高效的动员方式来实现特定治理目标的运动式治理出现。运动式治理依靠的是政治权威，由自上而下的动员，调动整个集团和其他社会成员的热情和参与性，针对因长期积累而无法处理的社会问题，采取有组织、有目的、有规模、有群众参与的治理措施，是执政者为达到治理目的或解决社会问题而采取的一种治理方法。② 在县域运动式治理过程中，从短期来看其效果是立竿见影的。然而，仔细思考，就会发现仍然存在许多问题。首先，这一治理模式需要在一定的条件下通过权力的临变以及在动员机制下的权力扩展来实现。从长期来看，很难从一而终地维持下去。如果没有强制性行政命令的推动，科层制的惯性将逐渐削弱对运动式治理的维持作用。并且这种以某种排名、荣誉称号为"结果"导向的治理方式，集中关注短时间内看到明显变化的任务目标，往往不利于培育长期"效果"。其次，为了应付来自上级的压力，基层政府会采取各种方法蒙混过关。除了上述问题，县域运动式治理过程中还可能出现权力滥用和腐败问题。特定环境下权力的临变和扩张，容易导致一些官员滥用职权，违背公平公正原则。此外，运动式治理通常集中关注某个具体问题或任务，可能会忽视其他重要的治理领域，从而导致治理的不均衡。最后，县

---

① 田先红：《项目化治理：城市化进程中的县域政府行为研究》，《政治学研究》2022年第3期。

② 冯志峰：《中国运动式治理的定义及其特征》，《中共银川市委党校学报》2007年第2期。

域运动式治理还可能造成社会矛盾和不稳定。在治理过程中，一些地方可能会被强制性地推行某种方案，而这种方案并不一定适用于当地的实际情况。这可能会引起民众的不满和抵触，进而导致社会矛盾的加剧，对县域的可持续发展产生负面影响。

二 体系：治理主体中心化与治理过程中心化

中心主义治理范式在县域治理体系上的规约主要体现为两个方面：一是治理主体中心化；二是治理过程中心化。

（一）治理主体中心化：以政党为中轴的科层结构

县域治理涉及对县级公共事务的管理和决策。目前的县级治理结构涵盖了县级党委、人民代表大会、政府及其相关职能部门，也包括了企业、社会组织和公民。在"政党中心主义"情境下，政党位于权力体系的中心，政府接受政党领导，负责执行县域治理中的大部分日常工作。县级党委与政府是县域治理实践中最主要的主体。但县域治理涉及的任务范围很广，而县级党委的权威性资源有限，因此并非所有的治理任务都由党政体制直接驱动。县级党委一般会在治理任务中选择重要问题，由其主要关注，将其作为一定时期内县域整个党政部门的核心工作，而未被选择的治理问题则由相关职能部门负责。总体而言，县级治理场域中，县级党委通过两种途径来实现党对县级政府的领导：一是由县级党委制定路线方针、政策，由各级党委负责具体工作，体现县级党委的意愿；二是党委制定的政策，经同级人民代表大会确定为法定的行政事项，并由政府及其职能部门负责落实。

一般来说，党委下达的治理任务，大多是上级下达的政治任务，或者是国家强调的核心治理任务，如经济发展、招商引资，或者是与当地发展有关的重要任务。在全县范围内，由党委确定的政府工作，通常都是作为"中心工作"来处理。[1] 确定中心工作方案是县级党政领导干部对工作的选择和取舍过程，不仅取决于宏观政治环境和社会问题，而且与县级党政领导干部的工作取向、领导理念和个人政治智慧密切相关。确定中心工作既是党政部门实现党的领导的重要方式，也是党政领导干部实现个人领导意

---

[1] 周泽龙、叶娟丽：《作为"治体"的县域党政体制：文献梳理与展望》，《湖北行政学院学报》2022年第6期。

志的重要途径。①

县域中心主义治理范式实质是纵向层面的国家中心治理范式和政党中心治理范式的基层折射：一方面，县域政府作为国家治理的基础节点，承载域内政治、经济和社会发展的主体责任；另一方面，以县人大常委会为组织形态，县委书记作为"关键少数"，承载政党中心主义治理范式在县域的"落地"，而科层结构中的各级党委和部门党委，以及基层各层级的党支部机构，保证了政党在县域治理中的"生根"。这种治理主体的中心化归根结底是要集中力量实现快速发展目标，是"发展主义"思维下科层结构的适应性调整。

（二）治理过程中心化："政治行政化"的统合机制

新中国成立后，中国政治体制经历了多次变革和调整，以适应现代化建设与人民日益增长的美好生活需要的需求。改革开放以来，中国开展了以市场为导向的体制改革，逐渐形成了一套既符合市场经济规律又符合现代治理要求的政治制度体系。随着国家治理体系和治理能力现代化转型，政府职能得到了进一步的优化，政府决策更加科学化、民主化、法治化。然而，这一过程并没有引起政治结构的实质性改变，而是更多地表现出一种渐进式特征，即没有试图去改变现行制度的核心体制与逻辑，而是在既有制度的边界上，以缓解某种矛盾或解决一些问题为目的推行"政治行政化"。

县域治理过程中政治行政化的统合机制主要呈现为以政策统一性为原则的运作逻辑、以党领导政府为主要特征的运作模式和以政策执行及绩效考核为主要表现的运作行为。

1. 以政策统一性为原则的运作逻辑

政策统一性是全面深化改革过程中的运作逻辑，贯穿全程。在政策制定、实施和监督的全过程中，政治机关与行政机关之间、上级部门与下级部门之间、政府与其他主体之间，就政策内容在时空上保持稳定性和连续性。在县级治理场域中，不管是政府机构，还是基层组织，在政策执行过程中都要始终坚持"一致"方针，一以贯之地锚定上级政府的政策意向与政策目标，防止因为认识上的错误或执行上的失误而造成政策的错位，保

---

① 杨华：《县域治理中的党政体制：结构与功能》，《政治学研究》2018 年第 5 期。

证政策的有效落实。另外，政策统一性也强调在政策制定过程中，要考虑本县的实际情况和需求，遵循科学的原则，注重广泛地听取各方的意见，增强决策的科学性和可行性。同时，强调建立健全政策监测和反馈机制，确保政策的连贯性。

在政治行政化的治理结构中，政治机关在决策和执行过程中扮演着越来越重要的角色，而行政机关则在一定程度上成为政治机关的意志贯彻者与号令承接者。这种结构的变化导致了政治权力的转移和重新分配，同时也影响了政治决策的制定和实施。特别是随着县级党委在县域政策制定中的地位日益加强，党委已经在事实上成为治理场域内有效的政策制定者，[1]党自身成了处理具体行政问题的机构。当然，政治行政化的问题并不仅仅是行政管理或者官僚体制的问题，它还涉及整个政治体系的运作和权力关系。

2. 以党领导政府为主要特征的运作模式

党是领导一切的，党委在属地拥有最高的创制权。[2] 中国共产党在基层治理中具有显著的优势，具体包括强大的组织力、完善的制度体系、优秀的人才队伍、正确的文化理念以及广泛的群众基础。同时，中国共产党还拥有科学的治理理念、丰富的实践经验、强大的资源整合能力和灵活的适应能力。这些优势共同为基层治理提供了有力的支持和保障，使中国共产党能够有效地推动国家治理的发展和进步，为实现中华民族伟大复兴提供坚实的支撑。

在县域治理实践中，县级党委负责对县域治理的宏观方向进行总体设计、统筹协调、整体推进和督促落实，形成了集中统一的领导体制，并通过对行政机关的全面领导实现县域治理政策制定和执行的集中统一性。同时，在治理过程中始终保持开放态度，听取各方政策建议，对政策的执行情况进行持续的监督和反馈，避免朝令夕改的现象，确保政策的连续性和稳定性。这种领导体制确保了改革决策和执行的统一性和有效性，保证了改革工作的正确方向和顺利推进。另外，县级党委通过相关的法定程序将

---

[1] 〔美〕费勒尔·海迪：《比较公共行政》，刘俊生译校，中国人民大学出版社2006年版，第293页。

[2] 田先红：《适应性治理：乡镇治理中的体制弹性与机制创新》，《思想战线》2021年第4期。

自己的意志转化为县域政策、措施或建议，由相关部门执行、遵循。[1] 通过在全县各级机关、组织和团体中都建立起党组织，在全县范围内实行党的统一领导。在县域治理中，政党不仅负责组织和协调政府各部门的工作，还对政府决策和执行进行监督和指导。这种以政党为中轴的科层结构，使政治因素能够深度介入并影响行政决策和执行，从而具有明显的政治行政化色彩。

3. 以政策执行及绩效考核为主要表现的运作行为

改革开放以来，"发展"成为政治生活的主流话语，地方党政部门在上级施加的"压力型体制"[2] 下，以目标责任制为手段，以"一票否决制"为途径，通过科层制组织结构推行任务，给组织带来沉重压力。任务和要求被分解为具体目标，从中央到地方逐层分配，越往下指标越多，压力越大。[3]

为了保护自身利益，基层政府倾向于将所有的精力都放在妥善完成上级下达的各种执行任务上。因此在"层层加码、层层施压"下，处于"压制性"体系末端的基层政府承受着最大的执行压力。而处于绝对优势地位的上级政府，为更好地行使"一票否决权"，制定了一套细致严谨的绩效考核制度。现行的绩效评估制度，是压力型体制运作的基石，也是推动县域政府如期完成各项政策目标的一种重要保障。随着责任层层传导到县域，可量化的指标被进一步细化、分解，其范围也呈现持续扩张的态势，而这些细化的量化指标，最终都要由县域政府来落实。政治任务和行政任务对县域政府施压，并与"一票否决"的处罚力度相联系，这就要求县域政府必须处于一种高度紧张的状态之中，把完成各项规定的任务作为首要目的。作为联系"国家与社会""城市与乡村"的"接点"，县域政府直接面向人民，服务于人民，[4] 自上而下的强大执行压力迫使县域政府不断寻找更加合适的发展手段。因此，大多数县域政府在政策执行过程中选择通过下发文件、召开会议、解读精神、学习等方式，将目标和任务连同执

---

[1] 杨华：《治理机制创新：县域体制优势转化为治理效能的路径》，《探索》2021年第5期。
[2] 荣敬本等：《从压力型体制向民主合作体制的转变——县乡两级政治体制改革》，中央编译出版社1998年版，第324页。
[3] 徐勇：《乡村治理与中国政治》，中国社会科学出版社2003年版，第106页。
[4] 徐勇：《"接点政治"：农村群体性事件的县域分析——一个分析框架及以若干个案为例》，《华中师范大学学报》（人文社会科学版）2009年第6期。

行压力一同层层传达到最基层的乡镇,从而实现自身从执行者到监督者的角色转变,实现身份压力转移。

三　能力:理念和体系中心化下的全能治理

中心主义范式规约下形成的县域治理理念和治理体系,对县域治理能力产生了综合影响,县域政府在县域治理理念和体系的双重影响下,构建起了全能治理模式,也时常陷入"全而不能"的尴尬境地。

(一)"全能主义":基本内涵与源起

"全能主义"一词是邹谠首次提出的。根据邹谠的论述,全能主义是指,"政治机构的权力可以随时无限制地侵入和控制社会每一个阶层和每一个领域的指导思想"①。

全能主义在中国出现,有其深刻的历史背景。从意识形态上讲,我国"全能型政府"是从马克思、恩格斯提出的"自由人社会"概念出发,在见证市场经济为资本主义创造了巨大的财富的同时,也认识到了市场机制的不足和失效造成的经济混乱,甚至经济危机。所以,他们提倡以有计划的机构代替无政府的经济发展。马克思主义认为要"有计划地生产"②。新中国成立初期,为更好地进行计划性生产,解决国家面临的社会危机,迫切需要构建一个强有力的国家力量来组织和引领整个社会进行深层次的社会革命,"形成一种以政权组织渗透社会以进行革命战争动员的体制模式,即通过组织严密的党的系统掌控政权机器,形成强有力的渗透社会的组织力量,通过从社会中获得源源不断的人力、财力与物力,形成强有力的革命战争机器",③ 这正是当时有效地应对社会危机和推进社会革命的对策和手段。面对严峻的国际国内形势以及苏联模式强大的示范作用,全能主义政治在中国并未淡出历史舞台,反而不断强化与发展。

(二)"全能型政府":基本特征与县域实践

"全能型政府"作为计划经济体制下的一种政府模式,是"全能主义"下的政府模式,其宗旨是"无所不能",在日常生产生活中更多作为"生产者""监督者""控制者"存在,为社会和民众提供公共服务的功能与

---

① 邹谠:《中国廿世纪政治与西方政治学》,《政治研究》1986年第3期。
② 《马克思恩格斯选集》(第3卷),人民出版社2012年版,第860页。
③ 萧功秦:《重建公民社会:中国现代化的路径之一》,《探索与争鸣》2012年第5期。

作用则有所弱化。全能型政府具有两大明显特征，即高度计划和权力集中。社会主义计划经济体制以各种计划和统计文件为基础，没有政府，就无法制定和实施这些文件。在全能型政府时期，政府作为市场的创造者和运行者，扮演着国有企业的"所有者"和"经营者"双重角色，政府不仅是宏观经济调控者，同时也是微观经济管理者，在经济运行中，政府的调控功能被忽略。尽管全能型政府在新中国成立初期起到了积极的作用，但是也成为中国经济社会可持续发展的限制因素，从某种程度上来说，它也成为我国现代化的重要影响因素。[1]

作为"微型国家"的县域，在中心主义治理范式的规约下，构建起县域全能型政府，其特征与国家全能治理模式基本一致。全能型县域政府全面介入县域经济、社会的各个领域，最终却陷入看似无所不能，实则捉襟见肘的窘境。全能型县域政府往往陷入效率与效益的无限追逐中，模糊、抽空了县域政府的"公共性"价值。"全能型"县域治理模式对特定时期中国经济社会发展做出了历史贡献，但是，在全能主义过度扩张的背景下，在国家政权强势建构的背景下，社会被置于自上而下的、全面渗透的管理下，从而丧失了其主动性和自主性。这种状态使社会力量变得薄弱，有时甚至不可避免地内化于国家行政体系中。

本章小结

县在我国生成与演进的历史已有两千多年，县域治理范式也随时代变迁而不断变化。基于学理演绎，可将县域治理范式的演进总体表述为"皇权不下乡"的上下分治到官绅合治的过渡阶段，再到当代的中心主义范式。古代中国，郡县制结合儒、法等政治思想"双管齐下"建构形成县域治理"皇权不下乡""中央治官，地方治民"的上下分治范式。而近代以来，社会形态的结构性改变与西方民主观念的引入传播，促使不同政权对地方治理体系进行了调整变革，逐渐形成了"官绅合治"的治理格局。新中国成立后，面对内部积贫积弱、外部危机四伏的现实环境，以政党为主导核心、国家为空间载体和政治动员为基本方式的压缩式"赶超战略"，促成国家权力触角延伸至社会各个角落，带来国家与社会关系的系统重

---

[1] 金太军等：《政府职能梳理与重构》，广东人民出版社2002年版，第46页。

构，即上下分治逐步被中心主义治理范式替代。在明晰范式形态和表征的基础上，可以对中心主义范式进行理念、体系和能力三维度的学理演绎：理念上，脱"面"强"点"的治理，相应呈现为治理向度和治理方式的中心化倾向；体系上，治理主体的中心化和治理过程的中心化，相应呈现为以政党为中轴的科层结构和政治行政化的统合机制；能力上，理念和体系中心化下的全能治理，相应呈现为"全而不能"的窘境。由此可见，中心主义范式已经带来县域治理的若干问题，表明中心主义范式规约下的县域治理已难以回应新时代县域治理情境的深刻变化，迫切需要进行县域治理范式的现代化转型。

第二章
我国县域治理现代化转型的田野情境：
基于 A、K 和 M 的案例

现代化是人类的共同事业，它不是自然的社会演进过程，需要体系化的动力注入。中国式现代化当然需要国家治理现代化的体系回应，而县域作为国家的基础节点，承载了治理现代化转型的愿景，但我国县域治理情境差异较大，笼统地进行县域治理现代化转型的学理演绎，往往是理论与现实的"两张皮"。由此，特选择 A、K、M 三个样本作为县域治理现代化转型的情境，深入考量三个样本在发展、稳定、改革三个层面上存在的空间"狭窄"和选择"两难"，以实践镜像折射我国县域治理在理念、体系、能力三重维度上的问题所在。本书通过累计一年多的集中驻点调研和分散调研，以实地点位观察、半结构访谈的方式，收集第一手资料，以期获得实践体悟，为后续的理论分析和政策研究提供支撑。

第一节 研究样本的基本概况与选择依据

为进一步把握我国县域治理现代化转型的田野情境，在全国范围内对与本研究主题具有较高耦合性和契合度的县域情况进行收集筛选，在详细了解拟选取样本基本情况的基础上，最终确定将 A、K、M 三个样本作为县域治理现代化转型的情景，并深入案例现场对相关主体进行了访谈调研。其中，对于不同主体所形成的访谈内容按一定规则进行编码（见表 2-1）。下文将分别进行样本概况的描述和选择依据的阐释。

表 2-1 县域治理案例不同访谈主体的访谈编码规则

序号	访谈主体	主体代码	访谈时间（举例）	编码示意
1	A 市政府工作人员	AZF	20180608	AZF20180608
2	A 市村民	ACM	20180608	ACM20180608
3	A 市垃圾处理工作人员	AGZ	20180608	AGZ20180608
4	K 市居民	KJM	20170930	KJM20170930
5	K 市政府工作人员	KZF	20170928	KZF20170928
6	K 市工人	KGR	20170929	KGR20170929
7	M 省县级政府工作人员	MXJ	20170707	MXJ20170707
8	M 省市级政府工作人员	MSJ	20170708	MSJ20170708
9	M 省居民	MJM	20170709	MJM20170709

一 研究样本的基本概况

（一）样本案例一

A 市是 C 省中部地区的 B 市所属县级市之一，下辖 34 个乡镇及开发区，总人口约 158 万。2006 年，A 市被国家环保总局命名为"国家级生态示范区"；2012 年，A 市政府委托环境保护部某环境科学研究所编制《生态县（市）建设规划》，并于 2012 年 4 月由 A 市第十四届人大常委会第 25 次会议批准实施。2016 年 1 月，环境保护部印发《国家生态文明建设示范县、市指标（试行）》。截至 2016 年 2 月，全国范围内有 16 个省（区、市）正在进行生态省的建设工作，1000 多个市、县（区）开展生态县（市）建设，114 个地区取得生态县（市）的阶段性成果并获得命名，4596 个生态乡镇得以建立。① 生态示范区、生态省（市、县）、生态文明建设试点三个阶段既相互联系，标准又逐步提高，围绕六个层级即省、市、县（区）、乡镇、村和工业园区逐层推进，并建立了生态省、生态市、生态县、生态乡镇、生态村之间 4 个 80% 的体系要求。② 为响应国家生态

---

① 《环境保护部命名一批国家生态市、县》，央广网，2016 年 2 月 3 日，https://xj.cnr.cn/2014xjfw/2014xjfwgj/20160203/t20160203_521322454.shtml。
② 《认真贯彻落实党的十八大精神 努力为生态文明建设做出积极贡献》，中华人民共和国生态环境部网站，2012 年 11 月 17 日，https://www.mee.gov.cn/gkml/sthjbgw/qt/201211/t20121126_242599.htm。

文明建设号召，A 市也开始大力推进本市绿色经济与生态文明建设工作。2016 年 9 月，A 市接受 C 省环保厅组织的省级生态县（市）技术评估，并于 2017 年 11 月通过考核验收。同年 12 月，A 县获得 C 省省级生态县（市）命名。

总体上，A 市自然条件较为优越，这对于推动生态产业的发展和生态文明建设的进行有着极大意义。但 A 市位于 C 省中部地区，区位条件较差，且经济发展的总体实力相对较弱，第三产业发展相对滞后，在发展基础、资金人才、技术能力等方面仍然存在劣势，由此给当地发展带来了一定阻碍。同时，A 市河网密度较大，加之地形平缓，河道水流缓慢，导致水体自我净化能力较弱，环境污染问题也给区域经济发展与生态环境建设带来严峻挑战。

（二）样本案例二

2014 年 8 月 2 日上午 7 时 37 分，位于 J 省 K 县（市）开发区的 Z 公司车间发生一起特大铝粉尘爆炸事故，造成了严重的人员伤亡和财产损失。事后统计，此次事故共导致 97 人死亡，163 人受伤，造成的直接经济损失高达 3.51 亿元。事故发生后，党和国家领导人对事故予以高度重视并做出重要批示。经国务院批准，成立了由国家安监总局局长任组长、国务院有关部门和 J 省政府负责人共同组建的事故调查组，开展事故发生的追责行动。由警方控制涉事企业负责人，最高人民检察院协同地方三级检察机关开展现场勘查，协助当地政府做好事故抢险救援和应急处置，由事故调查组进行责任认定，形成处理结果。

经过细致调查，调查组认为，本次事故中 Z 公司为责任主体，企业法人代表、董事长等相关负责人为主要责任人。事故直接原因为 Z 公司无视国家法律，违法违规组织项目建设和生产，违法违规进行厂房设计与生产工艺布局，违规进行除尘系统设计、制造、安装、改造，车间铝粉尘积聚严重，安全生产管理混乱，安全防护措施不落实。间接原因为当地政府领导责任和监管责任落实不力，对于安全生产的重要性认识不足，导致安全监管责任落实不到位；当地政府对于涉事公司违反国家安全生产法律法规、长期面临安全隐患且治理不力的问题存在监管失察的情况；负有安全生产监督管理职责的相关部门在履行职责时存在疏漏，审批过程不够严格，监督检查不到位，专项治理工作不够深入和具体。事故发生后，相关部门立即对事故相关责任人及直接涉及的地方执法相关人员采取司法措施，对其他35名涉及该事故的地方党委和政府及其相关部门的工作人员，根据各自的职责和过失程度，给予了相应的党纪和政纪处分。为严肃处理此次事故，该省人民政府受到通报批评，并责成其向国务院做出深刻检查。

（三）样本案例三

新中国成立初期，为实现我国工业化建设的快速推进，借鉴苏联产业模式优先推进重工业发展，并对农业、手工业及私营工商业进行了社会主义改造。这一过程中，人民公社成为保障国家政策顺利推进的重要组织载体，在此基础上初步形成了我国纵向的市县关系。而后，随着经济体制改革的推进及家庭联产承包责任制的实施，人民公社逐渐难以承载县域经济发展。为进一步促进城乡之间的资源流通，提升县域发展速度，国家开始推行"市管县"体制，以城市作为增长极带动区域发展。但随着时间的推移，"市管县"体制在促进城区经济发展的同时形成了"强市弱县"的发展格局，阻碍了县域经济发展。为应对这一现象，中央政府先后出台相关政策，开始推广省直管县改革。[①]

M省地处长三角中心区域，面积10.55万平方千米，处于全国同级下游水平。当前，M省内设副省级城市2个，地级市9个，市辖区37个、县级市20个、县33个（其中1个自治县），镇619个、乡259个、街道482个，县级行政区划的面积占比远超地级市层级。同时，改革开放以来，M省凭借自身地理优势，大力发展民营企业、乡镇企业、个体私营企业，实现经济快速发展。截至2023年8月，M省民营企业达322万户，占企业总数的92.05%。2022年，M省地区生产总值为77715亿元，人均地区生产总值为118496元，人均排名全国第五。在20世纪90年代初，M省的财政状况出现困难，全省有40多个市、县存在财政赤字问题。[②] 当时M省县域经济发展较强，甚至能够达到省内经济总量的一半以上，县域经济发展状况对省内整体经济状况影响很大。因此，M省政府为改变当时状况，将改

[①] 王玉：《省直管县改革背景下市县横向分治与合作机制之构建》，《行政与法》2021年第1期。

[②] 翁礼华：《浙江财政"省管县何以硕果累累"》，《中国财经报》2009年9月12日，第2版。

革焦点放在县级政府放权改革上，自此展开了省直管县体制改革。

二　研究样本的选择依据

A、K 和 M 三地的研究样本及不同治理行动的"图景"，初步勾画了发展、稳定和改革向度下的县域复杂治理情境，呈现不同向度的较充足的研究依据。

（一）案例一的选择依据

党的十八大以来，为扭转经济快速发展带来的生态环境恶化趋向，生态文明建设在政府工作考核指标体系中的地位不断提升，过往单纯以经济增长速度为标准的政绩考核"指挥棒"开始转变。同时，为回应党和政府层层下放的生态建设任务，自上而下的国家级、省级文明城市、卫生城市、生态城市等一系列城市创建成为各级地方政府的工作重点。A 市作为"全国百强县（市）"，经济基础坚实，承担着上级生态文明建设工作的"标兵"任务。2016 年以来，A 市积极响应国家大政方针，高度重视生态县（市）创建工作，县委、县政府在组织、政策、机制、资金、人员等各方面为创建工作提供强有力的保障，先后召开督查活动 160 余次，抽调相关部门人员集中办公，在各乡镇成立环境保护办公室，工作落实扎实到位，层级明确，数据、信息的可收集性强。

（二）案例二的选择依据

K 县（市）地处长三角经济圈核心区，拥有得天独厚的地理优势、深厚的文化底蕴以及敢为人先的改革精神，在时代浪潮里取得了显著的发展成果，经济水平始终位于同级前列。作为发展具有突出代表性的县级市，其在各个方面都给全国其他县市树立了标杆，但震惊全国的严重安全事故的发生，引起了社会各界广泛的关注和事后的反思工作。作为一起具有鲜明代表性的事件，K 县（市）有关部门及时行动，第一时间落实所在地级市、省及中央下达的各项任务，以保护群众生命健康为首要任务，积极开展秩序稳定工作，同时依法迅速控制第一责任人，成立事故调查组进行事故复盘研究，实现问责对象全面覆盖、处罚内容有法可依，案例过程清晰全面，便于资料收集与调研分析。

（三）案例三的选择依据

为缓解县级政府财政支出压力，平衡县级政府财权与事权、事权与支出责任，2002年我国开始在全国推行"省直管县"财政改革试点。"省直管县"财政改革赋予了县级政府更多的财政自主权和可支配的资源，增加了县域可支配财力，释放了县级主体自主发展活力，为县域改革带来更多方向上的可能性。M省是率先实行"省直管县"体制改革的省份之一，具有自己的特色和亮点，改革后经济发展成效显著，为县域改革提供了更多的研究价值。需要特别说明的是，基于"省直管县"改革的学理研究逻辑，结合县域治理改革的田野调查实际，省用M来指代与编码，改革所涉县分别用Y、N、Q等来指代与编码。

第二节　不同样本对研究主题的差异折射

通过对研究样本差异治理行为的实践剖析和理论延展，深刻总结A、K和M三地在发展、改革和稳定三个层面上存在的空间"狭窄"和选择"两难"，进而指出我国县域治理在理念、体系、能力三重维度上的问题所在。

一　发展：行政发包与显绩竞赛

改革开放初期，中国经济发展面临诸多"先天"难题，如资源不足、基础薄弱、经验匮乏、劳动力素质较低等，极大地制约了经济的进一步发展。此外，计划经济时代遗留下的如国有企业的强势姿态、高度集中的经济体制、仍不健全的司法体系等问题，也给经济改革制造了不少困难。为配合改革开放的发展步伐，我国政府巧妙运用了行政发包制和"官场+市场"模式，突破了计划经济时代的遗留束缚，为经济的快速发展打下了坚实的制度基础。[①] 行政发包制赋予了地方政府较大的自主空间，使中央政府的决策能够在地方政府的运作下，结合治理场域的实际情况迅速推行。同时，"官场+市场"模式为地方官员提供了强有力的行动激励，促使他们努力发展区域经济。而属地化的行政发包与基于经济绩效增长的晋升竞争的结合，有效融合了高度集权的政治体制与高度分权的地方管理。在此机制下，官员晋升与地区经济直接挂钩，纵向政府层级间的权责下放、强激励的财政分成和预算外财政、结果导向的考核问责等因素，共同激发了地

[①]　周黎安：《"官场+市场"与中国增长故事》，《社会》2018年第3期。

方官员在改革开放过程中推动地区经济发展的强大动力。

（一）行政发包：事权的下放与执行

行政发包制的制度设计与经济学的企业理论密不可分。在企业治理领域，存在发包制（subcontracting）和雇佣制（employment relations）两种主导模式。发包制通常对应于企业间的市场交易关系，这种模式强调合作、协商与契约精神；相对地，雇佣制则更关注企业内部层级结构和行政命令关系，体现了一种上下级的权威关系。本书所指的行政发包制是指政府内部上下级之间的发包关系。在这个关系中，政府上下级之间属于"委托—承包"关系，上级政府作为委托人（发包方），拥有正式权威（如人事控制权、监察权、指导权和审批权）和剩余控制权（如不受约束的否决权和干预权），围绕特定行政目标的达成向下级政府下放任务要求，而下级政府作为承包方，在目标达成的具体实践过程中，拥有具体执行权、决策权与自由裁量权。[①] 在中国层级政府结构中，压力型体制与行政发包制是尤为突出的特征之一。上级政府与下级政府达成权责一致，并以此对下级政府进行绩效考核，此间行政压力伴随其层级传递，逐渐落实到基层政府。

行政发包制的实际运作具有以下特点。一是灵活性。下级政府可以通过上级政府发包获取较大自由行动空间，而后根据辖区公共服务的需求和实际情况，灵活选择施政方式，以满足多元化的公共服务需求。二是创新性。行政发包制鼓励作为承包方的下级政府创新和尝试新的管理方法和服务模式，以适应社会变革和公共服务升级的需求。三是高效性。通过行政权力与治理责任的一体下放，行政发包制能够极大地提升下级政府行政效率与公共服务质量，降低行政成本和风险。

在行政发包制中，一方面政府将部分管理权和决策权下放到基层组织和个人手中，使其更加灵活地应对各种情况和问题。这种权力下放的方式能够提高基层组织的自主性和创造性，增强其责任感和工作动力。同时，权力下放还能够促进政府与市场和社会之间的合作和互动，推动公共服务水平的提升和社会经济的发展。另一方面，政府会加强对承包方的监管和管理，确保服务质量和工作效果符合预期。这种执行方式包括对承包方的资质审查、合同履行情况的监督、服务质量评估等多个方面。通过这些措

---

① 周黎安：《行政发包制》，《社会》2014年第6期。

施的实施，政府可以确保承包方按照合同要求提供优质的公共服务，同时也可以维护公共利益和社会稳定。

党的十八大以来，生态文明建设工作逐渐成为考核各级政府与官员工作成绩的重要标准之一。2012年4月，环境保护部印发《国家生态建设示范区管理规程》，2016年1月，印发《国家生态文明建设示范区管理规程（试行）》与《国家生态文明建设示范县、市指标（试行）》，逐步在全国范围内推进生态文明建设示范区的建设工作。在此背景下，C省第一时间响应环境保护部部署，开始大力推进本省生态文明建设示范区的相关工作。2013年7月C省在《生态文明建设规划》中提出，计划用十年时间，实现生态省建设目标，率先建成国家生态文明建设示范区，2022年所有省辖市建成国家生态县（市）。2015年9月，B市提出2017年创成国家生态县（市），2020年在全省率先建成国家生态文明建设示范区的建设目标。按照80%以上的所辖县（市、区）达到国家生态县（市）考核标准便可获命名的要求，B市只需要有6个县（市、区）建成国家生态县（市）即可。而B市在2015年初向所辖县（市、区）下达的环境保护目标责任状中，要求全部按期建成国家生态县（市），同时在政府工作报告中对各县（市、区）年度目标予以明确。同年年中，B市主要负责人又牵头召开专题会议，要求各县（市、区）主要负责人就该项工作做出承诺。由此可见，C省、B市都主动自我加压提出口号，同时对辖区逐层加码提出更高要求。

A市作为国家生态文明建设示范县（市）的竞赛县，生物资源十分丰富，在自然资源上具有先天优势，2006年便被国家环保总局命名为"国家级生态示范区"。2012年，A市政府委托环境保护部某环境科学研究所编制《生态县（市）建设规划》，并于2012年4月由A市第十四届人大常委会第25次会议批准实施。因此，A市成为C省打造本省生态文明建设示范区中县域层级的支点之一。从地理位置来看，A市位于C省中部，是其所属地级市B市6个县（市、区）和1个高新区（高新区不参与生态城市或区域评定）中的县级市之一，下辖34个乡镇及开发区，总人口约158万。2015年，A市实现地区生产总值665亿元，是"十一五"期末的1.72倍，年均增长11.4%。连续8年跻身全国县域基本竞争力百强县（市）行列。2016年以来，A市生态县创建工作获得党委和政府高度重视，市委、市政府在组织、政策、机制、资金、人员等方面为创建工作提供了强力保障。在相关工作的推行过程中，A市主要负责人多次在督查会上强调A市生态县（市）创建进度落后于B市下辖其他县（市、区），甚至也落后于其他周边地区，因此要求各有关乡镇必须提前一年完成省级生态乡镇创建工作，并签署目标责任状。

可以发现，在C省、B市以及A市的生态文明建设工作中，目标任务的层层加码既是上级施压的结果，也是下级主动应对的产物，这构成多层次政治锦标赛的内在逻辑。政治锦标赛依赖相对绩效选拔胜者，这意味着参与者为了在激烈的竞赛中脱颖而出，必须达到超越对手的绩效水平。这一机制驱动各级官员致力于取得更好的政绩，以满足上级的期望并在竞争中占据优势。属地化行政发包体制下的任务分解和层层加码的现象恰恰体现了多层次政治锦标赛的巨大作用。① 同时，为了在生态建设工作的开展过程中便于就政府工作进行考核，上级机关尽一切可能把下属的工作任务数量化并对任务达成目标提出具体要求，这些都映射了生态文明建设工作中行政发包与量化考核的逻辑浸入。

A市政府某工作人员在回顾生态文明建设工作时表示：

>当时为了推进污染防治、环境整治和生态建设工作，完成改善生态环境、提高环境质量的目标，市委、市政府这边先后开展的督查活动有160多次，抽调环境治理部门人员集中办公，还在各乡镇成立专门的环境保护办公室。（AZF20180608）

但同时也表示：

>我们市确实地理位置没有很大优势，从全省看，我们这里在中部地区，和人家南边的区位优势没办法比。而且我们在整个B市也是靠后的位置，所以我们这边什么服务业、旅游业都不好发展的。人家那些科技企业、资金人才，都不会把我们当作投资和发展的第一哪怕前部顺位。所以我们这边这几年和全B市全省的其他地方相比，发展速度还是慢了的。（AZF20180608）

---

① 周黎安：《转型中的地方政府：官员激励与治理》，上海人民出版社2008年版，第209页。

由此可见，A 市发展传统经济的区位优势明显不足，在发展基础、资金人才、劳动力素质等方面皆处于劣势。

> 当时省里为了建设国家生态文明建设示范区，我们这里因为生态建设的资源条件和建设基础相对还要好一点，所以被上头选中了要建设生态示范县。上头给的任务重、时间紧，我们市里的领导都接到上头的命令，也立了环境保护目标责任状，要按期建成国家生态县。那当时没办法了，只能想办法赶紧干、认真干。所以当时那两年就真的是绞尽脑汁、加班加点，紧赶慢赶地终于在规定时间之内，2017 年底把这个省级的生态建设示范县（市）的名头给拿到手了。（AZF20180608）

由此可见，行政发包制是上下级政府之间一种常见且有效的行政管理方式，能够极大地提高政府行政效率和公共服务质量，降低行政成本和风险。但不可否认，作为一种类似"短时急行军"式的治理手段，行政发包也会给县域治理带来一系列问题。首先，地方层级中，官员的任命通常由上级组织部门负责，这意味着官员的晋升和评价在很大程度上取决于上级政府的考核与审查。因此，基层官员的行为主要受到政绩考核的引导和约束，这种考核标准主要以官员在任期内的业绩表现为评价依据。在政绩压力体制下，部分官员为确保自身政绩，采取将任务层层加码的方式，向下级施加压力，以确保目标任务的完成。这种做法在一定程度上加剧了地方官员的工作压力，也极易导致地方官员为达成任务而出现不端行为。根据相关规定，县级领导干部的任期一般为五年，连续任职不得超过两届。然而，在实际操作中，由于届中调整和其他人事变动，县级主要领导的平均任期往往只有五六年。[①] 这种相对短暂的任期与以经济增长为主要衡量标准的政绩考核制度相结合，引发了许多主政官员的短视行为。这种短视行为可能导致对长期规划的忽视、对环境保护的轻视以及对可持续发展的漠视，从而导致对地方资源过度开发或滥用，不考虑政策的长期影响，只追求短期利益和政绩表现。若官员获得晋升，他们便可能会留下诸多问题给

[①] 于建嵘、张正州：《理念、体系、能力：当前县域治理的转型困境与发展方向》，《学术界》2019 年第 6 期。

继任者处理，这也导致了政策的不连续性和地方发展的不稳定性。多届政府之间倾向于追求不同的施政方向，频繁改变发展重点，这不仅浪费了资源，也对地方的长期发展造成了严重影响。

同时，在县级治理结构中，尽管许多干部扎根于本地，但受到上级政府绩效考核的强大压力，他们的行为选择往往倾向于满足上级领导的期望。单纯依靠上级政府的监督和控制，很难确保县级党政权力在合理、合法的框架内运行。尽管异地任职制度被视为一种制约权力的机制，但在实际操作中，这一制度并未达到预期的效果。在压力型政绩动员的背景下，县级政权的干部主要关注短期可量化的政绩成果，以满足上级政府的考核和政治期待。这种短视行为导致财政资源过多投向了可见的工程项目，这不仅有损于本地民众的长期利益，也影响了地方的可持续发展。

（二）政治竞赛：政绩为王的短视与局限

在过去中国40多年的高速发展过程中，权责一体的行政发包与聚焦经济的晋升竞赛结合运行的治理体制助推了中国经济迅速腾飞。但与此同时，许多现实问题也逐渐出现，如收入差距大、环境破坏与污染、官员腐败、粗放增长与自主创新不足、地方保护主义等。这些问题与中国不断增加的经济体量相伴发酵，逐渐变成社会良性发展背后的一大隐忧。

作为一种激励官员追求经济发展的制度安排，[1] 政治锦标赛的逻辑是上级政府以经济增长速度等客观指标为基础，对下级政府官员进行考核和提拔，下级政府官员在同级层面始终处于一种零和博弈的"晋升竞赛"模式。因此，除了晋升制度外，政治锦标赛更是一种激励机制，对于地方官员的行为和动机产生了深远的影响。锦标赛理论的基本原理认为，通过设定明确的晋升标准和规则，上级能够有效地激励下级官员表现出更高的绩效水平，从而遴选下级官员。在锦标赛中，上级政府设定了经济增长等可度量的绩效标准，作为官员晋升的主要依据。这激励官员们努力提高地方经济的增长水平，以增加自己晋升的机会。下级官员在了解锦标赛作为一种晋升制度后，会受到强烈的激励而去迎合这些标准。[2] 这种激励效果来

---

[1] 杨宝剑：《基于政治锦标赛制的地方官员竞争行为分析》，《经济与管理研究》2011年第9期。

[2] 丁肇启、李错锯：《中国官员晋升之政治锦标赛理论的再验证——基于省级主要领导样本的分析》，《福建行政学院学报》2016年第2期。

源于对晋升和重用的渴望，它促使官员们更加积极地推动地方经济的发展。对此，周黎安基于1980~1995年省一级党政领导职务变动与地方经济增长率之间关系的数据进行了分析研究。[①] 他发现，地方政府主要官员的晋升、保职和降级与地方经济发展之间存在显著的正相关关系。这一研究为政治锦标赛模式提供了有力的实证支持，揭示了经济增长在官员晋升中的重要地位。随后，学界多位学者基于更长时间段的数据进行了深入研究，[②] 这些研究进一步证实了经济增长在官员晋升中的重要作用。

然而，政治锦标赛也存在短视之处与局限性。一方面，政治锦标赛可能导致地方官员为了在短期内实现本地区明显的经济增长，采取一些短视的措施，如过度开发和投资、牺牲环境和资源等。另一方面，政治锦标赛也可能导致地方官员之间的竞争加剧，合谋、勾结、采取不正当手段等影响考核的公正性。这种情况不仅会导致资源浪费，还会影响政府形象和公信力。因此，政治锦标赛虽然可以激励官员大力推进发展，但也需要在实施过程中注意其潜在的风险和局限性，采取科学合理的措施来确保其公正性和可持续性。

面对政治锦标赛的诸多局限，近年来，在中国政府治理改革的大背景下，地方政府的考核标准开始逐渐纠正单纯以经济增长速度为标准的政绩考核"指挥棒"。特别是在党的十八大后，党和国家对生态文明建设工作的重视程度极大提升，其逐渐成为各级政府与干部考核的重要指标。

二　稳定：秩序压力与双重机制

维护社会秩序稳定有序，持续开展秩序稳定相关工作，是促进县域治理顺利进行的重要任务。20世纪80年代中后期，邓小平同志提出"稳定压倒一切"的观点。[③] 此后，我国政府始终将保持社会秩序稳定作为政府开展治理实践的核心之一。纵观这一主张的提出和发展，学界普遍从社会政治环境角度开展分析，并认为稳定主张的提出与发展恰恰是国际社会政治形势不断跌宕，而我国坚定选择走和平发展道路的结果。而立足我国治

---

① 周黎安：《中国地方官员的晋升锦标赛模式研究》，《经济研究》2007年第7期。
② 闫小沛、李双双：《政治锦标赛模式研究探析》，《市场周刊（理论研究）》2013年第10期。
③ 《邓小平文选》（第三卷），人民出版社1993年版，第330页。

理实际，中国共产党作为我国的执政党和各项事业发展建设的领导核心，不仅具有代表功能，更重要的是，它拥有实质性的治理功能，能够有效地汇集和传达各种利益诉求，进而在政策制定和执行的整个过程中发挥关键性的引导作用。①"稳定"工作体现了党的原则性、一致性，其后续的体系化与进一步的深化转变，体现了中国共产党执政和奋斗的核心价值与一贯主张。

从县域治理角度来看，开展基层社会秩序稳定工作，能够有效打通基层治理的"最末端"，化解基层所暴露的种种矛盾与问题，形成安定和谐的政治局面。稳定工作作为我国政治管理工作开展的基调，在实践的过程中获得了广大人民群众的理解、支持和认同。县域治理实践中追求和谐平衡固然重要，但稳定并非县域治理工作的全部。在现实治理实践中，政府部门常常矫枉过正，对此，有以下两个逻辑的呈现。

（一）秩序压力：县域治理的"不出事逻辑"

在一元制结构之下，央地政府的权力分配遵循中央政府统一领导，并且始终保证中央政府权威的重要原则。因此，一切与基层政府行为有关的问题，最终都要回归到"中央—地方关系"这一系统中。"压力型体制"是我国中央与地方关系的一个重要方面，它表现出一种从上到下的单向施压和从下到上的责任承接。② 在"压力型体制"叠加"稳定优先于一切"的推动下，基层政府作为实现自身利益最大化的理性主体，不遗余力地"消化"冲突，以确保自身运行"不出事"。

在日常治理行为中，"不出事逻辑"体现在对治理绩效"躺平""看淡"，追求"不求有功，但求无过"。而当出现公共事件时，政府行动围绕最大限度控制事态蔓延趋势，力求平息事件舆论风波展开，根本目的在于妥善解决危机事件，保证社会秩序不被扰乱。究其根本，这就是在社会治理过程中，基层政府为保证在自身权责场域之内治理权力运行平稳，社会治理稳定平静而遵循的一种行动逻辑。这种行动逻辑的核心，依据行动场景的不同可分为两个方面：未出现公共事件时，行动逻辑的核心在于"顺其自然"，即最大限度保持治理场域的运行现状，不对治理场域进行任何形式的行政干预；而当公共事件爆发后，行动逻辑的核心则在于力争"大

---

① 郭定平：《政党中心的国家治理：中国的经验》，《政治学研究》2019年第3期。
② 杨雪冬：《压力型体制：一个概念的简明史》，《社会科学》2012年11期。

事化小，小事化了"，通过紧急应对的方式来处理问题，表现出一种"头痛医头，脚痛医脚"的短视和被动倾向。

伴随着中国社会改革开放后由二元式结构向多元化结构过渡，加之计划经济向市场经济过渡带来的种种变化，社会治理过程中出现了一定程度的无序和混乱。土地抗争、劳资纠纷、社会泄愤、环保问题、事故维权、房产矛盾、医疗纠纷、教育公平等问题出现，基层政府面临的社会治理压力越来越大。鉴于政府在人力、物力、财力等资源方面的局限性，其只能将注意力集中在少数关键议题上。这些议题经过筛选和评估，被纳入政府的议程并得到有效解决。[①] 基于"一票否决制"以及"发展型地方主义""向上负责"等原则，基层治理者会在处理矛盾、问题和冲突时，采取适宜的行动策略，力求将治理问题控制在有限范围内，避免引起大众传媒、社会舆论、上级政府乃至中央政府的关注。具体而言，便是防止事态扩大化，将问题最小化，以维护组织的和谐稳定。

2014年在J省K市开发区的Z公司车间发生的特大铝粉尘爆炸事故，造成了严重的人员伤亡和财产损失。而当地政府在该起事故发生前后的行为逻辑，清楚体现出"不出事逻辑"的内涵特征。事故发生前，相关安全生产责任部门并未认真履行自身的检查监督职责，检查行为更多的是在走过场、装样子。

对此，K市一名负责相关工作的干部表示：

> 当年谁能想到会出这样的事呢。之前都是这样的，我们下去检查，也就是简单听听公司相关负责人的汇报，问问他们有没有做好相关的检查巡视，然后我们这边做个简单的书面记录就算完事了。那要检查的企业和项目类别那么多，我们就这么点人，怎么能保证每个月都按时按量仔仔细细地检查呢，就只能是我们问他们答，好往前赶紧赶进度。那这么问下来，他们回答有我们也没办法验证他们到底是有还是没有啊。（KZF20170930）

同时，企业自身对安全生产过程可能发生的事故同样预判不足，对安

[①] 杨建国：《基层政府的"不出事"逻辑：境遇、机理与治理》，《湖北社会科学》2018年第8期。

全生产的重视不足，对潜在安全事故的处理能力过于自信，存在严重的侥幸心理，忽视了潜在的安全隐患。双向因素的叠加造成了事故的发生，导致K市政府在本次重大安全事故中完全丧失了对事件发展的控制应对能力。

一位当地居民在实地调研中就此事发表了意见：

> 出事的前几年，这家公司粉尘严重的问题就曝出来过了，当时好像还有工人因为粉尘生了肺病，他们家里人在工厂大门外面拉着大横幅抗议，然后也听说有人去举报啊什么的，但是后来也没见到那些相关部门来管，还是一直开着的。政府那边也是为了保证这个经济发展，不想管这个嘛，毕竟之前也没出这么大的事情，什么检查、监督做做样子就算了，估摸着就是有侥幸心理的，想着之前没出过事以后肯定也没事的。（KJM20170930）

同时，一位曾在Z公司工作过的工人也认为：

> 说实话，当时Z公司平时的安全培训就没做好，平常都是简单交代两句就完事了，也没怎么给我们强调这些事情。而且之前有的工友病了也没听说公司有什么赔偿，我们都觉得不对但是能说什么呢。还有那些机器设备，用的时间都可久了，一直都没换过，不知道怎么还能用。但是我们打工的都是给人家干活的，也都得按公司的要求工作，人家说能用那就用呗。而且当时上头政府日常检查的时候也没说有什么问题，那我们这些一线工人也就觉得没什么大事。（KGR20170929）

如此为之的基层治理逻辑，政绩观摆在官员案前首要位置，一切围绕发展经济这个最大目标展开，秩序维护更像是一个框架的搭建，而不是一项重要工作目标，看似没出事，却处处潜藏着隐患。而从事故发生后的应对方式来看，为了避免上级政府的事故责任追究和社会舆论压力，K市相关部门错误地选择采取掩盖、拖延、推诿等手段，试图将事故影响降到最低，达到"压住事态"的目的，但在舆论解释方面的工作缺少说服力，问题无法解决，各种小道消息流传，导致民众和受害家属对事故的发生难以接受，甚至产生二次伤害，加剧社会矛盾，损害政府公信力。

（二）"一票否决"+"问责制"：秩序稳定的双重机制

县域作为最为完整的基层单元，是国家宏观政策与社会公众需求的"接点"。自古延存的"郡县治，天下安"的说法正是对县域治理重要性的注解，[①] 因此，县级治理场域内的秩序稳定对国家治理具有重要意义。在此背景下，秩序稳定便成为上级政府对县级政府进行工作考核的重要维度。一般来说，社会治理秩序的稳定工作严格按照属地化管理原则进行，实施精准问责，开展相应的"一票否决制"考核。

这一评定方式凸显了综治秩序稳定在县域工作中的核心地位。有效维持治理秩序稳定不仅能够为县域政府其他工作提供安全正向的环境支持，同时也可帮助县域官员在政治考核时争取到更多的加分。但若某年度县域政府因某种原因在社会秩序稳定工作中出现问题，并且问题影响态势无法控制，则上级政府便会启用"一票否决"权力，如此便意味着县级政府的全年工作都将受到全面否定，相关责任人也必须承担问责带来的处理后果。K 市作为长三角地区 J 省 S 市所属县级市之一，经济发展水平常年位居全国同级地区前列。其市委、市政府的主要领导干部，往往都会在该地任期届满后出任更加重要的政府职务。但在 K 市安全事故发生后，国务院组织成立专项调查小组开展严肃问责，涉事领导干部包括 K 市市委书记被免职、市长被撤职，市人大常委会主任、市政协主席到龄退休，"四套班子"在一个多月内"全部摘帽"，除被依法采取司法措施的 18 人外，另有35 名地方党委和政府及其有关部门工作人员分别被给予相应的党纪、政纪处分。由此可见，安全生产的"一票否决"，对时任 K 市主要领导职位的干部而言，是其政治生涯中的一大挫折。因此，在这种背景下，县域政府在面对具体问题时往往首先选择"压制"和"冷处理"的逻辑方式，力求在自身可控范围内对治理问题进行妥善处理。从这种选择的内在机制来看，"刚性"稳定观、"发展型地方主义"的影响，以及"压力型体制"

[①] 沈承诚、许梦梅：《县域主政官员个体特征、成长轨迹与腐败的关联性研究——基于近20年的150个腐败案例》，《武汉科技大学学报》（社会科学版）2023 年第 2 期。

的助推等，都促进县域政府力求"不出事""不出大事"。①但现实情况是，县域治理的"不出事"情结导致重"堵"轻"疏"，往往为社会治理积聚更大的风险。②

从具体制度上看，"一票否决"的本意是在县域治理过程中，设置一项倒逼机制，通过将具体工作任务与政绩考核结果挂钩，变压力为动力，促使地方政府和有关部门围绕上级政府关心的中心任务、重点工作开展自身治理行动，从而突出特定时期的重点工作，并以制度刚性提高上级政令的分量和威力，确保政令畅通。不可否认，"一票否决"作为一种刚性措施，在突出特定时期中心工作和纠正某些顽疾方面，发挥了重要而积极的作用，但若使用过度，不仅会给基层带来极大的负担，也难以达到应有的效果。近年来，在某些考核领域，"一票否决"出现了很多滥用的情况，导致否决内容越来越广，否决项目和指标层层加码，涵盖了社会生活的各个方面，如教育科研、环境卫生、物价涨幅、城镇建设、税费征收、招商引资、厕所改造、家畜养殖、报刊征订等。这种过度依赖和滥用"一票否决"的情况，给基层工作带来了极大的压力和困扰，也削弱了该措施的效力和意义。③当基层越发难以应对这种情况时，可能会采取虚假手段，甚至极端的执法行为。例如，某些地区为了达到"三年大变样"的目标，采用各种策略进行快速拆迁等。并且，基层政府在工作过程中，为避免自身工作成绩被"一票否决"，其往往会选择对一些存在问题的项目或工作瞒报或虚报，进而规避否决风险，这也助推了弄虚作假的现象抬头。这种"捂盖子"求不出事的做法不仅削弱了基层治理的效能，也损害了公共利益和社会公正。④

总的来说，"一票否决"和"问责制"作为秩序稳定的双重机制，相较实际稳定秩序的治理成效而言，给基层干部增添了许多工作压力，加班加点成为工作的常态。基层干部工作有没有做到位，其所在辖区秩序是否

---

① 罗永仕：《"谣言"与转变：地方政府环境治理的风险平衡逻辑——基于广西速生桉种植政策的分析》，《中国农业大学学报》（社会科学版）2020年第2期。
② 杨建国：《基层政府的"不出事"逻辑：境遇、机理与治理》，《湖北社会科学》2018年第8期。
③ 李松：《"一票否决"观察》，《决策探索（上）》2018年第2期。
④ 周珏：《乡村环境治理中村干部行为的规则激励——以C村卫生公厕建设为例》，《经济研究导刊》2020年第13期。

稳定，民众能否安稳而不出事，成为考核干部的重要指标甚至是决定性因素。"秩序稳定"与"一票否决"两者紧密关联，问责以结果为导向，容易导致各种形式主义，治理目标产生相应的偏差，看似行无定则的背后，是繁重的基层压力，也容易导致县域主政者游走于规则的边缘。

三 改革：寻权扩能与双重束缚

伴随着市场经济和社会主义新农村建设的加速，县域经济逐渐成为重要的经济力量。传统"市管县"体制不仅制约了县域经济的增长，导致行政成本上升，还进一步加剧了城乡之间的利益分配失衡，客观而言已无法适应新的发展需求。在此背景下，"省直管县"体制改革应运而生，被视为解决市县关系问题的有效策略，旨在释放县域经济的发展潜力，促进区域经济的均衡发展。

21世纪以来，多个省份采取了"扩权强县"和财政"省直管县"等改革措施，在一定程度上增强了县级政府的行政自主权。[1] 随着这一改革的推进，传统的市县关系开始发生转变。所谓省管县，就是把原来的"省—市—县"三级系统改为"省—市、县"二级系统，如此，省级政府可以对县进行直接管理。[2] 省管县制度在本质上改变了市级政府与县级政府之间的"上下级"关系，由原来的"上下级"变成了"平级"。在省管县制度下，市县均由省级统筹管理，形成竞争、协调、合作的互动模式。相对于纵向关系而言，横向关系更多地关注地方政府间的利益，表现为竞争与合作的形式。在省管县制度下，市县之间的利益分配是建立在水平利益分配之上的。对地方政府来说，最基本的关系就是利益关系。省管县改革后市、县之间的关系调整，实质上就是一种利益关系的调整。[3]

M省地处长三角中心区域，改革开放以来，由于历史、地理和资源等多重因素的交织影响，M省工业化进程未能如其他省份那样以城市为主体展开，而是凭借着县域内的民营企业、乡镇企业、个体私营企业，实现了经济的飞速发展，进而形成了以县域为增长极的特色经济模式，确立了县

---

[1] 杨宏山：《"省管县"体制改革：市县分离还是混合模式》，《北京行政学院学报》2014年第2期。
[2] 颜良成：《中国走向"省管县"》，《政府法制》2009年第10期。
[3] 岳嵩：《一体抑或分立：市县关系的变迁动力、样态类型与优化进路》，《河海大学学报》（哲学社会科学版）2023年第6期。

域经济的独特地位。在这一模式下，民营经济和个体经济得到了充分的发展，成为地方经济的活力源泉。与当时全国普遍实施的"市管县"政策不同，M省在工业化过程中始终未与全国就这一政策的施行保持一致步伐。这一差异导致以地级市为主的城市利益群体对M省的发展路径提出质疑，这种质疑给M省政府带来了不小的政治压力和经济压力。面对这一危机，M省政府没有简单地将风险转嫁，而是选择以内部消化的方式来化解矛盾。最终，M省政府保住了财政直管县的制度。这一制度不仅确保了M省县域经济的持续发展，也为全国的县域经济发展提供了宝贵的经验和借鉴。

通过深入研究相关文献资料，我们发现M省积极响应国家政策的号召，在多个关键领域进行了深入的改革实践。这些领域涵盖了国资国企的体制重塑、金融机构的转型升级、企业财税体系的完善、对外开放策略的深化以及技术市场的规范化等多个方面。M省不仅全面执行了中央政府的政策要求，而且在地方层面上进行了积极的创新与实践，通过发布一系列具有针对性的改革方案和政策文件，确保了改革措施的有效落地。考虑到M省在地理、经济、文化和社会结构等方面的独特性，其行政体制的改革过程自改革开放以来便展现出与众不同的特征。值得一提的是，M省政府在面对复杂多变的社会发展问题时，不仅能够遵循中央政府的指导原则，还能够结合地方实际，灵活调整政策策略，提出创新性的解决方案，从而实现了区域经济与社会的协调发展。

（一）从"强县扩权"到省全面直管

1953年至1992年的40年间，M省始终实行省级财政直管县的政策制度，精心关照县域民营经济与市场文化，县域经济呈现蓬勃发展的势头。但伴随着县域经济的不断发展，原来的社会管理和经济管理体系已不能适应县域经济的发展需要，由此，强县扩权应运而生。所谓强县扩权，根本逻辑就是赋予县级政府一定的行政权力，使其能够更好更快地发展。[1] 扩权改革的核心在于释放财政权力，尤其针对具有强大经济实力的强县，让其有更多财政自主权来推进县域自身的循环发展。实施这一改革的动因主要有两个层面。首先，M省作为改革开放以来的全国经济增长极之一，其

---

[1] 何显明：《从"强县扩权"到"扩权强县——浙江"省管县"改革的演进逻辑》，《中共浙江省委党校学报》2009年第4期。

经济发展速度持续攀升，省内县域经济在全省经济中的比重也不断增长。因此，为确保责权相匹配，扩大县级政府市场管理权十分必要。其次，从长远来看，这种现象是县级政府和市级政府之间长期竞争和博弈的必然结果。随着县域经济的迅速发展，县级政府为了维护并强化其管理区域内的既得利益，对独立的财政管理权限的需求越发迫切。强县扩权的改革有助于优化经济发达县域的资源配置能力，促进区域经济的均衡发展。

因此，自1992年以来，M省累计四次开展以财政放权为主的体制改革：1992年，M省政府首次以行政决议的形式实施强县扩权，赋予省内13个县域更大的经济管理权限；1997年，M省政府决定向6个县域下放外贸、土地审批和相关技术改造等13个项目的审批权，以进一步增强这些县域的经济管理权限；2002年，M省政府对17个县和3个区进行放权，简称"17+3"[①]；2006年，M省政府决定将Y县（市）作为全面下放经济管理权限的省直管"试点"。通过这一改革，Y县（市）几乎获得了与地级市同等的社会经济管理权限。在干部任命和人事调动方面，M省政府也采取了省直管模式，进一步提升了Y县（市）的自治和管理能力。[②] 在1992年到2006年的四次改革过程中，秉持着"能放开就放开"的原则，将地级市政府的社会经济管理权全部下放到县一级。虽然这一举措在某种程度上弱化了地级市的财政管理权力，但激发了县级政府的工作热情，为县域经济社会发展注入了新的活力。

（二）寻权扩能：权力寻租及其隐患

寻权扩能，从字面上可以理解为寻找权力并扩大能力范围。在县域的强县扩权改革中，如果缺乏有效的监管和制约机制，可能会导致权力越界和政治风险等问题。例如，一些官员可能利用职权牟取私利，或者忽视公众的利益和诉求，导致决策的不透明和不合理。另外，在县域改革过程中，不同地区、部门之间的利益关系可能会发生变化，极易引发政治风险。例如，在土地征收、环境保护等方面，不同的利益主体可能会有不同的诉求和利益要求，如果无法妥善解决这些矛盾，不仅会损害政府的形象和公信力，还会对社会稳定和发展造成负面影响。

[①] 陈国权、李院林：《县域社会经济发展与府际关系的调整——以金华—义乌府际关系为个案研究》，《中国行政管理》2007年第2期。

[②] 储建国：《县委书记"高配"的由来及反思》，《人民论坛》2012年第29期。

M省实施强县扩权改革以来，辖区内的强县经济水平在原有基础上得到了进一步的提高，而没有被纳入"强县扩权"范围的县（市）则发展速度相对较慢，区域经济发展不均衡，经济发展动力不足。强县扩权政策仅面向相对发达地区，缺乏与之相匹配的法律法规，因此，在一定程度上这只是M省为了推动省内发展而采取的一种过渡措施。鉴于此情况，M省在强县扩权之后推行了又一重大改革措施，即扩权强县。扩权强县的路径有两条主线：逐步有序地把社会经济管理权限下放到M省的其他县市区；在保留Y市现有的社会、经济管理权限的前提下，根据实施机构改革的实际情况，不断增加有关扩权的要素。相较于前几次改革内容，本次扩权强县的重点并不局限于加强县级政府的经济管理权限，而是涉及更深层次的省、市、县三级政府权力关系的调整与理顺。这一改革旨在不断推动区域行政体制改革，消除县级政府发展过程中的障碍，赋予基层更多自主权，从而激发县域经济发展的动力并创新政府管理方式。同时，M省于2009年出台政策，将管理权下放至县级层面，赋予县级政府更多自主权，以制度形式明确改革地位，确保扩权强县系列改革的法律利益和落实，进一步彰显了该省扩权强县改革的决心。

扩权强县改革之后，扩权县的财政权、经济社会管理权及县域自治权等均显著增强，而地级市的相应权力则被削弱。[①] 从长远的角度来看，市与县将面临更为激烈的外部竞争，这对双方来说都是一种挑战。在此背景下，市县政府间的关系逐渐演变成一种复杂的博弈格局，这无疑增加了两者之间的协调难度。对于县级政府而言，放权改革显著扩大了其经济和社会管理的权限，特别是随着财政激励机制的建立，县域经济在自主性方面获得了明显的提升。

当地的居民感受到了显著的变化：

> 自从我们县开始实行扩权强县政策后，最明显的就是经济发展速度变快了，县城里新开了好多企业，就业机会也多了，我们找工作不再像以前那么难。而且，现在道路更宽敞了，公园也更多了，生活环境也变得更好了。还有以前县里的公共服务水平一般，现在政府有钱了，教育、医疗、文化等方面的服务都提升了不少。孩子们上学更方

[①] 王利月：《近年来省管县体制改革研究述评》，《浙江学刊》2011年第5期。

便了，医院设备也更先进，大大提高了我们的生活质量。（MJM20170709）

然而，值得注意的是，在多数省份的改革进程中，人事权改革并未与经济管理权限的扩大保持同步。在众多的扩权改革地区，市级政府与县级政府之间依然维持着传统的上下级关系，县级领导人的考核、任免、升迁等关键事项仍受到地级市的直接影响。这种状况增加了市县政府间协调的难度，同时也为二者间的博弈关系增添了复杂性。

对此，M省一位县级政府工作人员透露：

> 在我们省直管县的地方，财政资金都是省政府统一管理的，但是像日常的行政层面的东西，那还是要跟地级市政府沟通的，我们一方面要和省政府那里做好沟通，争取我们需要的资金、政策支持，然后还要和地级市这边打好交道，两边都要沟通好，这样我们的工作才能顺利开展。（MXJ20170707）

在省管县改革后，县级政府面临来自省级政府和市级政府的双重压力。省级政府拥有县域经济社会发展所需的物质和权力资源，对县级政府发展具有重要影响；而市级政府则对县级政府干部的政治前途具有决定性作用。在与省、市两级政府进行沟通或业务往来时，县级政府需要付出更多的行政成本，有时甚至需要进行重复汇报，这不仅增加了行政成本，还可能导致行政效率和资源利用率的降低。这种状况对县级政府的可持续发展和行政效率的提高都构成挑战。另外，省管县改革在增强县级政府权力的同时，也导致了市级政府职权的相对减弱。地级市的管辖范围逐渐局限于城市中心及其周边地区，这在一定程度上削弱了其权力基础。为了维护自身利益，地级市政府开始采取积极的策略，与省级政府竞争县级资源，进而扩大其管辖范围和影响力。例如，地级市可能会运用各种手段将县域资源集中到市区，或者通过建立"开发区"的方式，将经济发展势头良好的县域纳入其管辖范围内。[①]

---

① 杨雪冬：《县级官员与"省管县"改革（Ⅱ）——基于能动者的研究路径》，《北京行政学院学报》2012年第5期。

M省的一位市级政府工作人员透露：

> 作为一名市级干部，我深感扩权强县政策虽然给县级政府带来了更多自主权，但同时也给市级政府带来了不小的挑战。权力下放意味着我们需要花费更多时间和精力来协调与县级政府的关系，确保政策的连续性和稳定性。此外，县级政府可能出现的短期化行为倾向也增加了我们平衡各方利益、维护区域发展大局的难度。而扩权强县政策还可能带来行政运行成本的增加，给我们的财政带来压力。（MSJ20170708）

另外，尽管"扩权强县"在理论上应使强县获得更多的权力，但在实际操作中，很多扩权和放权的措施只是停留在纸面，并未切实落地实施。部分地级市政府出于对自身利益的维护，往往利用行政层级的优势，保留对自身有直接利益的权力，而下放的权力多为形式上的"虚权"。这种"虚多实少"的权力下放，引发了市县政府间的紧张关系和摩擦。

N市位于长三角地区东部，作为M省省会，地理位置十分优越。Q区，原为Q县，在N市西部，三面环抱主城区，展现了其独特的地理优势。2017年，国务院批复同意M省政府正式批准Q县撤县设区，成为N市的新城区之一。Q区的面积为3126.8平方千米，撤县设区后使N市面积增加了64%，进一步凸显了其在N市的规模优势。由于Q区在地域范围和经济总量上占据了N市的较大比重，其政治地位也相应地得到了提升。尽管与其他区级行政单位同级，但Q区的区委书记由N市副市长兼任，这一特殊的政治安排赋予了Q区在经济和政治上的相对独立性。

在Q区撤县设区前，由于M省的省直管县政策，其一直在与N市的市县竞争。但由于Q县与M省其他县市相比地理位置并不占优，Q县的投资工作相对推进较慢，再加之其地处城郊，发展价值相对较小，因此省直管县的行政改革也并未给Q县带来更好的发展机会。同时，由于省直管县后，Q县直接归属M省管辖，N市对于推进Q县经济正向发展的经济支持也逐渐减弱。因此，Q县并未实现治理权力扩大后的经济提升。在此背景下，Q县开始转变发展思路，积极与N市接触，主动寻求撤县设区并入N市以实现区域合作发展。由此可见，无论是省直管县还是"撤县设区"，成功与否的关键还是在于变革双方是否存在共同利益。在"撤县设区"过程中，N市、Q县作为原先独立的行政主体，特别是Q县作为县级单位具有一定的独立性，如今要将其纳入中心城市的行政框架中，各方都会基于"经济人"的假设，对利弊进行权衡。当市、县双方都认为"撤县设区"带来的利益大于损失时，这一过程自然能够顺利推进。成功撤县设区后，原有的Q县行政区域被直接划归为Q区行政区域，标志着Q区从传统的农村地域逐渐向城市地域转型。N市在2018年的城市总体规划调整中，提出了"一核九星"的城市发展战略，其中Q区被明确定位为"九星"中的一员，与其他郊区新城共同构成城市发展的重要区域。Q区下辖区域被划入都市发展区，这意味着这些地区将在城市发展进程中扮演重要角色。撤县设区后，Q区除政府机构名称变更外，依然维持了原县级政府所持有的权力，其在财政、规划、建设以及政策制定等关键领域依然保持着与县级相对应的、相对独立的权力。这一变革模式表明，Q区在行政区划调整后的政府职能和权责关系上，仍保持着一定的自主性和独立性。同时，Q区通过撤县设区和撤乡镇设街道两种方式，逐步从县域经济向城区经济转型。撤县设区后，Q区经济水平借助N市的发展东风与撤县设区后相对独立的经济和政治地位得到快速提升。在Q区进行撤县设区的过程中，尽管政府领域经历了一定程度的变革，但并未伴随城市空间的明显变化。这意味着原有的管理体制在很大程度上得以保留，并未完全实现政府领域的重构。这导致了在新的城市空间中，出现了新市—区两级政府管理与原市—县—镇三级政府管理并行的局面。因此，Q区的撤县设区仍是一个不完整的过程，其政府领域的重构并未完全实现。

（三）双重束缚：体制束缚与资源束缚

在当代中国的治理体系中，县级政府位于基层部分，其权力范围和治理资源相对有限，难以独立承担重大改革治理任务。同时，由于受到上级部门的监督管理，县级政府在改革过程中往往因体制束缚难以放开手脚。例如，在政策制定和执行方面，县级政府需要向市级、省级政府或部门层层报批，致使政策的响应速度较慢，无法及时满足社会需求。在财政预算等方面，县级政府也需要依赖上级政府的支持和拨款，限制了其在经济社会发展方面的自主性和创新性。此外，县域政府由于自身发展体量问题，资金、人才、技术等都易出现供应不足，导致发展资源对县域发展产生制约，进而导致一些发展措施无法得到有效推行。

在长期的发展过程中，M省的经济增长在很大程度上依赖于县域经济的发展。然而，随着县域经济的不断发展、空间资源的不断集聚，县域管理体制逐渐无法为县域发展提供更大的体制空间，进而导致县域经济的发展受到制约，难以继续保持快速良好的发展态势。因此在"十二五"规划中，M省明确提出要积极推动部分县级市向中心城市转型，增强县域经济的活力和创造力，实现县域经济向城市化经济的转型。而后，在"十三五"规划中，M省再次对县级市的发展做出了规划，在进行四大中心城市建设的过程中，以点带面，以强带弱，发挥中心城市集群效应，发展程度较高的县级市要发挥自身作用，带动周边县（市、区）整体发展，推动县乡社会经济全面发展。①

2016年，M省为了实现区域的统筹发展，建立了市级协作机制，决定以H市为试点，通过干部挂职、资源共享、人才交流等8种方式，推动H市下属8个区、5个县之间建立区县合作机制。合作机制的建立使H市的发展格局得到了进一步的强化，同时也起到了推动区县协同发展的作用，实现了市县的双赢，在一定程度上解决了区域发展间的不平衡问题。2021年，H市在总结之前五年工作成效的基础上，开展了区县的第二轮合作，进一步完善了区县的工作机制。区县协同机制具有显著优势，能够充分利用不同区域的发展特长，实现资源互补，进而有效发挥中心城市群的经济辐射和带动作用，推动区域间由单一的竞争关系转向多层次的合作共赢模式。然而，当前县域产业的附加值普遍偏低，市场机制下过剩产能和资本的趋同性问题难以在本省其他地区得到有效解决。因此，市县之间的合作往往演变为以行政手段为主导的撤县建区行动，通过行政区划调整来优化产业格局分布。② 真正的市县合作事实上并未实现。

回顾M省直管县的体制改革成效，仍存在体制与资源的双重束缚。从体制上看，首先，M省权力配置仍不合理。在M省的行政管理体制中，市县政府间存在明显的权力不平衡。许多重要决策权集中在市级政府手中，县级政府往往只是执行者，缺乏必要的决策权和自主权。在传统的市县管

---

① 吴金群：《统筹城乡发展中的省直管县体制改革》，《经济社会体制比较》2010年第5期。
② 何显明：《市管县体制绩效及其变革路径选择的制度分析——兼论"复合行政"概念》，《中国行政管理》2004年第7期。

理体制中，市级政府作为中间层级，对县级政府具有较大的控制权。在"省直管县"改革中，虽然意图减少这一中间环节，但由于缺乏明确的权责划分和制度保障，县级政府在实际运作中仍然受到市级政府的制约。长期以来，M省的市县管理体制形成了特定的路径依赖和制度惯性。即使进行了"省直管县"改革，原有的体制和制度也在很大程度上影响着县级政府的运作。这种路径依赖和制度惯性使得县级政府难以摆脱旧有体制的束缚，实现真正的自主发展。其次，政府机构臃肿。M省的市县政府机构设置较为庞大，存在职能重叠、人员冗余等问题。这不仅增加了行政成本，还降低了行政效率。最后，行政效率低下。由于政府机构臃肿和权力配置不合理等，M省的行政效率普遍较低。许多项目审批、资金拨付等事项需要经过多个部门和层级的审批，导致项目推进缓慢，难以满足经济社会发展的需求。在资源方面，由于省直管县后M省的省级资源需要覆盖多个县级区域，因此极易出现资源分配不均的情况。一方面，省级政府掌握着资金、技术、人才等发展资源，但往往优先分配给经济条件较好或受到中央政府关注的地区或项目；另一方面，县级政府作为基层单位，省级资源的下放难以足量支撑其自身的治理任务，因此难以获得足够的资源支持。这种资源分配不均导致了县域经济发展的不平衡和县域间的发展差距。另外，资源利用效率低下也是M省的一大问题。县级政府在资源利用上缺乏足够的自主权和决策权，往往只能按照上级政府的指示和要求进行资源配置和使用。这种"一刀切"的资源利用方式忽视了不同地区的实际需求和条件差异，导致了资源配置的低效和浪费。

第三节　县域治理现代化转型情境的"艰难平衡"

县域治理的现代化转型过程，需要作为目的的发展、作为动力的改革与作为基础的稳定之间保持有序互动与稳定平衡。但在现实县域治理实践中，基于理念、体系、能力的多维困境，带来县域治理过程中发展的急于求成、稳定的压倒一切、改革的力度困境，致使三者之间的互动关系异化发展，阻碍了县域治理现代化的转型步伐。

一 发展压力过载下的激进选择

(一) 基于动力过载的"行动一致"

在政府运作过程中,地方政府机构经常需要扮演相互矛盾的角色。一方面,它们需要向下级机构施加更多的任务压力,确保下级能够完成所交付的任务;另一方面,它们又需要与下级机构共同面临上级的考核。[1] 这种现象的出现,是因为上下级政府在实际操作中往往能够达成一致。有些地方政府官员默契地遵循这些规则,并默认这些行为的合理合法性。

在政府运作过程中,基层政府常常面临难以完成的目标任务和上级给予的巨大压力。在激励与组织目标不一致时,激励机制的力度越大,地方政府越倾向于采取策略性行为来应对上级的任务。这种现象背后的原因是政府内部权责关系的模糊性和监督机制的缺陷。在政治锦标赛模式下,地方政府和部门目标管理的"双轨并联"制度安排导致了政治利益共同体的形成。这种制度安排激励基层政府积极组织和动员,并对政策执行产生重大影响。

(二) 基于负向激励的"表里不一"

生态环境治理是一个涉及多个地方政府和复杂系统的任务,其整体性和系统性特征要求各地区之间进行有效的合作。在生态环境治理过程中,地方政府面临正外部收益外溢和负外部效应流入的问题,这使得单一地区的治理措施往往难以达到预期效果。为了解决这一问题,地方政府需要采取横向合作的策略,联动相邻区域政府部门、辖区企业、公共组织等共同应对生态环境问题。然而,实际情况是地区间的生态治理合作存在严重不足,负向溢出效应明显。在 A 市的省级生态县(市)创建考核验收中,C 省环保厅考核组组长对饮用水源地安全问题给予了高度重视,明确要求 A 市在最短时间内妥善解决。然而,A 市饮用水源地上游的一家涉嫌排污的企业隶属于另一地级市下辖的县级市。尽管 A 市政府部门主动与对方政府部门沟通,但由于该企业在当地具有一定的经济和社会效益,因此整改工作一直未能到位。与此相应,A 市对其下游某县级市的饮用水源地涉及的企业治理问题也未给予足够重视。并且,A 市乡镇与乡镇之间在协调处理

---

[1] 周雪光:《中国政府的治理模式:一个"控制权"理论》,《社会学研究》2012 年第 5 期。

水污染等环保问题时存在明显的推诿扯皮现象和负向激励问题。这些都对A市饮用水源地的安全和生态环境的保护工作产生了阻碍。

究其根本，还是政治锦标赛中多维利益结构的不一致，导致地方官员在生态环境治理方面表现出明显的激励偏差。对于正向溢出效应的行为，地方官员缺乏足够的动力去采取积极措施，而对于负向溢出效应的行为，其则可能过度追求短期效益而忽视长期的环境影响。

二 稳定优先下的场域"失活"

习近平总书记指出："没有和谐稳定的社会环境，一切改革发展都无从谈起，再好的规划和方案都难以实现，已经取得的成果也会失去。"[①] 如今，新时期秩序稳定是一项系统的整体性工作，秩序稳定和权利保障之间、社会活力和社会秩序之间、群众之间各种合理合法利益的平衡都需要实现稳定。然而，遵循"秩序至上"的原则将"稳定""秩序"作为压倒一切价值的优先选项，放弃甚至牺牲其他重要价值，极易给县域治理的制度性协调带来困难，进而影响地方政府治理秩序的稳定有序发展。"稳定"概念泛化后，群众出于自身利益表达和权利的维护，将更倾向选择同政府采用非制度化的表达，成为政府认定的社会秩序中的不稳定因素。同时，秩序范围的延伸和包含对象的不断增加，"极限维稳"的思维与实践的不断强化，致使"稳定压倒一切"在县域治理中失去了原有的设定作用，对县域秩序造成了一定危害。[②]

（一）秩序对象泛化

强调秩序的稳定包含着"稳定压倒一切"的核心观念。在此观念驱动下，秩序、稳定成为压倒一切价值的优先选项，"稳定"的外延被极大扩展。[③] 可以说，当前社会管理领域中的"稳定"概念，其实质内涵相当广泛，涵盖了治安管理、外来人口调控、社会矛盾调处、信访秩序维护、舆情导向把控、突发事件处置等一系列工作，这些工作涉及公安、信访、民

---

① 《习近平总书记系列重要讲话读本》，学习出版社、人民出版社2016年版，第222页。
② 容志、陈奇星：《"稳定政治"：中国维稳困境的政治学思考》，《政治学研究》2011年第5期。
③ 肖唐镖：《"稳定压倒一切"观念的形成及其体系化》，《贵州省党校学报》2023年第6期。

政、司法等不同部门。① 秩序稳定落细落实，本是政府落实基层治理工作、处理应对各类矛盾的有效方式，但将工作基调完全围绕稳定秩序开展，各项工作无所不在，不可避免地成为县域治理中重要性和压力性兼具的环节。基层政府为落实稳定工作的年度考核目标，往往对照上级布置分派的相关工作任务开展分解细化，制定本级政府工作实施方案。其中在"上下联动"的问责体系下，种种执行压力最终都会由基层政府承担。秩序对象走向多样和泛化，考核机制愈加严格，也将导致秩序稳定的压力日益加大。社会稳定范围扩大，"一把手"总抓、"一岗双责"、首要政治性任务实施等方式方法层出，落实稳定秩序的目标，需要各基层部门共同开展齐抓共管，列入部门执行计划和期限内的工作重点。但是，各项工作细化也意味着工作内容增加，如何平衡工作内容和工作压力成为政府官员需要面对的难题。

（二）秩序思维僵化

在基层政府稳定工作中，稳定秩序的思维和方式在其具体实施中饱受诟病，管制性秩序思维占据主体地位。基层政府在基层治理和稳定秩序的过程中通过压力或利益化解纠纷、解决矛盾，规则和法律的作用没有得到有效发挥，公民合理权利和诉求缺少有力保障，"秩序为王"的思维与服务型政府的宗旨产生偏差。在实际的稳定行动中，民众被当作行动实施对象而不是参与主体，秩序思维僵化，处理方式也难免出现问题，其主要表现在：一是民众利益诉求的表达被管控与限制在政府可控范围内，民众合理权利如参与权与知情权等得到有效落实；二是民众与基层政府的地位不平等，沟通机制和渠道不畅通，缺少对话的结果是容易各自陷入自我认知逻辑和僵化思维，导致矛盾激化；三是各级政府在稳定秩序的工作实践中，对各种不稳定因素保持高压态势，造成民众利益诉求"回弹"；四是"任期内不出事"成为基层干部在秩序稳定中的理念，相应地采取措施防止在现任期内有被问责的事件发生。

（三）秩序成效异化

在基层，维持秩序的稳定面临巨大的压力，稳定的成本仍然很高，各级党政机关的各种负担也在不断增加。在"一票否决制"的背景下，各个

---

① 聂军：《论维稳理念的创新》，《桂海论丛》2014年第2期。

地方政府都把保持稳定视为首要任务，在人力、物力和财力等多个方面的支出都较大。这种方式是不具备持久性的。在短期内，采用"以经济补偿化解矛盾"的方式来解决社会冲突看似有效，但从长远来看，这种做法会逐渐侵蚀公众对于现有制度规范的合理期待，并可能触发新的社会问题。在当前社会秩序异化的成效背后，存在一种"利威并施"的方法方式，以及"不求有功，但求无过"的思想。稳定成效更多成为一种形式主义。民众与政府之间缺少有效的沟通协调机制，基层政府将"稳定"作为衡量工作是否顺利的理念，导致主体双方逐渐走向对立，最终使基层政府稳定秩序工作与社会民众维权走向对立。基层政府和民众之间的互动形成了不理性的平衡，对秩序的破坏导致与稳定相关的效果出现偏差。

三 改革力度困境下的效能不济

县级政权是国家政权体系的基本构成单位，县域全面深化改革是国家改革发展大局中承上启下的关键环节。虽然国家对县域的持续深化改革高度重视，但是从目前来看，县域全面深化改革仍然面临很多实践困境，需要引起进一步的重视并加以解决，具体表现为改革认识不深、改革方向失焦和改革资源不足等方面。

（一）改革认识不深

由于改革基础薄弱以及干部思维定式的限制，县域改革队伍对于改革的认知缺乏深入、全面和科学的理解。这种情况表现为对改革的重要性和紧迫性认识不足，对改革的目标和路径缺乏清晰的认识，以及对改革中可能遇到的困难和挑战缺乏充分的预见和准备。在宏观层面上，县域深化改革面临一系列挑战，如改革动力的不足、对经济发展模式转型的认知不足、治理理念和经济管理理念的滞后，以及传统管理模式的惯性等。这导致县域改革在政治和经济层面存在明显的问题，如过度依赖强力维稳和超越政府与市场边界的惯性行为。在当前的县域改革进程中，存在一个较为突出的问题：承接类改革占据主导地位，而自创类改革的比重相对较低。这一现象揭示了改革队伍在创新意识和能力上的不足，导致二次创新明显缺乏，浅改现象普遍存在。这种状况限制了改革的深度和广度，影响了县域经济的持续发展。在微观层面，改革队伍对改革的认知存在局限性，部分人员存在"等靠要"思想和唯条件论观念。这种思维方式阻碍了改革的主动性和创造性，导致在改革过程中出现对过失和责任的推诿现象。这不仅影响了改革的推进效率，还可能引发内部矛盾和冲突。此外，由于对上级改革规划和举措认知的不足，顶层设计的落实受到限制。这表明部分改革队伍在信息获取和政策解读方面存在短板，无法准确理解和执行上级的改革意图。这不仅影响了改革的一致性和连贯性，还可能导致资源的不合理配置和浪费。其具体表现为：深化改革队伍会议的频次有限、讨论深度不足，以及专题汇报中普遍存在答非所问的现象。[①]

（二）改革方向失焦

改革制度"缺席"，导致改革方向失焦。在县级改革的实施过程中，改革者在方法的应用上存在系统性、全面性和协调性不足的问题，影响了改革的效率和效果。具体来说，自创类改革缺乏足够的创新，许多县级改革者过于依赖传统的改革方法和路径，缺乏对新理念、新方法的探索和应用，这种缺乏创新的现象导致改革措施在针对性和实效性上存在不足，无法满足新时代县域经济发展的需求，而且各改革领域之间相互独立，难以形成协同效应。同时，改革过程中缺乏系统的调研和规划。在人才队伍方面，改革任务的繁重性、重要性和难度与改革队伍建设之间存在明显的不匹配，导致出现人才短缺的问题，严重影响了改革的实际执行效果，这反映出队伍建设和人员管理上的滞后，无法满足改革对于人力资源的需求。而在项目规划方面，县域深改规划的制定主要依赖上级的安排和指导，这种依赖可能导致改革规划制定过程中对地方实际情况和特殊性的考虑不足，缺乏灵活性和适应性，使顶层设计的改革方案与县域实际发展需求不完全匹配，进而导致改革计划的失败。在监管监督上，现有的监督机制存在效率不高、范围较窄和技术滞后的问题，限制了对改革过程的有效监控和管理，可能导致改革执行不力、资源浪费和偏离目标等问题，也影响对改革成效的准确评估和持续改进。在激励机制方面，存在不规范、不严谨的情况，导致各改革单位的工作积极性受到影响，改革政策难以有效落地，激励机制的不完善影响了改革者的主动性和创造性，降低了改革的整体推进效率。而在沟通机制的改革上，县级改革还面临沟通不畅的挑战，垂直沟通和平行沟通都存在障碍，导致信息传递受阻、决策执行不力以及

---

① 刘林：《县域层面全面深化改革的实践困境及其对策研究——以 S 省 J 市全面深化改革进展与成效评估为例》，《创新》2021 年第 5 期。

部门间协作不畅等问题，影响了改革过程中的信息传递和协同合作。总的来说，新时代的新改革和深化改革需要新思维和新方法，必须引导县域改革朝系统集成和整体推进方向发展。

（三）改革资源不足

在县域改革的推进过程中，改革资源的充足与否成为重要的影响因素。各县的改革基础因区位条件和发展程度的不同而具有非均衡性特征，总体上呈现较为薄弱的态势。这种非均衡性不仅体现在经济、社会、文化等各个方面，也反映在财政资源的配置上。

第一，财政资源匮乏。各县实际可用于改革的财政资金数量差异较大，这种财政资源的不均衡性导致了县域深改项目的推进困难重重。首先，财政资源的匮乏使得许多县在推进改革时面临资金短缺的问题。一些县在推进教育、医疗、交通等领域的改革项目时，由于缺乏足够的财政资金支持，项目进展缓慢或无法实施。这不仅影响了县域的改革进程，也影响了民生改善和社会发展。另外，财政资源的匮乏还导致一些县在推进改革时缺乏必要的规划和计划。一些县在推进改革时往往只关注眼前的项目和资金需求，而忽视了对县域内可利用的自然资源和社会资源的深入挖掘和整合。这种缺乏规划和计划的做法不仅浪费了资源，也影响了改革的可持续性和长期发展。[1] 在众多县域深改项目中，资金匮乏的问题导致了许多项目搁置或形式化，既未建立县域可利用的自然资源和社会资源清单，也未对县域潜在资源进行深入挖掘。[2]

第二，人才资源匮乏。人才是推动县域深化改革的关键因素。然而，当前许多县在人才资源方面存在严重匮乏的问题。由于县域经济发展相对滞后，许多高素质的人才往往选择去往大城市和经济发达地区，导致县域内人才流失严重。同时，县级改革队伍的能力和素质存在显著差异，加之县域深化改革涉及的内容繁杂、覆盖面广泛，部分县域改革者缺乏必要的政治勇气和担当精神，难以有效推进深改项目，难以满足深化改革的需求。

---

[1] 杜仕菊、刘林：《从运动式到分布协同式：县域改革的实践困境与范式转型》，《华东理工大学学报》（社会科学版）2019年第2期。

[2] 刘林：《县域层面全面深化改革的实践困境及其对策研究——以S省J市全面深化改革进展与成效评估为例》，《创新》2021年第5期。

本章小结

　　A 市、K 市和 M 省在发展、稳定、改革三个层面上所呈现的复杂性与面临的挑战，以及三者间出现的"艰难平衡"与"关系异化"，在实践层面系统折射出我国县域治理在理念、体系和能力三个核心维度上存在的问题。纵向行政发包与横向政治竞赛激发了县域政府追求县域发展的内在动力，权责一体与政绩为王的竞赛模式致使县级政府越发痴迷于通过亮眼的"竞赛成果"获取自身利益，进而导致"碎片化"的地方主义和政府权力的越位错位。而维护社会稳定是县域政府的核心职责之一，在面对经济快速发展的竞赛压力与秩序问题"一票否决"的问责原则时，县域治理常常陷入"发展"与"稳定"的两难境地。在此背景下，县域治理主体需要通过改革破除旧有资源与体制的双重束缚，拓宽改革空间，增强改革动力，进而提升治理能力，适应新的治理形势。总的来说，我国县域治理现代化转型是一个复杂而艰巨的过程，在此过程中，需要作为目的的发展、作为动力的改革与作为基础的稳定间保持有序互动与稳定平衡，而如何平衡不同目标之间的张力、破解各种悖论和困境，则需要从理念、体系和能力的综合维度全面着手。

第三章
县域治理现代化转型的逻辑向度

县域是我国基层治理的核心环节，推进我国县域治理转型，既是完善国家治理体系和提高国家治理能力的重要方面，也是实现基层人民群众根本利益的重要保障。改革开放40多年来，针对县域治理中出现的各种问题的研究和探索不断，"治病良方"也层出不穷，但是，大部分还存在"头痛医头，脚痛医脚"等问题，缺乏系统性的解决方案。要解决我国县域治理中存在的根本问题，需要实现我国县域治理的彻底转型，这首先要解决的就是方向性问题。本章在厘清我国县域治理存在的主要问题和原因，以及我国县域现代化转型的主要屏障和制约因素的基础上，结合国家治理体系和治理能力现代化转型的宏观背景和趋势，提出我国县域治理现代化转型的逻辑向度，其主要集中于三个维度，即理念现代化转型、体系现代化转型和能力现代化转型。

第一节 理念现代化转型："以人民为中心"的治理

发展什么、如何发展以及为谁发展的理念归依，既是影响国家现代化进程的重要问题，也是国家现代化发展中必须回应的问题。要实现县域治理现代化转型，首先要解决的问题就是理念的现代化转型。习近平总书记指出："现代化的本质是人的现代化。"[1] 党的十八大以来，以习近平同志为核心的党中央始终坚持人民至上，尊重人民群众的主体地位和首创精

---

[1] 习近平：《论坚持全面深化改革》，中央文献出版社2018年版，第68页。

神，始终坚持人民的利益高于一切。党的二十大报告指出，在前进的道路上，必须"不断实现发展为了人民、发展依靠人民、发展成果由人民共享，让现代化建设成果更多更公平惠及全体人民"[①]。

一 理念滞后：县域的"发展主义"

在中心主义范式规约下，"发展主义"成为国家治理的核心理念，社会被塑造成一个以实现发展为核心目标的庞大运作机器。在发展主义的影响下，发展这一目标被过分强调，社会治理体现出一定程度的经济化、功利化倾向，出现一种"为发展而发展"的政策倾向，"GDP主义""增长主义"问题突出。在地方层级，则表现为尤为激烈的横向竞争。在此背景下，失衡发展带来的经济不平等在推动部分地区快速发展的同时，也带来了一些社会矛盾，这在处于国家和社会"权力接点"和"权利接点"、"战略接点"和"政策接点"的县域表现得更加明显。

（一）粗放增长与发展失衡

中心主义范式规约下的"发展主义"治理理念，带来了县域经济的粗放增长与社会发展失衡等次生问题。与中心城市相比，县域的经济发展本来就具有先天性的不足之处，在市场经济作用下，资本、人才、技术等都会在不知不觉中流向资源更加集中的中心城市。但在经济优先的治理政策取向和县际竞争的双重压力下，县域政府始终拥有很强的经济发展意愿。当追求高质量发展的目标难以凭借县域现有要素禀赋得到实现时，县级政府便只能转向粗放式的低质量增长模式，以适应自身的发展需要。粗放型经济增长方式的选择运用体现的"竭泽而渔"和"先污染后治理"等观念，在部分县域政府治理理念中长期存在。不可否认，这种简单粗暴的经济发展方式确实推动了地区经济与社会发展，但其也产生了环境污染、生态恶化、资源耗竭等一系列次生问题。

在发展至上观念的主导下，县域政府往往将经济增长等同于社会发展和进步。毋庸置疑，对于经济发展水平相对落后的广大农村地区，GDP与物质财富的增加具有重要的积极意义，这种追求不仅仅是经济层面的增长，更是一种对社会全面发展的期许。但问题的关键是，当对经济增长和

---

① 习近平：《高举中国特色社会主义伟大旗帜　为全面建设社会主义现代化国家而团结奋斗》，《人民日报》2022年10月26日。

物质丰富的追求占据主导地位时，其必然会对社会发展的其他方面构成挤压。实践过程中，县域政府为追求经济价值的最大化，往往选择将发展资源大量倾注至经济建设中，进而导致公共服务领域如教育、医疗、住房等的资源投入长期不足，公共事业发展处于滞后状态。在此背景下，在经济实现高速增长的同时，环境、民生、社会等不同问题不断出现，社会发展的长远利益受到严重损害。在中心主义范式的规约下，"发展主义"导致县域发展失衡问题越来越严重，社会矛盾也日渐突出。

（二）维稳难题

县域政府的"接点"位置和"二元结构"的场域特征，使"维稳"成为县域治理不可回避的问题。"维稳"工作的核心是维护社会稳定和秩序。然而，追求稳定和秩序的维稳观有时会忽视社会发展的其他重要方面，如经济效率、质量、公正和包容性等，导致资源配置的不合理和社会矛盾加剧，甚至引发权力的不合理使用和侵犯公民权利现象的出现。需要明确的是，"维稳"是党和国家的一项基本方针，也是中国社会主义政治优势和制度优势的重要体现。改革开放以来，我国经济社会发展取得了举世瞩目的成就，社会长期保持安定团结、政通人和的局面，这同世界上一些国家和地区频繁发生冲突、社会动荡不已形成了鲜明对比。实践证明，我们党对正确处理改革、发展、稳定之间关系的认识是清醒准确的，稳定和谐的社会环境是经济发展的重要前提与保障，但如果出现"维稳至上"的矫枉过正，也会造成不必要的矛盾和损失。

在中国当前特殊的政治环境中，压力维稳是一种适应中心主义范式下中央集权政治结构的产物。由于中国的社会安宁紧紧依赖于"刚性稳定"，维稳已经成为各级政府的主要工作目标和评估准则之一，并对各级政府的执政行为和地方政治环境产生了深远影响。虽然国家治理现代化已经提出多年，但是以追求片面发展为主要特征的地方功利性极强的治理理念依然深刻影响着基层治理。在强烈的经济发展导向和利益导向下，县级政府以部门利益、单位利益、个人利益为首要目标，"经济人"的角色逐渐替代了"公共物品提供者"的角色，导致县域社会治理问题日益严峻。[①] 在维稳目标与威权政治紧密相连的背景下，地方政府在处理日常事务时，不可

---

① 于建嵘、张正州：《理念、体系、能力：当前县域治理的转型困境与发展方向》，《学术界》2019年第6期。

避免地会遵循压力型体制的政治逻辑,这最终使"维稳"工作演变为过度强调稳定的"唯稳"现象。① 由此,"稳定至上"被县域政府视为重要的治理任务目标。而这种与政治考核挂钩的"稳定至上"极具"功利性"特征,容易损害基层民主、激化社会矛盾、有损政府威信,造成稳定假象。要实现真正的稳定,就必须改变以"以稳为先"为规训、以目标责任制为约束、以"一票否决"为压力的维稳手段,而应以保障权利为根本出发点,使权力真正成为民众权利的保障。

二 理念转向:"以人民为中心"的根本遵循

(一)"以人民为中心"思想的理论来源

"以人民为中心"思想的伟大之处,源自其扎实的理论支撑与丰富的实践经验。"以人民为中心"的思想在继承并发展马克思主义关于人民主体的理论、批判性继承中国传统文化的同时,也汲取了中国共产党百年来在实践中的智慧。这一思想的诞生,不仅是马克思主义人民主体思想的创新性发展,也充分展现了中国特色社会主义理论的时代性和实践性。

1. 马克思主义人民主体理论的奠基

人民主体理论是马克思主义唯物史观的起点,马克思主义最鲜明的特征就是始终秉持着人民主体性。马克思主义理论家坚定地认为,人民群众是推动历史进步的根本力量,在人类历史的演进过程中,基于人民主体的社会生产活动与实践交往关系发挥着决定性的作用。这也是实现人的自由和全面发展的政治基础和实践方向。从政治维度考察,"现实的人"就是社会化的人,就是人类历史发展的根本动力,也是国家与社会的最终缔造者。"过去的一切运动都是少数人的,或者为少数人谋利益的运动。无产阶级的运动是绝大多数人的,为绝大多数人谋利益的独立的运动。"② 马克思主义的"现实的人"就是无产阶级及其代表的广大劳动群众,承载着解放全世界的历史使命。生产力是人类社会发展的最终决定力量,而人民群众是生产力中最重要的决定因素,决定历史发展的是"行动着的群众",人民群众自己创造自己的历史,历史发展是伴随着人民群众的实践活动而

---

① 于建嵘:《当前压力维稳的困境与出路——再论中国社会的刚性稳定》,《探索与争鸣》2012年第9期。
② 《共产党宣言》,人民出版社2014年版,第39页。

开展和发展的，人民群众是历史创造的主体，是推动社会前进的根本力量，马克思和恩格斯深刻地解释了这一本质特征。概括起来，这一本质特征主要体现在以下方面。

第一，物质资料生产是人类社会生存发展的基础。人民群众是物质资料的生产主体，为了生存进行物质生产活动，在此过程中积累物质财富，不断推进生产力发展，形成人类社会的生产领域。

第二，物质资料的生产实践决定人民群众的思想意识，人民群众在满足生产需要的基础上引入新的需要，包括精神文化、社会交往等，并在此基础上进行一系列精神财富生产。在这个过程中，人类社会不断积累精神财富，推进社会关系不断发展，构建人类社会的政治与文化领域。意识的能动作用还能够反作用于人类的物质资料生产活动，帮助人民群众更好地改造客观世界和进行物质资料生产活动。

第三，人民群众是社会变革发展的决定性力量，是社会生产力中最活跃、最具决定性的因素。《共产党宣言》表明共产党的最高目标是要消灭私有制和剥削，建立一个自由人的联合体，人民是共产主义最高理想的根本价值尺度。马克思主义政党就是要坚定人民立场，坚持人民主体性，让人民成为国家真正的主人，实现人民的自由全面发展。中国共产党是马克思主义的继承者和创新发展者，自成立以来始终坚持人民主体性思想。党的十八大以来，中国共产党及时把握时代发展规律和中国实际情况，提出不断满足人民美好生活需要的鲜明课题，提出要坚持以人民为中心的发展思想，让现代化建设成果更多更公平惠及全体人民。[①] 这正是对马克思主义唯物史观中关于人民创造历史、推动历史发展、实现人的自由全面发展等理论的中国化表达。"以人民为中心"发展思想的"人民"就是马克思主义的"现实的人"，就是马克思主义政党所代表的广大劳动群众，也就是中国共产党所代表的广大人民群众。"以人民为中心"思想是对马克思主义人民主体理论进行创新性发展，并赋予其中国特色与时代内涵的最新理论诠释。

2. 中国传统"民本"思想的传承与发展

"民本"思想就是以民为本的思想和观点，是表达和体现对黎民百姓

[①] 习近平：《高举中国特色社会主义伟大旗帜　为全面建设社会主义现代化国家而团结奋斗》，《人民日报》2022年10月26日。

人文关怀和充分重视的政治思想。"民本"思想作为中国传统政治文明的重要组成部分，对我国古代政治文明发展做出了巨大贡献，并随着中华文明的进步不断传承、创新、发展，为"以人民为中心"思想的形成提供了重要思想来源。

"民本"思想肇始于西周时期，发展于春秋战国之时，定型于汉代，此后历朝历代虽有所演变，然而其主旨始终如一。[1] 夏商时期的一些思想家开始思考"天""民"之争，突破"天地为尊"的思想藩篱，提出"民惟邦本，本固邦宁""天视自我民视，天听自我民听"等既重天又重民的思想。《尚书·大禹谟》载，"德惟善政，政在养民。水、火、金、木、土、谷惟修，正德、利用、厚生惟和"[2]。《尚书·五子之歌》载，"民可近，不可下。民惟邦本，本固邦宁"[3]。其本意皆指治国之本在于"民"，"民"为邦本稳固后，国家方可获得安定。周公以殷商覆灭为鉴，提出"皇天无亲，惟德是辅""以德配天""敬德保民"等思想，显现出"以民为天"的"民本"思想。春秋战国时期，诸子百家面对连年战事和社会纷乱，提出诸多治国理念，进一步丰富发展了"民本"思想。管子提出"夫霸王之所始也，以人为本。本理则国固，本乱则国危"[4] 的观点，是目前"以人为本"所见使用的最早记载；孔子提出，"大道之行也，天下为公"，"修己以安百姓"，追求天下大同；孟子提出，"仁者爱人"，"民为贵，社稷次之，君为轻"，指出了人民的至上性，被视为儒家思想的精髓；老子提出，"功成事遂，百姓皆谓我自然"，指出统治者要遵循民心做好该做的事情；墨子提倡"兼爱""非攻"，渴望建立一个"天下之人皆相爱"的理想社会，提出"利民"的生产发展思想。以上这些都是民本意识的直接表达。秦汉以后，我国传统"民本"思想日臻完善并有了突破性发展。贾谊提出"闻之于政也，民无不为本也。国以为本，君以为本，吏以为本"[5] 的思想，李世民提出"为君之道，必须先存百姓。若损百姓以奉其身，犹

---

[1] 张子夏、程广云：《以人民为中心思想的理论之源》，《暨南学报》（哲学社会科学版）2022年第11期。
[2] 王世舜、王翠叶译注《尚书》，中华书局2012年版，第355页。
[3] 王世舜、王翠叶译注《尚书》，中华书局2012年版，第369页。
[4] 李山译注《管子》，中华书局2016年版，第142页。
[5] 方向东译注《新书》，中华书局2012年版，第275页。

割股以啖腹，腹饱而身毙"①的思想，"民本"思想逐渐成为统治阶级治国理政的思想来源。明清以后，出现"政为民而立""天下之治乱，不在一姓之兴亡，而在万民之忧乐"等思想，中国传统"民本"思想开始主张立国为民、治国为民，开始呼吁给予人民适当权利。

虽然封建统治阶级不可能全心全意实行"民本"思想，但中国古代朴素的"民本"政治思想既是古代政治思想家为了维护人民利益进行的理论探索，也是统治阶级稳固统治秩序与缓和阶级矛盾的实践探索，在封建社会中，对于维护封建统治的稳定起到了一定的积极作用。"中华优秀传统文化已经成为中华民族的基因，植根在中国人内心，潜移默化影响着中国人的思想方式和行为方式。今天，我们提倡和弘扬社会主义核心价值观，必须从中汲取丰富营养，否则就不会有生命力和影响力。"②习近平总书记在系列讲话中还多次引用"衙斋卧听萧萧竹，疑是民间疾苦声。些小吾曹州县吏，一枝一叶总关情""圣人无常心，以百姓心为心"等经典名句，无一不是对中国优秀传统政治思想文化中"民本"思想的传承，而"时代是出卷人，我们是答卷人，人民是阅卷人"③"人民有信心，国家才有未来，国家才有力量"④等经典论断无一不是站在新时代的历史方位上，对中国优秀传统政治思想文化中"民本"思想的创造性传承。中国传统"民本"思想为"以人民为中心"思想的提出提供了深厚的文化涵养。可以说，"以人民为中心"的思想是对传统"民本"思想的凝练升华，是对中华优秀传统文化中"民本"思想的创造性传承与发展，是更具时代内涵和科学理论支撑的现代化的"民本"思想。

3. 中国共产党人百年实践智慧的历史总结

中国共产党是马克思主义政党，从建立之初就深刻地认识到人民群众是历史的创造者，是党的力量之源，是民主革命、社会主义革命取得胜利的决定性力量。无论是在政权建立时期，还是在社会主义建设时期，一切为了人民始终是我们党的价值追求。新民主主义革命时期，中国共产党秉持为了人民、依靠人民的理念，承担起反帝、反封建、反资本主义的历史

---

① 谢保成集校《贞观政要集校》，中华书局 2009 年版，第 11 页。
② 《习近平谈治国理政》（第 1 卷），外文出版社 2018 年版，第 170 页。
③ 《习近平谈治国理政》（第 3 卷），外文出版社 2020 年版，第 70 页。
④ 习近平：《论坚持人民当家作主》，中央文献出版社 2021 年版，第 236 页。

使命，团结带领中国人民推翻"三座大山"，建立了新中国；社会主义革命与建设时期，中国共产党遵循人民根本利益指向，领导人民群众进行社会主义改造，完成新民主主义向社会主义的过渡，走向全面建设社会主义；改革开放的新时期，中国共产党遵循社会发展的现实要求，完成从计划经济体制向社会主义市场经济体制的伟大转变，实现了生产力的快速发展与中国经济的腾飞。可以说，中国共产党带领中国人民推翻"三座大山"是"以人民为中心"形成的历史原点；完成新民主主义向社会主义的过渡，走向全面建设社会主义是"以人民为中心"形成的制度基石；推进改革开放与现代化建设是"以人民为中心"形成的实践支撑。

在领导全国各族人民进行新民主主义革命的过程中，毛泽东同志深刻认识到人民群众的重要性，深刻认识到人民问题是中国革命和发展取得胜利的根本问题，指出："革命战争是群众的战争，只有动员群众才能进行战争，只有依靠群众才能进行战争。"[1] 同时，提出"只有人民，才是创造世界历史的动力"[2]。结合中国革命实践，毛泽东同志创造性地提出党的"群众路线"，并于1927年发表了《湖南农民运动考察报告》，深入阐述了广大农民在革命中的重要作用，提出了放手发动群众、组织群众和依靠群众的革命思想。在革命的探索中，毛泽东同志深刻地认识到，革命的成功离不开对群众的尊重以及对群众潜能的激发。在《论联合政府》一文中，他进一步阐述了党的群众路线的核心内容，指出："我们共产党人区别于其他任何政党的又一个显著的标志，就是和最广大的人民群众取得最密切的联系。"[3] 坚持"一切为了群众，一切依靠群众，从群众中来，到群众中去"的"群众路线"在我们党领导新民主主义革命的历程中发挥了重要作用，为党后来形成"以人民为中心"的发展思想奠定了坚实基础。

在党的十一届三中全会后，我国的工作重点转向了经济建设，并确立了通过发展生产力来提升国家综合实力和改善人民生活的发展策略。在此基础上，原先制定的"两步走"现代化战略逐步演进为"三步走"发展战略。党和国家站在人民立场上提出，我国社会的主要矛盾是人民日益增长的物质文化需要同落后的社会生产之间的矛盾，并将"三个有利于"作为

---

[1] 毛泽东：《关心群众生活，注意工作方法》，《新湘评论》2020年第22期。
[2] 《毛泽东选集》（第3卷），人民出版社1991年版，第1031页。
[3] 毛泽东：《论联合政府》，《新湘评论》2021年第10期。

评判党和国家一切工作的根本标准。邓小平同志作为新一代党的中央领导集体的核心,在推进改革开放的进程中,进一步传承和发展了毛泽东同志的人民群众观。邓小平同志一直强调人民群众是社会主义革命和建设的决定力量,是社会主义现代化建设的实践主体,社会主义现代化建设需要依靠人民群众,高度重视人民群众的历史主体地位,相信群众、依靠群众,站在唯物史观的高度看待人民群众的重要性。他在不同重要场合提出,"群众是我们力量的源泉"①,"改革开放中许许多多的东西,都是群众在实践中提出来的。……这是群众的智慧,集体的智慧"②。邓小平同志始终心系人民,时刻关注人民群众的愿望和利益,坚持以人民群众的根本利益为衡量工作的标准,他认为党和国家的"各项工作都要有助于建设有中国特色的社会主义,都要以是否有助于人民的富裕幸福,是否有助于国家的兴旺发达,作为衡量做得对或不对的标准"③,强调"一切以人民利益作为每一个党员的最高准绳"④。邓小平同志坚持改革开放,始终将人民群众置于建设中国特色社会主义事业的核心位置,这一时期,党的发展理念的鲜明特点就是坚持社会主义制度,坚持人民主体地位,依靠人民群众的力量不断解放生产力、发展生产力,消除两极分化,实现共同富裕,解决人民日益增长的物质文化需要同落后的社会生产之间的矛盾,进一步推动了"以人民为中心"思想的形成。

在继续推进改革开放的实践中,以江泽民同志为核心的党的第三代中央领导集体不断总结和发扬社会主义建设经验,明确发展是党执政兴国的第一要务,在推进全面发展的过程中始终坚持人民主体地位,坚持人民利益高于一切的价值追求,坚持群众利益无小事,认为"人民群众是先进生产力和先进文化的创造主体,也是实现自身利益的根本力量"⑤。在领导社会主义建设的征程中,江泽民同志提出"三个代表"重要思想,即中国共产党要始终代表中国先进生产力的发展要求,始终代表中国先进文化的前进方向,始终代表中国最广大人民的根本利益。"三个代表"重要思想将

---

① 《邓小平文选》(第2卷),人民出版社1994年版,第368页。
② 中共中央文献研究室编《邓小平思想年编(一九七五——一九九七)》,中央文献出版社2011年版,第711~712页。
③ 《邓小平文选》(第3卷),人民出版社1993年版,第23页。
④ 《邓小平文选》(第1卷),人民出版社1994年版,第257页。
⑤ 江泽民:《论党的建设》,中央文献出版社2001年版,第507页。

"立党为公、执政为民"确立为中国共产党的执政理念,把人民作为党和国家一切工作的根本出发点,集中概括了党一切工作的根本准则与依据。这一时期,党和国家在推进社会主义建设的过程中,着重将党的先进性建设与维护人民发展利益的具体实践有机融合,使党的理论、路线、方针政策符合与时俱进的发展要求,进一步丰富和发展了马列主义、毛泽东思想、邓小平理论人民群众观的内容,也为"以人民为中心"思想的形成提供了智慧。

随着改革的深入推进,以胡锦涛同志为总书记的党中央深刻把握社会主义发展规律,提出"以人为本"的发展理念,形成了"科学发展观",以科学的态度不断推进社会主义各项事业发展。胡锦涛同志指出,以人为本的根本含义"就是坚持全心全意为人民服务,立党为公、执政为民,始终把最广大人民的根本利益作为党和国家的根本出发点和落脚点,坚持发展为了人民、发展依靠人民、发展成果由人民共享"①,充分体现了这一时期党和国家对发展内涵、发展本质、发展方式等方面的深刻认识,阐释了对于国家发展的根本态度,体现了人民至上的科学发展观。"科学发展观"的核心理念在于将广大人民的根本利益作为党和国家工作的出发点和落脚点,它强调了发展的目的是服务于人民,发展的动力来源于人民,而发展的成果也应当由人民共享,为党"以人民为中心"发展思想的形成奠定了更加坚实的基础。

回顾党的百年奋斗史,党的历代中央领导集体无不坚持"群众路线",团结依靠人民群众,坚持一切为了人民群众,才最终取得了革命的胜利,取得了社会主义中国的发展奇迹。以习近平同志为核心的党中央在总结继承党百年发展智慧的基础上,站在中国特色社会主义新时代的历史方位上,围绕发展中国特色社会主义的主线,着眼新的发展实践,深入推进党的理论创新,发展并完善了"以人民为中心"的发展思想,明确了新时代中国发展的核心伦理是"以人民为中心",将"以人民为中心"确立为治国理政的基本方略。

(二)"以人民为中心"思想的价值意蕴

坚持"以人民为中心"的发展思想,是习近平新时代中国特色社会主

---

① 《胡锦涛文选》(第3卷),人民出版社2016年版,第4页。

义思想的重中之重,"以人民为中心"的发展思想内涵丰富,其价值意蕴概括起来主要包括以下几个方面。

1. 一切始于人民:坚持人民主体地位至上

人民性是马克思主义的本质属性,马克思主义群众史观认为,人是一种主体性的存在,是社会生活实践和历史创造的主体,这就确立了人在人类世界中的作用和地位。坚持人民主体地位至上既是马克思主义政党的根本要求,也是社会主义制度的本质要求。"以人民为中心"的发展思想首先要坚持人民立场,坚持人民主体地位至上,这既是对马克思主义唯物史观的坚持,也是中国特色社会主义国家性质的本质要求。

习近平总书记结合历史经验和时代实践,指出人民群众"既是历史的'剧中人',也是历史的'剧作者'"[1],在社会主义革命和建设中取得的一系列成就,都来源于人民群众的奋斗,都离不开人民群众的支持,中华民族能够从站起来、富起来走向强起来,都是源于人民群众的伟大力量。人民群众既是物质财富的创造者,也是精神财富的创造者,不但生产出满足人类生存的基本生活资料,还不断探索形成浩瀚的精神财富,推动国家和社会实现更高质量的发展。"历史反复证明,人民群众是历史发展和社会进步的主体力量"[2],因此,"全党必须永远保持同人民群众的血肉联系,站稳人民立场,坚持人民主体地位,尊重人民首创精神"[3]。党的十八大以来,习近平总书记以实际行动坚持人民主体至上原则,"一方面号召全体党员、领导干部坚持密切联系群众,从群众中来、到群众中去的群众路线,虚心向群众学习,及时发现和总结人民群众创造的新鲜经验,在此基础上制定正确的路线方针政策,并通过广泛的宣传教育,使党的各项路线方针政策转化为群众的自觉行动,从而带领全国各族人民为实现中国特色社会主义建设事业的目标而努力奋斗;另一方面号召全党切实转变工作作风、改进工作方法,深入了解民情,努力做到问政于民、问需于民、问计于民,虚心向人民请教,认真听取群众的意见和建议,各项工作环节都组织群众积极参与,接受群众监督和评议,从而凝聚全民的最大公约数,使

---

[1] 《习近平谈治国理政》(第2卷),外文出版社2017年版,第314页。
[2] 《习近平谈治国理政》,外文出版社2014年版,第27页。
[3] 转引自郑元景、许振煜《历史·理论·实践:中国共产党坚持人民至上的三重逻辑》,《沈阳师范大学学报》(社会科学版)2023年第3期。

社会主义现代化建设发挥最大正能量"①。习近平总书记"以人民为中心"的发展思想，是对人民主体地位至上政治立场的坚持与创新，回答了在新时代的历史方位上，中国特色社会主义应该怎样继续坚持人民主体地位，尊重人民首创精神，充分调动人民群众的积极性、主动性和创造性，举人民群众之力推进新时代中国特色社会主义事业不断发展。

2. 一切为了人民：坚持人民利益至上

马克思主义唯物史观把人民作为价值的最终归属，把实现人的自由全面发展作为发展的最终目的。共产党人"没有任何同整个无产阶级的利益不同的利益"②。这是无产阶级政党的基本遵循。"以人民为中心"的发展思想除指明了依靠谁的问题，还解决了为了谁的问题。

中国特色社会主义进入新时代，中国式现代化的本质要求就是要实现最广大人民的根本利益，这是中国共产党人一以贯之的努力方向，也是"以人民为中心"的发展思想的内在要求。党的十八大以来，党和国家始终站在人民立场上制定路线方针政策，把群众所想所需所急所盼放在最重要的位置谋划，各项便民惠民政策持续实施、有力推进，始终坚持在发展中保障和改善民生，高度关注居民基本住房、医疗、教育、就业等人民群众最关心、最迫切想要解决的问题，着力解决发展不平衡不充分的问题，不断提升发展质量和效益，努力让全体人民在经济、政治、文化、社会和生态等各方面的需求得到满足，促进人民群众的自由全面发展。任何发展，只有满足人民群众的需求，才能够得到人民群众的支持，发展才有意义，社会主义现代化建设同样如此。坚持人民利益至上，就必须从人民群众的根本利益出发，不断解放和发展生产力，满足人民群众的根本利益。"以人民为中心"内在地肯定了人民利益至上，明确了人民利益是我们党一切工作的最高标准，并将其作为价值内核，是将人民的主体性与国家的人民性相结合，将人民的个体利益与国家整体利益相融通，统一于我国新时代中国特色社会主义建设实践中的具体体现。

3. 一切检于人民：坚持人民满意至上

马克思主义是实践的唯物主义，马克思主义者必须以实践结果为依凭

---

① 付海莲、邱耕田：《习近平以人民为中心的发展思想的生成逻辑与内涵》，《中共中央党校学报》2018年第4期。

② 《马克思恩格斯文集》（第2卷），人民出版社2009年版，第44页。

分析评判事物。人民性的体现应当涉及人民是否拥有评判权,人民的满意度是否为衡量治理绩效的基本标准。习近平总书记指出:"党的一切工作,必须以最广大人民根本利益为最高标准。检验我们一切工作的成效,最终都要看人民是否真正得到了实惠,人民生活是否真正得到了改善,人民权益是否真正得到了保障。"① 人民是否满意,是我们党一切行动的根本出发点和落脚点,是我们党区别于其他一切政党的根本标志,也是"以人民为中心"发展思想的题中应有之义。中国共产党自成立之日起,就把"人民"二字铭刻在心,对于中国共产党来说,人民就是一切,人民重于泰山,必须把坚持人民利益高于一切鲜明地写在旗帜上。党的十八大以来,党和国家之所以能够凝心聚力谋发展,得到广大人民群众的拥护和支持,其中一个很重要的原因就是坚持人民满意至上原则,切实推动发展成果由人民共享,让人民群众成为社会发展的最大受益者,不断提高人民群众对所处的生活环境的满意度,不断提高人民群众对社会治理的认可度,不断提高人民群众对党和国家的信任度。"以人民为中心"的发展思想,就是将评判权交给人民,深入贯彻为人民服务的宗旨,由人民监督、评价党的一切工作,这既体现了中国特色社会主义的政治逻辑,也是人民满意原则的中国式表达。

第二节 体系现代化转型:"一核多维"的适度统合

党的十八届三中全会决定从治理理念、治理体系与治理能力三个向度出发勾勒了国家治理愿景。② 以社会主义现代化强国为目标的国家治理理论创新,不仅体现为一种与全人类共享的、具备内在同一性的共同价值取向,也体现为一种以科学社会主义为发展路向,侧重于制度体系上的谋划布局、机制策略上的灵活高效的制度性建构。从国家宏观改革的维度思考县域治理现代化问题,全面深化县域改革,推动县域治理现代化转型,除推动县域治理理念现代化转型外,还必须着力推动县域治理体系现代化转型。从结构—功能主义视角来看,国家治理现代化首要的是发挥党作为领导核心的作用,全面把握和协调各方力量。如果将治理视为权力运行过程

---

① 习近平:《在纪念毛泽东同志诞辰120周年座谈会上的讲话》,《党的文献》2014年第1期。
② 《中共中央关于全面深化改革若干重大问题的决定》,《人民日报》2013年11月16日。

中通过多样化运行机制所呈现的"博弈现象",那么不同权力运行过程中的参与主体会基于自身的资源和定位,形成策略上的结构化效应。这意味着治理不仅仅是基于制度框架、政策法规和机制布控等技术层面的策略推演,更重要的是,参与主体需要从整体架构出发,对权力运行中所有可能的博弈关系,以及其他参与者的行为趋势和策略选择进行预判和全面把握,以便在治理过程中获得更多的话语权。① 从这种治理格局中可以看出国家治理体系改革的三个向度:一是制度层面的体制性的优化布局;二是工具层面不同机制的交织渗透;三是在体制优化和机制交融下,进行微观策略层面的多向引导。②

由此可见,在县域治理体系现代化转型中,治理结构与治理机制的现代化转型可以被视为核心中的核心。这需要在公权力所及范围内,尽可能明晰治理对象之现实,尽可能考量治理现实之变量,进而在坚持党的核心领导地位的前提下,通过与人民生产生活的有机互动,实现以党为核心的权力架构的调整,破除"结构性困境"和"机制性障碍",最大限度地在体制层面消解政府、市场与社会参与等不同机制间的纵向层级关系,并将它们融合在一起,以营造一个能够实现有效沟通和良性互动的治理环境。

一 体系难题:结构性困境与机制性障碍

党的十九届四中全会决定指出,"必须加强和创新社会治理,完善党委领导、政府负责、民主协商、社会协同、公众参与、法治保障、科技支撑的社会治理体系,建设人人有责、人人尽责、人人享有的社会治理共同体,确保人民安居乐业、社会安定有序,建设更高水平的平安中国"③,构建基层社会治理新格局,加快推进基层社会治理现代化。县域政府直面广大人民群众和基层社会,是构建基层社会治理新格局和推进基层社会治理现代化的主体力量。但在中心主义范式规约下,我国县域政府治理体系存在一定程度的时代脱节,其主要表现就是治理结构的失衡和治理机制的

---

① 赵中源、黄罡:《新时代国家治理现代化的变革逻辑与实践图谱》,《学术研究》2022年第11期。
② 赵中源、黄罡、邹宏如:《国家治理现代化的内在理性、变革逻辑与实践形态》,《政治学研究》2022年第1期。
③ 《中共中央关于坚持和完善中国特色社会主义制度 推进国家治理体系和治理能力现代化若干重大问题的决定》,《人民日报》2019年11月6日。

异化。

（一）权责维度下的结构性困境

治理主体间的权责关系是治理结构中的重要维度，县域治理中出现的结构性难题主要表现为县域治理体系中权力主体构成及其相互关系的失衡，其中，主体关系、党政关系以及"条块关系"三个方面表现最为突出。

治理主体多元化是治理的重要特征之一，也是治理现代化的题中应有之义。治理并不是独裁，也不是少数人对少数人的暴政，而是一种协商式的民主，在这种制度下，不同的利益相关者都可以表达他们的价值观，这样，政府的产出就会更贴近民意，更接近帕累托最优，实现最好的制度效果。[1] 政府、市场、社会是"三驾马车"，单一的政府管理方式已经很难满足人民日益增长的美好生活需要，需要政府、市场、社会三者之间的良性互动，建立多中心的整体治理模式。从目前来看，我国县域治理的"三驾马车"还没有形成有效合力，市场经济发展水平与社会组织发育程度还存在向上的空间，不同治理主体在县域治理中所发挥的功能与所扮演的角色存在一定矛盾与冲突。在县域治理过程中，实际发挥作用的还是县域政府，市场和社会的作用发挥不够充分。

政党在现代政治生活中占据核心地位。在民主社会中，政党既是社会独立参与国家生活的组成部分，也是政治民主运作的组成部分。每个执政党都有义务支持国家和社会的良性发展。政党、国家和社会之间的关系是执政党发挥作用的真正基础，决定着执政党的执政战略、权力体系和执政基础。[2] 在中国，党政关系主要是指执政党即中国共产党与政府之间的政治关系。在中国政治语境中，中国共产党不仅是国家政治生活的领导核心，也是中国社会的组织核心。实践证明，中国共产党是推动传统国家向现代国家转变的重要力量，是把高度分化的社会凝聚成一个统一整体的重要堡垒。[3] 无论是结构体系，还是运作机制，党、政两者已经紧密结合难

---

[1] 程小飞：《治理主体多元化的困境与解决途径解读——基于公共行政话语理论的视角》，《湖南行政学院学报》2015年第2期。

[2] 林尚立：《领导与执政：党、国家与社会关系转型的政治学分析》，《毛泽东邓小平理论研究》2001年第6期。

[3] 张国军、程同顺：《党政统筹下的三权分工：当代中国的国家治理结构及其调适》，《中南大学学报》（社会科学版）2022年第1期。

以分割。中国共产党特有的属性和地位，带来了国家治理过程中"党政融合"特有的优势，但同时也存在一些问题。一方面，权力归属的"二元冲突"问题。《中华人民共和国地方各级人民代表大会和地方各级人民政府组织法》规定，县人民代表大会由居民直接选举产生，是县级最高权力机关。而"党管一切"是中国政治体制的重要内容，在县一级体现为县委对全县经济社会重大决策负总责。另一方面，县域行政具有"党政合一"的特征，政党作为政治力量进入行政体制并发挥作用，这个制度安排对县域行政权力配置形式、人事行政以及行政过程产生决定性影响[①]。这在确保国家现代化发展的同时，也在一定程度上带来了党、国家、社会关系如何调适的问题。如何在坚持执政党的政治领导的前提下，建设一个既专业高效又廉洁透明，且以人民为中心、密切联系群众的行政体系和社会体系，是当前县域治理体系需要解决的重要问题。

另外，中国政治体制最重要的特点之一就是条块分割，中国政治体制的适应性不只是政治运作制度化的问题，也与中国特有的"条块分割体制"密切相关[②]。所谓"条条"，是指从中央到地方各级政府中职能相近或活动内容相同的职能部门；"块块"是指各级地方政府，包括省、市、县、乡四级政府。条块关系是指在政府的实际工作中，条和块之间的相互作用和相互影响的状态。在中国的条块体制中，条块分割是常态。条块分割会导致条块内部的矛盾，进而导致资源分散，造成政策执行不畅，影响县域政府推进工作落地的力度[③]。在县域党政体制下，县级政府存在统一的地方治理目标，但各层级政府、各职能部门都存在以各自利益为中心的任务目标，条条之间、块块之间、条条与块块之间的张力和矛盾，影响着县域末端治理的效果。

（二）统合模式下的机制性障碍

县域政权需要建立匹配现有治理结构的治理机制来完成县域治理目标，在一定程度上，县域的治理结构决定了县域的治理机制。我国县域治

[①] 周庆智：《中国县域行政结构及其运行——对 W 县的社会学考察》，贵州人民出版社 2004 年版，第 58 页。

[②] 周振超：《当代中国政府"条块关系"研究》，天津人民出版社 2009 年版，第 2 页。

[③] 田先红：《县域末端治理的属性、困境及其破解之道——从条块关系的视角切入》，《理论月刊》2022 年第 7 期。

理的结构性问题在一定程度上是由治理结构的特殊性所决定的。县域治理中治理主体关系、党政关系、条块关系决定了我国县域治理机制的特殊性。在我国县域治理实践中,一般是通过以党委为统领将县域治理主要任务上升为政治任务、转化为中心任务,再通过"压力型体制""行政包干制""政治锦标赛"等机制整合资源、集中力量,推动有关治理目标任务的完成。

1. 压力型体制

在压力型体制下,上级政府或官员通常负责向下级传达具体的目标任务和奖惩措施,而不提供完成任务的具体方法或策略。在这种情况下,各县、乡镇政府为了在上级的考核中脱颖而出,只能争相"跑步前进",以赢得上级的认可和支持。基层政权面对上级设定的目标任务压力采取事本式行政方式,围绕各项任务目标展开竞争。[1]

2. 行政包干制

所谓行政包干,指的是作为发包方的上级政府将任务、权力、利益和责任下放给作为承包方的下级政府或个人。[2] 在此过程中,政府的各种公共事务由中央层层承包给下级,再层层下放到基层。行政包干制的目的在于有效履行县域政府的职责和功能,因此,其激励机制的设计并非简单仿照企业中的包干制模式,通过固定的比例来分配工作量和经济收益。相反,它是在压力型体制下,对权力和责任进行系统的整合与下放,同时结合政治和经济两个层面的奖惩机制,以激发和调动各级行政单位的积极性和创造性。[3] 而在行政权力配置方面,上级政府作为发包人具有正式权威与剩余控制权,作为承包人的下级政府则拥有执行权、"剩余索取权",并通过自主裁量权获得实际控制权。在县域治理实践中,行政包干既存在于县级政府与乡镇政府及乡村之间,也存在于县级政府内部的上下级组织之间。事实上,基层政府作为包干链条的最后一环,承担着上级政府下放的全部职能,是行政权力的最终执行者和行政责任的最终承担者。[4] 由此,

---

[1] 田先红:《从结果管理到过程管理:县域治理体系演变及其效应》,《探索》2020年第4期。
[2] 杨华、袁松:《行政包干制:县域治理的逻辑与机制——基于华中某省D县的考察》,《开放时代》2017年第5期。
[3] 欧阳静:《政治统合制及其运行基础——以县域治理为视角》,《开放时代》2019年第2期。
[4] 陈潭、刘兴云:《锦标赛体制、晋升博弈与地方剧场政治》,《公共管理学报》2011年第2期。

以县级政府为代表的基层政府面临大大超出基层政府体量与财政资源所承担范围的行政任务,加大了县域政府的运行挑战。

3. 政治锦标赛

所谓"政治锦标赛",是指政府官员为获得政治晋升,与同一级别的官员横向之间进行的竞争博弈。在竞争过程中,获得优胜者可取得晋升机会,而竞争的优胜标准则由上级政府或官员决定。这种判断标准可能是地区经济发展水平、社会民生改善水平、生态文明建设成果等。政治锦标赛制度的存在,为基层政府选择性执行政策奠定了基础,成为基层政府选择性执行政策的组织基础和制度环境。基层政府在政治锦标赛体制中处于末端,承受着上级经济、行政和同级之间竞争的压力,为了赢得政治锦标赛,避免经济、行政处罚和"一票否决",应对分税制改革后政府任务的不减反增,基层政府往往侧重于上级政府的量化政绩而不是理性地倾向于生产公共产品和提供公共服务。①

二 体系转向:结构转型与机制调适

针对上述问题,对县域治理结构和机制进行调整转型,是实现县域治理体系现代化的关键,在结构方面要从"政治行政化"逐步转向"一核多维",在机制方面要实现"适度统合"基础上的主体功能完善与协同。

(一) 结构转型:从"政治行政化"到"一核多维"

结构是构成事物各要素之间的比例、顺序、关系,决定着事物的本质和发展状况。在社会学领域,结构不是指实体存在,不涉及实体或实体行为本身,而涉及它们之间的关系,是被称为功能、活动或者过程的模式,结构建立在实践之上而后又影响实践过程。在此基础上,由生产实践和交流实践构成的治理实践决定了治理结构的形成和发展。在生产实践活动中,各种交流活动得以形成,并在此基础上构建了多样化的关系模式。这些交流活动和关系模式逐渐外化,影响到组织、制度、习俗以及文化等多个层面,进而塑造出独特的治理结构。"对于中国这样的后发现代化国家,在现代国家政权和社会转型过程中,行动者的行动对于结构更具有决定性意义。从地方政治制度发生学的角度来看,就县这个政治体系来说,它是

---

① 曾凡军:《政治锦标赛体制下基层政府政策选择性执行及整体性治理救治》,《湖北行政学院学报》2013年第3期。

嵌入性的，来自于人为的规划和建构。"① 无论是古代皇权社会中的"政不到县"，还是近现代进行地方改革推崇的"新县制"改革，抑或是当代县域治理的党政结构，县域都是最完整的"微观国家"，也是离基层社会最近的"底层国家"，县级政治体系基本上是对上一层级的复制，在职能、机构、功能等规划上都十分完整，是拥有一定管辖层级的底层政治系统。

县域政治系统的核心组成部分包括县级党委、政府、人大和政协，这"四大班子"共同构成县域完整的政治架构。在这一架构中，县人民代表大会作为地方最高权力机关，负责决策和监督，在人大闭会期间，人大常委会则负责履行相关职责，确保权力机关的持续运作；县政府作为地方国家执行机关，承担着执行县人大决策和管理的职责，由县人大产生，对县人大负责，受县人大监督；县政协是多党合作和政治协商制度的落实机关，主要发挥政治协商、民主监督、参政议政功能；县党委拥有领导权，主要进行政治领导、思想领导和组织领导。县域这个"微观国家"的这套对上一层级政府的"复制制度"体现的是专业化、技术化，所有的政治活动应当具备正式的规范和程序，代表的是国家在县域的理性建构。县域政治治理结构本该是一种结构区分化、科层分工专业化、运行制度化非人格化的理性建构，但在现实县域治理中，原有结构被打破，呈现一种"再结构化"，即政治行政化的逻辑。所谓政治行政化动员模式，是指"在县域治理当中，县域核心行动者以成立各种领导小组为组织策略，以任务分解、目标管理为工具，以开展活动为实施办法，以包村包案为渗透方式，将全部的政治精英和政治机构都动员到行政过程中，对县域进行非制度化的行政整合"②。这种"再结构化"的治理结构表现出明显的体制动员性、功能混合性、治理行为的经营性以及运作的权宜性，对社会公正和社会稳定造成长久的危害，损害了政府与社会的良性互动，其产生的非预期后果是公共性、合法性以及制度化困境。③

随着改革开放的逐步深入，县域权力结构、利益结构和社会阶层不断

---

① 樊红敏：《转型中的县域治理：结构、行为与变革——基于中部地区 5 个县的个案研究》，中国社会科学出版社 2013 年版，第 68~69 页。
② 樊红敏：《政治行政化：县域治理的结构化逻辑——一把手日常行为的视角》，《经济社会体制比较》2013 年第 1 期。
③ 樊红敏：《转型中的县域治理：结构、行为与变革——基于中部地区 5 个县的个案研究》，中国社会科学出版社 2013 年版，第 254~256 页。

演变。这主要表现在：政治权力边界逐渐调整并不断清晰，政治权力运行越来越被规范在法治轨道上；社会领域发育更加充分，县域人民群众个体意识和独立意识日益增强，私人空间有效拓展；所有制结构、分配结构等日渐成形，产权得到保护，市场发展空间逐步扩大、活力日渐增强，资源配置方式日渐优化。可见，在我国现代化不断深入的进程中，县域治理领域的结构要素正经历着分化与重组。市场和社会领域的发展日益显著，政治权力逐渐回归其应有的位置，私有领域亦在不断扩展。这一系列变化导致治理主体的力量对比发生了显著改变。在这一背景下，随着社会主义市场经济的持续繁荣，人们的主体意识、独立意识以及法治意识得以显著增强。与此同时，作为文化的核心要素，人们的价值观、思维方式以及社会心态也呈现多元化的趋势，在这种"多元化"和"不平衡"的县域结构因素的新格局下，打破政治行政化逻辑下形成的治理结构，构建起现代化的县域治理结构，是推动县域治理体系现代化的重要环节。

党的二十大报告中指出，"健全共建共治共享的社会治理制度，提升社会治理效能……建设人人有责、人人尽责、人人享有的社会治理共同体"[①]。这也为县域治理结构现代化转型指明了方向。"作为国家治理能力在地方层面的延伸，县域治理体系本身涉及多元因素糅合，是一个有机的、协调的、动态的制度运行系统，存在着一定的结构性张力，应充分发挥各要素的价值功能与制度功效，通过对话、协商、谈判及妥协等利益博弈途径，以达成彼此依赖的互惠合作机制，为经济社会的稳定发展搭建一个有效平台，使县域治理具备更加完善的制度运行基础。"[②] 县域治理结构现代化转型的方向应该是形成"一核多维"的治理结构。从结构上讲，单维或多维的形成始于点的建立。若将中国的权力运作借助有维度的结构进行剖析，那么权力运作的生成原点就是中国共产党及其核心地位。"党作为历史坐标的中心原点不仅是中国特色社会主义发展道路的历史选择，更是无产阶级政党领导下人民民主专政的社会主义国家性质所决定的。"[③]

---

① 习近平：《高举中国特色社会主义伟大旗帜　为全面建设社会主义现代化国家而团结奋斗》，《人民日报》2022年10月26日。
② 丁新宇：《结构功能主义视角下的县域治理》，《长春工程学院学报》（社会科学版）2017年第1期。
③ 赵中源、黄罡、邹宏如：《国家治理现代化的内在理性、变革逻辑与实践形态》，《政治学研究》2022年第1期。

"一核"就是要全面加强党的领导,"中国特色社会主义最本质的特征是中国共产党的领导","党的领导是全面的、系统的、整体的,必须全面、系统、整体加以落实"①。

在当前的治理场域中,中国共产党经过不断实践构建了一套以党自身的组织体系为核心,聚合党外围组织与社会组织的"同心圆"组织结构。该结构在经过不断聚合、扩张、整合连接国家与社会的同时,使中国共产党实现了自身对国家、对社会的组织结构的同构化转型,进而实现了对全社会的整合治理。"多维"是治理现代化的基本要素,是区别于传统治理的重要支点,主体是党创造的外围组织,包括政府、市场、社会、公众等,"多维"是多元主体在不同向度间的交错互动博弈。从逻辑形态的角度来看,"一核多维"意味着核心点朝不同方向的权力发散与权力关系往往呈现差异化特征。立足多维视角解析党、政府、市场与社会之间的权力互动结构,可以发现政府、市场与社会之间并非简单的层级关系,而是围绕党组织这一核心,形成不同取向和不同性质的机制路径之间网状弥散型的博弈态势。② 从这个逻辑出发,构建县域治理"一核多维"治理结构,必须处理好作为战略层面自变量的"一核"与作为战术层面因变量的"多维"之间的关系,从县级党委、政府和人大的关系以及司法体制、公共财政体制的建构等结构性问题入手,通过构建、传播和渗透"一核"话语,将其意志与治理理念落实到博弈中,从而突出其在优化不同治理机制布局过程中的核心领导作用,重塑党委全过程领导模式,使县域治理结构重回制度化、规则化发展轨迹,改变县域治理权力与参与的非均衡关系,以维系"多维共治"的格局。

(二) 机制调适:"适度统合" 基础上的主体功能完善与协同

建立平稳、协同、高效的治理机制,是推进国家治理体系现代化的必要条件。随着当前党和政府机构改革的不断推进,各级党委的领导能力以及政府机构之间的整合协同能力不断提高。然而,在实际的地方治理实践中,"九龙治水"、互相扯皮、推诿拖延等问题仍然存在,甚至成为一些地

---

① 习近平:《高举中国特色社会主义伟大旗帜 为全面建设社会主义现代化国家而团结奋斗》,《人民日报》2022 年 10 月 26 日。
② 赵中源、黄罡、邹宏如:《国家治理现代化的内在理性、变革逻辑与实践形态》,《政治学研究》2022 年第 1 期。

方政府的治理顽疾。究其本源，还是在于基层统合治理遭遇困境。当前，中国社会存在党、政双重科层体制，组织通过其内部完备的架构和体系，能够有效发挥组织能力和动员能力的优势，以弥补单一科层体制存在的局限性。当前，政治统合制作为我国党政体制的实践模式，展现出了其作为能动型治理机制的特点，如综合性、系统性和灵活性等。政治统合制不仅极大地激发了地方政府在治理工作中的积极性，还推动了治理方式的多元化，实现了整体性的治理效果。[①]

近年来，将政党融入基层社会治理结构，加强党对基层社会的全面领导，提升党的政治整合、行政整合、社会整合等能力，破除传统科层制的种种弊端，以政治统合力引领推进基层治理现代化，已经成为各界共识。但是，我们也必须看到，在这一过程中，存在制度、权力与治理逻辑之间的平衡转化问题。首先，在体制层面，决策机制与问责机制在正式与非正式层面呈现差异。其次，在组织层面，领导小组、合署办公、工作专班等组织性统合使县域领导干部获得多重身份叠加，进而得以突破单一身份职能的制度性与非制度性约束，显著提高了行动效率和灵活性。最后，在执行层面，存在"政治逻辑—经济逻辑—法治逻辑"交织的执行性统合逻辑，地方政府在政策执行过程中，常常面临"多重目标与行为选择"的矛盾。

具有强烈的"治理型"政党性质和特点的中国共产党，是社会治理现代化和基层治理现代化的领导者和推动者，在推动县域治理现代化的过程中，要不断完善党的基层领导制度和社会治理机制，科学处理好党政关系、党社关系，在社会开放流动性和多元异质性不断增强的利益格局下，强化基层政府、社会、市场、公众等多元治理主体的功能建设，解决"统合制治理"作为治理技术和效率机制背后的政治问题，在适度统合的基础上，推动多元治理主体的"功能再造"，促进县域治理正式机制与原则约束并存，实现县域治理适度统合基础上多元治理的功能最优。

---

① 张丹丹：《统合型治理：基层党政体制的实践逻辑》，《西北农林科技大学学报》（社会科学版）2020年第5期。

第三节　能力现代化转型："有限政府"的有效治理

在20世纪的中国，全能主义的兴起有一定的历史合理性，与此同时，随着社会的转型和发展，全能主义也产生了很大的负面影响。特别是党的十八大以来，改革开放全面深入，"以人民为中心"的发展思想日渐成熟，国家治理体系改革和国家治理能力提升的要求日渐迫切，全能主义政治在中国必将走向衰落。

一　能力困境：全能主义的治理窘境

改革开放以来，伴随着经济社会的快速发展，社会转型加剧，特别是社会主义市场经济体制改革不断深入，中国社会正在由过去那种高度统一和集中、社会连带性极强的社会，转变为更多带有局部性、碎片化特征的社会。[①]

在总体性社会中，社会以行政系统为核心建立起一整套纵向支配体系，将社会中的不同组织单位以及成员纳入其中，同时控制社会中的重要发展资源。其中，行政权力作为社会中具有决定性的支配力量，依托合法体制渗透到社会的各个领域，在连接不同社会因素的同时也主宰了各因素之间的互动关系。市场经济体制改革的推进引发了各种新的社会关系的形成，原有社会结构在此背景下逐渐瓦解。人们的行为方式与思维模式逐渐改变，原有社会资源的分配格局也逐渐转型。多元社会主体的力量逐渐发展，行政权力逐渐丧失了社会发展层面上的单一主宰地位，国家难以继续依凭行政权力对社会发展进行强势干预。社会逐渐开始依循社会、经济的原则要求进行组织发展，逐渐从政治本位走向经济本位。这进而导致依托同构性的组织系统不复存在，社会控制体系的基础发生了根本性变化。原有的社会整合机制在面对社会秩序结构的快速变动时显得捉襟见肘，难以有效发挥其原有的功能。与此同时，新兴的社会因子由于形成时间相对较短，尚未形成稳固的自我维系系统，这在一定程度上加剧了社会失范行为

[①] 孙立平：《转型与断裂：改革以来中国社会结构的变迁》，清华大学出版社2004年版，第34页。

的扩散，导致社会冲突频繁发生。[①] 在社会急速转型和发展的过程中，政府能力不断受到社会结构变化的冲击和多元主体的抑制，政府能力流失与政府能力失衡等问题不断加重，全能主义政府"治理目标多元化并级数增长"与"治理能力有限性"之间的矛盾日渐突出，全能政府治理能力已不能满足人民日益增长的美好生活需要，"全能而不能"的问题亟待重视。

作为国家治理"末梢神经"的县域政府，几乎包括国家治理的所有对象和内容，是基本公共服务的提供者、国家治理的实施者。县域实际上构成当代中国政治实体、区域经济和综合社区的基本单元，是推进国家治理体系和治理能力现代化的基础性环节，其同样在经历全能主义危机带来的上述问题，必须加以重视和解决，不断提升政府能力，以满足人民日益增长的美好生活需要，实现县域治理现代化。

二 能力转向："有能力的有限政府"

政府的全能主义治理模式不仅遏制了社会活力和创造力，延缓了社会自身的发展和成熟，还带来了政府治理能力失衡与弱化等一系列问题。政府行为没有约束、权责不清，不仅妨碍了政府应有功能的发挥，弱化了政府满足人民日益增长的美好生活需要的能力，还造成了政府与市场、社会、人民之间的冲突和矛盾。党的二十大报告中明确，要"转变政府职能，优化政府职责体系和组织结构，推进机构、职能、权限、程序、责任法定化，提高行政效率和公信力"[②]。随着时代和环境的变化，政府必须进行转型、调整和改革，不断推动治理能力现代化，作为国家治理体系重要组成部分的县域政府也面临同样的问题，必须加以转变，以应对新情况和人民的新期望。推动实现县域政府治理能力现代化，必须抛弃全能主义政府的治理模式，进行县域政府职能转变，提升县域政府能力，建立"有能力的有限政府"。

（一）"有限政府"的西方脉络与价值意蕴

有限政府是指基于特定政治哲学和理念，为实现特定的社会政治目

---

① 吴文勤：《社会结构演变中的社会失序与治理模式创新》，《特区实践与理论》2012年第5期。
② 习近平：《高举中国特色社会主义伟大旗帜 为全面建设社会主义现代化国家而团结奋斗》，《人民日报》2022年10月26日。

标，有意识地把这种政治哲学和理念融入政府的构建和施政过程中，形成在权力、职能和规模上受到宪法和法律严格约束和限制的一种政府制度和政府类型。①

实际上，自从霍布斯用"利维坦"来论证国家和政府对于维护社会稳定、避免社会动荡发生的必要性后，西方学界便开始关注并研究如何限制"这只猛兽"，主要目的就是保护个人权利和自由至上，谋求建立权力受到严格限制的政府。霍布斯认为国家是由契约产生的，是个体为了实现生命保全而组织起来确保利益实现的工具，服从国家并非一时意气，而是人们经过理性权衡之后的结果，这就要求个体必须服从于国家的权力。但是，关于主权者的权力，在霍布斯极权主义的背后隐隐约约地透露出一些有限政府理论的渊源。其一，霍布斯指出，在"实在法之治"的社会，臣民自由意味着在主权者颁行的法律中未加禁止的一切行为，人们可以理性地选择做最有利于自己的事情显现了"法不禁止即自由"这一原则；其二，霍布斯认为，主权者的法律不得限制的行为应当包括买卖或其他契约行为的自由，选择自己的住所、饮食、生活方式以及按自己认为合适的方式教育子女的自由等。② 这说明，尽管霍布斯主张强权，但他所主张的主权者并非中世纪的全能君主，而是认为主权者同为自然人，需要为契约目的服务，以避免失去权力。并且，存在主权者不应干预的领域如买卖、交换、合同等个人经济事务。霍布斯实质上将主权者的权力限定在了政治等领域，彰显出一定的权力有限原则，显露出一定的"有限政府"的轮廓。斯宾诺莎提出，"如果人要大致竭力享受天然属于个人的权利，人就不得不同意尽可能安善相处，生活不应再为个人的力量与欲望所规定，而是要取决于全体的力量与意志"③，"没人能完全把他的权能，也就是，他的权利，交付给另一个人，以致失其所以为人；也不能有一种权力其大足以使每个可能的愿望都能实现"④。这说明在斯宾诺莎看来，"天赋之权没有在转化为公民权的过程中被完全吸收，而是仍然部分地保留着"⑤。斯宾诺莎的权

---

① 陈远星、陈明明：《有限政府与有效政府：权力、责任与逻辑》，《学海》2021年第5期。
② 参见詹福满、苗静《有限政府理论的现代解读》，《法律科学》2005年第3期。
③ 〔荷〕斯宾诺莎：《神学政治论》，温锡增译，商务印书馆1963年版，第216页。
④ 〔荷〕斯宾诺莎：《神学政治论》，温锡增译，商务印书馆1963年版，第229页。
⑤ 高鹏程：《权利与权力的关系——从斯宾诺莎、边沁到霍菲尔德》，《北方论丛》2007年第6期。

力保留观为"有限政府"理论的发展奠定了重要的理论基础。

霍布斯、斯宾诺莎等虽然提出了"有限政府"的若干论述，但是并未对其进行系统表述。"有限政府"理论核心要素的系统凝练者是洛克，洛克在《政府论》中明确提出"有限政府"，他把政府描述为"必要的恶"，从古老的自然法传统和政治权力起源出发，提出人类天生具备自由、独立和平等的本质。基于此，任何形式的政治权力若要获得个人的服从，必须建立在个体的明确同意之上，这种同意通常通过契约的形式来表达。因此，政府的形成并非基于武力征服，而是源于人们的自愿契约。在这一契约社会中，有几条原则尤为重要：首先，每个契约的参与者只是放弃了部分自然权利，而非全部；其次，这些被放弃的权利是转让给整个社会，而非某个个体；再次，政治社会的行动应当以大多数人的意志为准；最后，政治社会利用集体力量来保障每个契约参与者的生命、自由和财产安全。权利让渡的部分性与政府权力的有限性是洛克与霍布斯契约论的最大区别，在洛克的理论体系中，契约签订者保留了部分自然权利，因此政府权力具有有限特征。孟德斯鸠认为，政府存在的唯一目的就是保障个人的自由、生命、财产等基本权利，提出构建分权与制衡制度来限制权力的滥用。他认为，自由是人们可以做他应该做的，法律所禁止的事情不能做，同样也不可以强迫他人去做，如果可以，便成了专制，专制是对人的自由的最大侵害。为了限制这种专制的出现，孟德斯鸠提出，将政府权力分为立法权、行政权、司法权，并建立起权力相互制衡制度。亚当·斯密说明了政府能力的有限性和恰当性，其对有限政府理论的主要贡献是"界定了政府的范围，确立'政府的归政府，市场的归市场'这一原则，为有限政府理论的发展提供了有力基础"[①]。

"有限政府"理论经历了一战的严重冲击，在二战之后的西方社会得到了恢复和发展。公共选择理论认为，政府的自利本性决定了以政治家、官僚、政府部门等为代表的政治主体借助实现社会公共利益满足个体利益。政府通过调节市场秩序对经济生活进行干预，目的在于纠正市场失灵，但政府并非万能的，其干预同样具有局限性，可能面临失灵局面。因此，为了保证市场经济的有效运行，必须充分认识到政府在市场经济下的能力有限问题，明确政府职能，防止政府失灵。诺思指出，"国家的存在

---

① 詹福满、苗静：《有限政府理论的现代解读》，《法律科学》2005 年第 3 期。

是经济增长的关键,然而国家又是人为经济衰退的根源"①。相较于市场机制,政府部门由于科层官僚体制固有的僵化、烦琐、低效等问题,时常导致政府干预失灵的情形出现。因此,新公共管理理论在强调限制政府权力范围的同时,还提倡引入市场机制参与政府治理,以成本收益控制、公共服务外包、再造政府流程等克服政府失灵。治理理论则强调,"在治理中,国家(政府)和公民双方的角色均要发生改变,国家能力将主要体现在整合、动员、把握进程和管制等方面,公民则不再是消极被动的消费者,而是积极的决策参与者、公共事务的管理者和社会政策的执行者;在公民参与中,第三部门成为主要的组织载体"②。

"有限政府"在西方国家的发展脉络表明,"有限政府"对人性持不信任态度,基于天赋人权、权利让渡、政府性质和目的等方面的考虑,形成了近代资产阶级政府权能观念的基础。"有限政府"理论认为,政府的目的是消除政府成立前的混乱与无序,政府目的的公益性决定了政府权力运用目的与手段的有限性,自然权利的有限性和政府能力的有限性又决定了政府权力的有限性,有限的政府权力必须受到制衡。"有限政府"理论主张以保护个人权利和社会独立为原则,将政府权力限定在某个界限之内,主张权力授予有据、行使有规、监督有效,主张"小政府、大社会"即"主张缩小政府职能,扩大社会自治功能,即在缩小政府职能和权力、裁减政府机构和人员的同时,把原来由政府管理的大量社会、经济事务交给个人、企业或社会中介组织去处理"③,不难看出,"有限政府"理论的逻辑起点是权利保障,核心要义是以宪政制度制约政府权力、规模、职能及行为方式,实现政府与市场、公民和社会的制衡与互动,从而使政府权力运作获得合法性。

(二)"有能力的有限政府"与县域政府能力提升

"有限政府"理论建立在西方自由主义思想和资本主义发展历程基础之上,"有限政府"理论在限制政府权力、保护个人权利、推动市场和社会力量发展等方面对于我国正在推动的治理能力现代化有一定的借鉴意

---

① 〔美〕道格拉斯·C.诺思:《经济史中的结构与变迁》,陈郁、罗华平等译,上海三联书店 & 上海人民出版社 1994 年版,第 20 页。
② 王诗宗:《治理理论与公共行政学范式进步》,《中国社会科学》2010 年第 4 期。
③ 贠杰:《有限政府论:思想渊源与现实诉求》,《政治学研究》2005 年第 1 期。

义。但是，西方"有限政府"理论建立的思想基础和实践基础有其场域特殊性、制度特殊性和时代特殊性，与我国的实际情况存在很大区别。

自由主义对政治的理解摒弃了传统政治观的道德内涵，而将其认为是"一种协调人与人之间利益关系的纯粹的世俗活动"①。近代自由主义在肯定、赞扬个人欲望的基础上追求的所谓自由，实际是一种"个人欲望"的自由，这种对于"个人欲望"自由的追求单纯强调个人欲望的满足而回避了对"共同善"的权威性规定。而作为其实践基础的资本主义的发展，导致了社会、经济与政治的分离，使社会、经济以及个人从政治体系中不断脱嵌，但是又离不开保障性政治制度的强烈需要，逐渐使政治成为实现利益的工具。不难看出，隐藏在西方国家与市民社会关系变化背后的市场与资本的支配机制构成了西方"有限政府"的逻辑。西式"有限政府"的目的在于维护市场与资本的持续发展，因此，若政府有利于市场与资本的持续发展，那么政府再大也可接受，反之，若政府限制了市场与资本的进一步扩张，那么政府再小也不能接受。同时，西方"有限政府"必然恪守国家和市民社会边界，市场与资本的支配逻辑制约着国家和社会关系的起伏，进而制约着政府规模和政府功能的变迁：政府之大或政府之小视市场和资本的发展需要而定。

"理念传统、制度变迁传统和思想传统'三力合一'，形成了当代西方社会普遍重视个人权利及公民社会构建、排斥政府权能作用发挥的理论渊源与思想传统。当然，公民社会理论的提出与社会中心主义的制度变迁过程密不可分，而二者的思想传统中都隐含着自由主义因子。此三者间交叉影响、相辅相成，才成功构建出一套系统的、强调限制政府权力的理论壁垒，这也为西方社会在政府能力与有限政府间采用二元对立的观点提供了支撑。"② 这样的"有限政府"逻辑并不完全符合中国国情和中国的社会治理逻辑。自新中国成立特别是改革开放以来，我国政治、经济、社会等各方面都发生了巨大变化和深刻变革，党和国家为了适应经济社会发展和时代变化，不断推进社会主义现代化建设，实施了多轮次的行政体制改革，

---

① 韩冬雪：《超越自由主义的政治理念——社会主义市场经济条件下的国家职能》，《中国行政管理》2000年第9期。
② 周定财、李锦涛：《当代政府治理视阈下"有能力"与"有限"间的平衡逻辑——兼论有能力的有限政府之构建路径》，《晋阳学刊》2022年第2期。

实现了由高度集中的社会主义计划经济体制向社会主义市场经济体制的转型，形成了中国特色社会主义治理理念、治理结构和治理机制。从中国的历史语境与改革实践出发，治理的含义中更多强调的是国家和政府力量的发挥，但同时也包含了诸多关于"有限政府""简政放权"的要素，这是由我国政治现实决定的，其具有统合与平衡气质，最终目标便是打造一个"有能力的有限政府"[1]。

治理能力现代化的核心是党和政府执政能力和水平的提升。而党和政府执政能力的提升，前提是政府职能定位的科学、清晰与精确。"转变政府职能的目的，是要打造有限政府和有效政府。"[2]"转变政府职能和优化政府职责体系是中国行政体制改革的一体两面，二者的共同目标指向治理效能提升，以回应国家治理体系和治理能力现代化的现实要求。"[3] 可见，转变政府职能、优化政府职责体系、明确政府权力界限，既是打造"有能力的有限政府"、实现治理能力现代化的关键，也是提升县域政府能力、实现县域治理能力现代化的关键。要实现县域治理能力现代化，就必须打造县域"有能力的有限政府"，切实转变县域政府职能，优化县域政府职责体系。无论是转变县域政府职能，还是优化县域政府职责体系，首先要确立"以人民为中心"的价值取向。县域政府在转变职能和优化县域政府职责体系的过程中要把保护人民群众权利、增进人民群众福祉作为出发点和落脚点，把构建为人民服务、对人民负责、让人民满意的服务型政府作为目标，实现以政府为中心的管理向"人民为中心"的服务转型，实现由政府本位、官本位体制向人民本位、社会本位的治理体制转变，实现维护人民根本利益的价值目标。在转变县域政府职能和优化县域政府职责体系的过程中还要坚持法治化原则，这需要县域政府通过法律手段、依据法律规定确定政府的职能和权力范围，公正执法，合法使用自由裁量权，维护社会公平正义，在法治框架下保持与市场、社会和公民的边界与联系，全面实施依法行政。

---

[1] 周定财、李锦涛：《当代政府治理视阈下"有能力"与"有限"间的平衡逻辑——兼论有能力的有限政府之构建路径》，《晋阳学刊》2022年第2期。

[2] 赵光勇：《政府职能转变：有限政府与有效治理》，《中共杭州市委党校学报》2015年第4期。

[3] 包国宪、周豪：《从转变政府职能到优化政府职责体系：中国行政体制改革的视角转换与分析框架》，《理论探讨》2022年第2期。

政府职能转变的根本在于明晰社会、国家和市场的行为边界。简言之，便是"市场的事情市场办，社会的事情社会办，政府的事情政府办，社会和市场办不了的事情政府办，有的事情政府和市场、社会一起办"①。在中国语境下，政府是党的领导下多元治理主体的核心，政府在协调市场、社会以及公民关系中发挥着主导性作用。因此，县域政府职能转变需要政府坚决地进行自我权力边界的调整与重构，通过权力关系调整和自身利益调整来实现政府职能转变。首先，要调整政府、企业和市场之间的关系，激发经营主体活力、释放市场活力，充分发挥市场对资源配置的决定性作用，同时更好地发挥政府作用，实现市场经营主体的权利和利益。其次，要调整政府与社会的关系，激发广泛有序的社会参与，培育和发展好社会组织，构建"共建共治共享"的社会治理格局，维护好社会主体的权利与利益。最后，要处理好政府与公民的关系，将县域政府权力纳入法治轨道，实现县域政府的依法行政，维护好公民的基本权利和合法权益。

政府职责体系优化是构建职责明确、依法行政的政府治理体系的重要议题，是实现政府治理现代化的重要议题。从目前来看，我国县域政府职责体系存在明显的"碎片化"问题，县乡两级政府的职责划分不够精准、权责匹配不够均衡，非制度化分权现象普遍，县级职能部门与乡镇（街道）在基层事务治理中"条块"协同缺失，存在"层层下压""条条下压"等问题。基于此，优化县域政府职责体系，首先，要加强县域政府权责清单建设。权责清单制度的建立是政府在权力边界上的另一项深刻创新，同样也是深化行政体制改革的必然结果。加强县域政府权责清单制度建设，要结合县域政府运行体制的结构性特征，坚持法治精神和法治化思维，在"权责法定"原则下，认真梳理县域权责事项、明确权责边界，合理区分县乡两级政府和职能部门的性质与权责定位，明确县乡两级政府的核心职责和工作重点，理顺政府职能部门与乡镇（街道）以及自治组织和社会组织间的关系，进行合理的权责归口，对县域职能部门、县乡两级政府的纵横双向职责进行合理划分和准确配置。要加强县域政府权责清单制度的动态机制建设，保障权责清单的有效性和合理性。其次，要发挥党在

---

① 竺乾威：《政府职能的三次转变：以权力为中心的改革回归》，《江苏行政学院学报》2017年第6期。

县域政府职责清单制度建设中的重要作用。优化县域政府职责体系建设涉及多层级、多部门、多主体，是一个系统性过程，在这一过程中必须加强党的全方位领导，发挥党的政治功能和组织功能，引领和推动政府职责体系建设。再次，要发挥各相关行动主体的协同作用。县域政府职责体系建设离不开相关行动主体的积极参与和协同推进，在党的核心领导下，政府积极主动地培育相关社会主体的主体意识、行动意识和监督意识，培育有关个体的权利意识，激发相关行动主体在县域政府职责体系建设中发挥积极作用。最后，要加强县域数字政府建设和数据治理运用。近年来，信息技术的发展与应用为社会治理现代化提供了有力支撑，在优化县域政府职责体系建设过程中要注重信息技术的利用，加强县域数字政府建设和数据治理运用，为县域政府职责体系的构建提供有力的技术支撑。

本章小结

治理理念是引领，是实现县域治理体系和治理能力现代化的前提；治理体系是框架，是保障和规范治理理念和治理能力现代化的结构性建构；治理能力是保障，是实现治理体系和治理能力现代化的手段。现代化的治理理念、治理体系和治理能力"三维一体"，相辅相成、协调互动，在实现县域治理现代化的过程中缺一不可。县域治理现代化转型，需要确立县域治理现代化转型的逻辑向度，从县域治理理念、治理体系和治理能力三个维度综合推进，实现县域治理理念、治理体系和能力协同一致的现代化转型。县域治理理念现代化转型的方向，是推动县域治理理念从"发展主义"向"以人民为中心"转变，明确"以人民为中心"的根本价值遵循；县域治理体系现代化转型的方向，是推动县域治理结构从"政治行政化"转向"一核多维"，并推动县域治理机制现代化转型，在适度统合的基础上，不断完善县域治理主体功能，实现治理主体间适度统合基础上的协同治理；县域治理能力现代化转型的方向，是推动县域政府由"全能政府"转向"有能力的有限政府"，实现县域政府的有效治理。

第四章

县域治理理念现代化:"以人民为中心"发展思想的县域实现

思想是行动的先导,理念是行动的指南。新中国成立以来,特别是改革开放以来,我国县域治理过程中出现的各种问题,首先是不符合时代要求的治理理念主导下衍生的问题。不可否认,原有的"发展主义"等县域治理理念在国家全面发展的过程中起到过非常重要的作用,但随着时代的快速发展,这些治理理念在一定程度上与时代脱节,必须从根本上转变。在推进县域治理现代化的过程中,首先要实现的就是治理理念的现代化转型,在时代的进步中逐步确立起符合中国特色社会主义新时代特征的治理理念。

第一节 价值规约:基于"新发展理念"的县域践行

在发展主义治理理念的影响下,我国社会发展的逻辑出发点是经济增长,在这一过程中,我们过于专注经济增长,而忽视了人的需求在社会进步中的重要性。随着这种发展模式的持续,经济红利的释放开始减弱,同时人与自然、人与社会之间的矛盾也逐渐凸显,这成为制约社会可持续发展的核心问题。经济发展无疑是现代化建设的基石,但其本身并非终极目标,而是服务于满足人民群众的多元化需求,推动人的全面发展。在新时代新阶段的背景下,对当代中国面临的问题和挑战以及理论前沿进行深入反思,我们迫切需要对发展理念进行深刻变革。①

---

① 毛志浩:《从发展主义到以人为本——中国社会转型的新视角》,《求知》2014 年第 10 期。

一 "新发展理念"的形构脉络及内涵特质

习近平总书记指出:"理念是行动的先导,一定的发展实践都是由一定的发展理念来引领的。"① 发展理念正确与否从根本上决定着发展结果。实践证明,发展是一个不断变化的过程,发展环境的变化带来发展条件的不断变化,发展理念自然也将随之改变。自改革开放以来,中国共产党紧密结合不同历史时期的发展实际,依据国内外发展形势与任务要求,适时提出以经济建设为中心、发展是党执政兴国的第一要务、坚持科学发展观以及坚持"五位一体"总体布局的发展思想、发展理念和发展战略,引领和推动我国经济社会不断向前发展。②

(一)"新发展理念"的形构脉络

新中国成立以后,特别是改革开放初期,我国以经济建设为中心,全面推进经济发展工作,这与当时现实条件下人民日益增长的物质文化需要同落后的社会生产之间的矛盾解决需求是吻合的。2002年以后,中国进入经济建设与社会建设并重的时代,推动科学发展、促进社会和谐,日益成为中国经济社会发展的主题。"通过确立可持续发展的新目标,转变经济发展方式;开展以改善民生为重点的社会建设,构建和谐社会;转变市场管制方式,增强市场管制能力;重新调整中央与地方关系以及区域间关系,寻求集权与分权之间的均衡等,中国开始了超越发展型国家的进程。"③ 党的十六大以来,党中央坚持以邓小平理论、"三个代表"重要思想为指导,根据新的发展要求,集中全党智慧,提出"坚持以人为本,树立全面、协调、可持续的发展观,促进经济社会和人的全面发展",按照"统筹城乡发展、统筹区域发展、统筹经济社会发展、统筹人与自然和谐发展、统筹国内发展和对外开放"的要求推进各项事业的改革和发展。党的十八大以来,中国特色社会主义进入新时代,伴随着经济总量不断增加,人民物质生活水平不断提高,社会主要矛盾转化为人民日益增长的美好生活需要和不平衡不充分的发展之间的矛盾,在此背景下,社会发展更

---

① 习近平:《把握新发展阶段,贯彻新发展理念,构建新发展格局》,《当代党员》2021年第10期。
② 杨根乔:《论习近平以人民为中心的新发展理念》,《当代世界与社会主义》2019年第2期。
③ 郁建兴、石德金:《超越发展型国家与中国的国家转型》,《学术月刊》2008年第4期。

加强调结构优化、质量提升。党中央通过对当前中国社会发展的客观形势与实际情况的准确研判，确立了创新、协调、绿色、开放、共享的"新发展理念"。党的二十大报告进一步将"新发展理念"融入我国的发展战略规划中，进一步强调了"新发展理念"对经济社会发展的重要作用。

（二）"新发展理念"的内涵特质

作为一个系统的理论体系，新发展理念回答了有关发展的目的、动力、方式、路径等的一系列理论与实践问题，阐明了新时代中国共产党关于发展的政治立场、价值导向、发展模式、发展道路等重大政治问题。[①] 创新、协调、绿色、开放、共享的五大理念指向，表明了新时代发展方式转变的现实要求。创新是发展的核心动力，新时代背景下的现代化建设，必须坚持以不断创新为引领，贯穿党和国家的全部工作，全面提升创新能力与创新效力。协调指向发展不平衡的现实问题，新时代背景下，必须正确处理局部与整体、当前与长远、重点与非重点的关系，在发展中促进相对平衡。绿色发展指向可持续发展的百年大计，人与自然和谐共生是发展中的重要话题，新时代背景下，必须实现经济社会发展与生态环境发展协同并进，加快发展方式绿色转型，推动形成绿色低碳的生产生活方式。开放指向发展过程中的内外联动问题，高质量的开放格局是国家繁荣发展的必要条件，因此要推动形成更大范围、更宽领域、更深层次的对外开放格局。共享指向社会公平正义的发展要求，是有效处理人民日益增长的美好生活需要和不平衡不充分的发展之间的矛盾的必要手段，因此，新时代的发展建设，需始终坚持以人民为中心，推进全体人民共同富裕。

二 "新发展理念"的县域治理着力点构建

作为一个系统理论体系，"新发展理念"是我国进入新发展阶段、构建新发展格局、推动高质量发展的战略指引，是管全局、管根本、管方向、管长远的时代发展理念。习近平总书记指出，"新时代推动经济社会发展必须坚定不移贯彻创新、协调、绿色、开放、共享的新发展理念"[②]。

---

① 习近平：《把握新发展阶段，贯彻新发展理念，构建新发展格局》，《当代党员》2021年第10期。

② 习近平：《论把握新发展阶段、贯彻新发展理念、构建新发展格局》，中央文献出版社2021年版，第333页。

在县域治理中全面贯彻"新发展理念",构建"新发展理念"的县域着力点,形成我国县域治理崇尚创新、注重协调、倡导绿色、厚植开放、推动共享的新时代治理理念,推动县域治理理念转向现代化。

(一) 推动县域创新发展

创新发展解决的是高质量发展中的动力问题。创新居于五大新发展理念之首,同时作为引领发展的第一动力居于国家发展全局之核心。创新发展要求理论、制度、科技、文化以协同创新创造先发优势,同时贯穿党和国家的一切工作。县域治理过程中推进创新发展必须树立创新理念、坚持创新原则,实现县域层面的理论创新、技术创新、制度创新、文化创新,推动县域治理现代化不断前进。

一是推动县域理论创新。符合时代要求的新的县域治理理论的匮乏,是县域治理走向现代化的困境之一。要在县域治理实践中不断总结经验,提炼成果,推动形成优秀的县域治理理论,在实践中推动县域治理理论创新,进而更好地指导县域经济社会治理,推动县域治理现代化。二是推动县域技术创新。新时代推动经济发展的关键在于将创新作为发展的第一动力,以深化供给侧结构性改革、推动产业升级、促进结构调整,推动经济发展。传统县域经济社会发展主要依靠资源禀赋、区位禀赋、基础设施建设等要素拉动,但随着发展阶段的转变和现代化进程的不断深入,县域发展的原始动力不断降低,发展效能不断减弱,面临的新问题新挑战不断增加,要在县域发展中主动推动技术创新,积极响应国家供给侧结构性改革等战略部署,主动进行产业升级、结构调整,推动县域经济社会发展转型升级。三是推动县域制度创新。要根据国家顶层设计和时代发展,积极推进县域体制机制创新,理顺主体关系,构建现代化的县域治理结构与机制,做好县域治理现代化的制度安排。四是推动县域文化创新。党的十八大以来,以习近平同志为核心的党中央高度重视社会主义文化建设,强调:"中国特色社会主义是全面发展、全面进步的伟大事业,中国式现代化是物质文明和精神文明相协调的现代化。没有社会主义文化繁荣发展,就没有社会主义现代化。"[①] 在县域治理走向现代化的过程中,应聚焦文化扶贫、文化惠民、文化工程等核心任务,推动文化领域的创新与发展,提

---

① 中共中央宣传部编《习近平新时代中国特色社会主义思想学习纲要》,学习出版社 & 人民出版社 2023 年版,第 185~186 页。

升公共文化服务效率，实现基本公共文化服务的标准化、现代化，确保人民群众能够切实感受到文化发展带来的实惠与福祉。

（二）推动县域协调发展

"县域既是一个空间概念，包含县、乡、村不同层次，也是连结城与乡的重要单元；又是一个系统概念，既包含经济、政治、文化、社会、生态'五位一体'的总体布局，又包含新型城镇化和全面推进乡村振兴的历史进程。"[①] 因此，在治理现代化转型的过程中，必须树立系统思维和协调发展理念，注重社会治理的针对性、发展层次的一致性、发展水平的综合性，以满足人民日益增长的美好生活需要为目标，提高县域发展质量和发展效率的动态平衡，推动县域经济、政治、文化、社会、生态文明"五位一体"协调发展，实现乡村振兴背景下的城乡融合发展。

首先，在县域治理过程中，要厘清经济、政治、文化、社会、生态文明之间的相互关系，明晰经济建设是根本，政治建设是保障，文化建设是灵魂，社会建设是条件，生态文明建设是基础，建立健全"五位一体"的协调发展机制。"五位一体"的五个领域在相互影响的同时，存在各自的内在张力。因此，推进县域治理现代化，推动县域高质量发展，必须立足县域本身发展背景，促进县域经济、政治、文化、社会、生态文明"五位一体"协调发展，实现五个领域的发展协同共进，实现全领域的高水平发展，以点带面，促进县域整体发展水平的提升。

其次，在县域治理过程中，要协调城乡关系，促进城乡融合发展。"当前，中国社会主要矛盾已经转化为人民日益增长的美好生活需要和不平衡不充分的发展之间的矛盾，其突出体现为：城乡发展不平衡、农村发展不充分，城乡差距明显、乡村日渐衰落。"[②] 协调城乡矛盾、促进城乡协调发展，既是新时代中国特色社会主义建设的必然要求，也是我国县域治理实现现代化转型的基本要求。党的二十大报告指出："以城市群、都市圈为依托构建大中小城市协调发展格局，推进以县城为重要载体的城镇化

---

① 张庆东、杨照、张忠明等：《新发展阶段县域城乡融合发展关键特征和评价指标——基于全国5个样本县的数据》，《中国农业资源与区划》2023年第12期。
② 何仁伟：《城乡融合与乡村振兴：理论探讨、机理阐释与实现路径》，《地理研究》2018年第11期。

建设。"① 在县域治理过程中,要在协调发展理念的指引下,把城乡当作一个有机整体,放在一个公平公正开放的发展环境中,"建立城乡统一市场,促进城乡资源优化配置","深化城乡分工协作,增强城乡产业融合","双向推动城乡改革,增强城乡功能互补","构建城乡融合发展体制机制,保障城乡平等发展"。② 要充分发挥县域的"接点"作用,强化县域与中心城市的连接,主动对接城市群与都市圈的辐射带动效应,积极承接城市的经济辐射和产业转移,推动县域产业升级,以第二产业和第三产业发展开发农村人口市民化的内在潜力。还要积极向乡村输送资本、科技、人才等要素,推动县域城乡交通、医疗、教育、养老协同发展,提高资源配置效率,在缓解城市压力的同时更好地对接服务乡村,形成资源要素畅通对流、产业紧密联系、功能互促互补、机会平等公正的县域城乡发展环境,实现城乡之间的互通有无、共治共享、协调发展。

(三) 推动县域绿色发展

党的十八大以来,党中央全面加强对生态文明建设工作的领导,将推进绿色发展放在全党工作的突出位置,并做出一系列重要战略部署。"在'五位一体'总体布局中,生态文明建设是其中一位;在新时代坚持和发展中国特色社会主义的基本方略中,坚持人与自然和谐共生是其中一条;在新发展理念中,绿色是其中一项;在三大攻坚战中,污染防治是其中一战;在到本世纪中叶建成社会主义现代化强国目标中,美丽中国是其中一个。"③ 尊重自然、顺应自然、保护自然,是全面建设社会主义现代化国家的内在要求。县域作为城乡之间的接点部位,是生态文明建设的微观主阵地,对践行绿色发展理念、推动绿色发展具有重要作用。

在县域治理过程中坚持人与自然和谐发展的绿色发展观,需将保护和改善生态环境提高到保护和发展生产力的高度,不断完善县域绿色发展制度体系,着力打造县域环境友好的空间规划,调整产业结构,优化生产生活方式。首先,发挥规划引领作用,优化县域国土空间布局,将生态环境

---

① 习近平:《高举中国特色社会主义伟大旗帜 为全面建设社会主义现代化国家而团结奋斗》,《人民日报》2022年10月26日。
② 许彩玲、李建建:《城乡融合发展的科学内涵与实现路径——基于马克思主义城乡关系理论的思考》,《经济学家》2019年第1期。
③ 《习近平谈治国理政》(第4卷),外文出版社2022年版,第360~361页。

规划作为相关部门工作的硬性任务指标，针对县域内不同板块区域执行灵活有效的差异化标准，为生态板块发展提供充足空间。其次，坚持绿色发展，推进产业转型，以多种扶持手段叠加多种激励措施的方式推进高质量绿色农业、制造业发展。同时充分激发市场活力，引导市场自发推进相关绿色产业发展。构建起以绿色工业主导、生态农业优先、乡村文化旅游产业整体发展的县域生态经济体系。坚持生态保护优先理念，推动形成勤俭节约的社会风尚，降低资源消耗，减少环境污染，加大环境治理力度，着力转变县域经济粗放发展、经济发展和环境保护不够协调、"以 GDP 增长论英雄"的传统发展方式，实现县域经济社会与自然的协调一致发展。

（四）推动县域开放发展

对外开放作为生产力发展的必然产物，不仅是人类社会进步的客观需求，也是实现人类全面发展不可或缺的条件。中国当下所取得的显著发展成就，在很大程度上得益于坚定的对外开放政策。在对外开放的背景下，中国积极推进社会主义现代化建设，吸收并借鉴国际先进的科技成果和管理经验，推动经济发展和社会进步。[1] 新时代，作为新发展理念的重要内涵之一，开放在发展中的作用、地位被提升到更高的水平和层次。党的十八大以来，习近平总书记就树立开放发展理念、推动高水平对外开放做出过多次重要论述，指出："现在的问题不是要不要对外开放，而是如何提高对外开放的质量和发展的内外联动性。"[2] 基于此，"要树立战略思维和全球视野，站在国内国际两个大局相互联系的高度，审视我国和世界的发展，把我国对外开放事业不断推向前进"[3]。作为国家发展基础性环节的县域，在治理现代化转型过程中，必须树立开放发展理念，主动融入"国内""国际"两个大局，既要注重"对内开放"，也要注重"对外开放"，实现与国内其他区域的联动，以及与国外可能的联动。

首先，在县域治理过程中，要注重"对内开放"，加强与其他区域的协调发展。2013 年中央城镇化工作会议提出："要优化布局，根据资源环境承载能力构建科学合理的城镇化宏观布局，把城市群作为主体形态，促

---

[1] 林凡力：《习近平总书记关于对外开放重要论述的生成逻辑、内涵要义及时代价值》，《中共石家庄市委党校学报》2023 年第 7 期。
[2] 《习近平谈治国理政》（第 2 卷），外文出版社 2017 年版，第 199 页。
[3] 习近平：《论坚持全面深化改革》，中央文献出版社 2018 年版，第 146 页。

进大中小城市和小城镇合理分工、功能互补、协同发展。"① 2018年我国明确提出"实施区域协调发展战略是新时代国家重大战略之一，是贯彻新发展理念、建设现代化经济体系的重要组成部分"②。党的十八大以来，各地围绕促进区域协调发展，积极探索区域合作、区域互助、区域互利机制，并取得了一定积极成果。但区域发展不平衡不充分的现实问题仍然存在，区域协同发展机制仍不完善，区域分化、区域之间不良竞争等问题并未得到彻底解决。2022年党的二十大报告进一步强调"促进区域协调发展。深入实施区域协调发展战略、区域重大战略、主体功能区战略、新型城镇化战略，优化重大生产力布局，构建优势互补、高质量发展的区域经济布局和国土空间体系"③。县域作为宏观与微观、城市与乡村、国家与社会的"接点"和最为基础的区域综合经济体，在这一发展进程中面临重大机遇和挑战。在县域治理过程中，必须坚持开放治理理念，在顶层设计和国家战略规划下，深度融入国家战略布局和区域协同发展中，重视国家范围内的县域内外联动问题。要突破地域限制和地方保护主义，在更广阔的空间实现资源优势互补，创造条件与契合度较高的其他区域协同推进基础设施建设、产业合作共建、人文人才交流等，实现县域内外的融合发展、互利共赢，努力形成深度融合、互利互惠的县域发展新格局。

其次，在县域治理过程中，要注重"对外开放"，主动融入国家对外开放的大局中。习近平总书记强调，在激烈的国际竞争中需要取长补短，"以他人之优势补我之劣势"④。国家发展需要对外开放，一个县的发展也是如此，只有深度参与全球产业分工和合作，统筹用好国内国际两种资源，才能拓展中国式现代化的发展空间，促进县域现代化发展。党的二十大报告指出："优化区域开放布局，巩固东部沿海地区开放先导地位，提

---

① 《中央城镇化工作会议举行 习近平、李克强作重要讲话》，中国政府网，2013年12月14日，https://www.gov.cn/ldhd/2013-12/14/content_2547880.htm。
② 中共中央党史和文献研究院编《十九大以来重要文献选编》（上），中央文献出版社2019年版，第690页。
③ 习近平：《高举中国特色社会主义伟大旗帜 为全面建设社会主义现代化国家而团结奋斗》，《人民日报》2022年10月26日。
④ 中共中央文献研究室编《习近平关于全面深化改革论述摘编》，中央文献出版社2014年版，第135页。

高中西部和东北地区开放水平。"① 县域要根据自身区位特点、资源禀赋特点等综合因素，融入国家对外开放大局，推进高水平对外开放，主动对标国际标准的经贸规则，从数量开放向质量开放转型，加快低技术产业转型升级，培育县域高技术产品、特色产品和服务贸易竞争新优势。具有对外开放区域优势的县域地区，需充分利用对外开放的突出优势：东部地区县域可凭借自身开放经验与发展基础，进一步提升开放质量，积极参与更高层次的国际竞争与合作；中西部地区县域可充分利用"一带一路"建设的历史契机，发挥自身区位优势、资源优势、产业优势，一方面"对外"吸引外资，一方面"对内"承接东部地区产业转移，进而在"内外互助"下形成自身对外开放的新格局。同时，在县域对外开放的过程中，必须认识到国家安全和社会安定是开放发展的前提，县域的高水平对外开放要以安全稳定为底线，实现安全与开放的统一。

（五）推动县域共享发展

共享旨在解决社会公平正义问题，推动人民群众一起参与到社会发展和成果分配活动中，是关系到人民美好生活需要实现和获得满足感幸福感的重要方面。习近平总书记指出："共享理念实质就是坚持以人民为中心的发展思想，体现的是逐步实现共同富裕的要求。"② 共享发展理念的核心是全民共享，其深刻的文化根源首先在于中国传统公平均衡思想，追求公平均衡一直是中国传统共享文化的重要内容，自古以来我国施政理念就讲究"天下大同"，提倡"兼爱非攻、和谐相处"的理念。

具体而言，共享的发展理念主要包含以下层级：首先，以更多更高质量的物质文化生产，满足人民日益增长的物质文化需要和对美好生活的追求，实现发展成果的更好共享；其次，调动全行业、全领域人民的发展积极性、主动性、创造性，共同推进新时代中国特色社会主义建设发展，实现发展过程的全民共享；最后，坚持我国社会主义基本经济制度与分配制度，完善我国现有再分配制度体系，保障发展结果由全民共享。共享发展理念践行了中国共产党以人民为中心的宗旨，充分彰显出社会主义制度的优越性。在县域治理现代化进程中，树立共享发展理念，通过共享发展，

---

① 习近平：《高举中国特色社会主义伟大旗帜　为全面建设社会主义现代化国家而团结奋斗》，《人民日报》2022年10月26日。
② 《习近平著作选读》（第1卷），人民出版社2023年版，第439页。

实现人人都能够充分利用自身资源和社会资源实现个人目标，参与共同繁荣，共享社会发展成果，这是中国特色社会主义的本质要求。共享发展能够实现的基础是物质、精神等发展成果的不断丰富。物质生产是人类社会生存、生产、生活、发展的重要基础，而物质财富的不断积累，也将推动满足人类精神需求的非物质生产发展。因此在县域治理现代化进程中，需推进以经济建设、政治建设、文化建设、社会建设、生态文明建设为代表的物质、非物质生产协同发展，不断丰富人民共享的现实基础，在社会物质文明建设和精神文明建设协调健康发展的基础上使发展成果在县域社会充分共享。

共享发展要实现的目标是达成公平正义，实现全部发展成果的合理公平分配。罗尔斯认为，"正义是社会制度的首要价值，正象真理是思想体系的首要价值一样"[①]。在县域治理现代化过程中，要将公平正义作为基本的价值遵循，融入社会治理过程中。要在县域社会治理过程中不断提升公民的政治参与度，推进公共决策的科学化和民主化，通过公民意识培养和制度建设，提升县域公民政治参与能力、拓宽政治参与渠道，使县域公民利益表达制度化、法治化、有序化，促进县域社会治理公平正义的达成。要不断加强县域公共服务供给，加快建立健全覆盖城乡、可持续的基本公共服务体系，促进县域社会服务均等化，在教育、医疗和养老保险、失业保障等重点公共服务领域统筹规划、加大投入、合理分配，提高县域城乡等不同区域的公共服务水平，提升共享水平。要不断创新公共服务的供给方式。在妥善处理财政投入与体制创新、政府履职与市场影响两对关系，推进形成更加开放公平的公共服务供给格局，提升公共服务供给水平的同时，将公共服务供给质量提升作为现代化建设的重要内容。以供给侧结构性改革推动基本公共服务领域现代化建设，努力实现城乡基本公共服务均等化发展，让人民充分享受高质量的基本公共服务。

第二节 发展维度：基于"人民至上"的县域实践

唯物史观坚持人民是历史的创造者和推动者。中国共产党始终坚持以人民立场作为其根本的政治方向。"以人民为中心"的发展思想是中国特

---

① 〔美〕约翰·罗尔斯：《正义论》，中国社会科学出版社1988年版，第1页。

色国家治理现代化建设的内在逻辑和核心特色。这意味着，为了确保国家治理效能的持续提升，我们首先要确立和坚守"以人民为中心"的治理取向。① 党的二十大报告全篇贯通、着力阐明在全面建设社会主义现代化国家新征程中要全面贯彻"以人民为中心"的发展思想，指出："坚持以人民为中心的发展思想。维护人民根本利益，增进民生福祉，不断实现发展为了人民、发展依靠人民、发展成果由人民共享，让现代化建设成果更多更公平惠及全体人民。"② 这是贯穿把握"中国式现代化"中国特色和本质要求的核心思想，是构成开辟马克思主义发展哲学新境界的主要原则和核心纲领。"以人民为中心"的发展思想和实践逻辑，集中贯穿于推动"高质量发展"的经济现代化、"全过程人民民主"的政治现代化、"共同富裕"的社会现代化、"物质文明与精神文明协调发展"的文化现代化以及"人与自然和谐共生"的美丽中国建设"五位一体"现代化发展战略中。③ 在县域践行"以人民为中心"的发展思想，必须充分把握县域发展规律，在县域政治、经济、文化、环境等多个层面共同推进，提升县域政府执政用权水平和能力，推动县域治理现代化。

一 构建共建共治共享的县域治理格局

习近平总书记指出，"人民立场是中国共产党的根本政治立场"④。中国特色社会主义进入新时代，人民日益增长的美好生活需要和不平衡不充分的发展之间的矛盾亟待解决，发展不平衡不充分问题也是社会治理秩序与格局紊乱的表现之一，构建现代化的社会治理秩序和治理格局是践行"以人民为中心"的发展思想，巩固人民至上政治立场，解决新时代社会主要矛盾的重要方面。县域作为国家治理的基础和重要"接点"，更需要坚持"以人民为中心"的发展思想，不断加强对人民至上政治立场的贯彻和坚持，不断推动构建现代化的县域社会治理秩序与格局，这也是县域治

---

① 赵中源、黄罡、邹宏如：《国家治理现代化的内在理性、变革逻辑与实践形态》，《政治学研究》2022年第1期。

② 习近平：《高举中国特色社会主义伟大旗帜 为全面建设社会主义现代化国家而团结奋斗》，《人民日报》2022年10月26日。

③ 任平：《开辟当代中国马克思主义发展哲学的新境界——"以人民为中心的发展思想"的哲学逻辑》，《南京社会科学》2022年第12期。

④ 习近平：《在庆祝中国共产党成立95周年大会上的讲话》，中国共产党新闻网，2021年4月16日，http://cpc.people.com.cn/n1/2021/0416/c64094-32079803.html。

理现代化的基本落脚点。

新时代在县域坚持"以人民为中心"的发展思想，构建县域现代化社会治理秩序与格局，首先，要在发展实践的全环节坚持人民主体、发挥人民力量，在治理过程的全方面坚持人民至上。具体而言，需要在县域治理实践中不断健全民主制度、畅通民主参与途径、建立民主参与保障机制，切实保障人民群众在决定与利益相关事务、反映群众利益诉求、维护群众合法权益和参与县域公共事务治理方面的合法权利。要在县域治理过程中积极培育人民主体意识，建构公共精神，使广大人民在利益实现和权益保障中增强参与社会治理的积极性、主动性、创造性，依靠人民群众的力量来解决社会基本矛盾，通过人民主体作用的有效发挥，实现县域社会个体自由与社会秩序、价值创造与公共普惠、经济社会发展与公平正义的平衡，促进县域社会和谐有序发展，不断增强人民群众的获得感、幸福感和安全感。要坚持人民至上的利益分配格局，形成以民生为导向、以共建共享为思路、以缩小收入差距为重点、以分配体制改革为保障、以消除贫困为突破口、以实现共同富裕为目标的利益分配机制和格局。[①] 要通过人人共建将县域"蛋糕"做大，通过科学的"共享"制度将"蛋糕"切好，"健全以税收为主要手段的再分配调节机制，努力缩小区域收入差距。通过强化社会兜底保障和民生保障普惠性政策，完善农村社会保障和救助制度，保障困难群体收入"[②]。在分配制度变革层面，需在坚持以按劳分配为主体，完善按要素参与分配制度的同时，积极完善县域第三次分配机制，促进制度调节促进利益分配的公平正义。其次，要解决城乡发展不平衡问题，构建县域城乡融合协同发展新格局。协同推进"以人民为中心"的新型城镇化和乡村振兴战略是构建县域现代化治理秩序和格局的重要内容。基于此，一则需进一步完善国土空间规划，依托县域发展实际设计县、乡（镇）、村三级特色发展规划格局，制定具有针对性、实用性、可行性的发展方案，实现县级治理场域内的层级资源共享和协调发展，进而提升县域政府在区域发展中的服务和统筹协调能力。二则需统筹城乡产业发展格局，推动形成互补协同的城乡经济发展业态。发挥市场与政府的合力，打

---

① 王林兵：《以人民为中心发展思想的理论内核与实践路向》，《中共宁波市委党校学报》2019年第3期。

② 田惠敏：《实现县域共同富裕的问题与对策》，《当代县域经济》2023年第12期。

通城乡产业发展的资源要素流通渠道，加强城乡之间的发展要素互动，实现资源要素的自由流动。三则需提升公共服务均等化水平，推动公共服务资源向农村倾斜，不断优化基本公共服务、普惠性非基本公共服务供给，构建公共服务多元供给格局。四则需协同推进新型城镇化与乡村振兴，以县城为重要载体推进新型城镇化建设，构建"县—乡（镇）—村"一体化社会治理秩序和格局。

二 推动县域经济社会高质量发展

改革开放初期，我国在"发展主义"理念下进行的经济社会建设折射出的是一种"资优于人"的发展哲学，造成了贫富差距不断拉大、环境污染严重、劳动纠纷突出等一系列问题，抑制了人民群众的全面发展。党的二十大报告指出，"高质量发展是全面建设社会主义现代化国家的首要任务"[1]。"新时代，高效破解阻碍县域经济高质量发展一系列瓶颈难题，是全面推进中国式现代化发展、全面建设社会主义现代化国家的题中应有之义"[2]，也是实现县域治理现代化的基础和关键。中国特色社会主义本质内在要求我国的经济社会发展必须以人民为中心，在县域经济社会发展过程中，坚持人民至上的发展思维，将经济社会发展从"资本中心""速度优先"转向"人民中心""质量优先"，将经济社会发展与人民中心有机统一，是县域治理现代化转型的基本要求。

坚持人民至上的发展思维推动县域经济社会高质量发展，就是要在坚持党中央"五位一体"总体布局、"四位一体"战略部署等顶层设计的前提下，在完善社会主义基本经济制度及保障体系的宏观背景下，转变县域经济社会发展方式。在推动县域经济社会高质量发展过程中，要坚持"创新"发展和"特色"发展。在"创新"发展方面，首先，坚持推进县域创新体系建设，推动创新资源禀赋向县域流动。因地制宜选择差异化的县域新动能培育策略，加快县域数字化、智能化发展转型，同时促进创新成果就地转化。其次，加强县域创新发展的配套服务链建设，完善县域作为

---

[1] 习近平：《高举中国特色社会主义伟大旗帜　为全面建设社会主义现代化国家而团结奋斗》，《人民日报》2022年10月26日。

[2] 陆智均：《西部县域经济高质量发展的路径探究——以广西平南县为例》，《黑河学刊》2023年第5期。

创新载体的服务功能,以便利、高效、优质、性价比较高的创新平台服务县域创新发展,提升县域创新发展的内生动力。最后,县域创新发展离不开创新主体的培育成长,因此需以务实有力的扶助措施,培育优质民营企业,切实推进市场主体创新能力的高质量提升。在"特色"发展方面,立足县域差异化背景特征与资源禀赋,县域经济高质量发展需厚植县域自身发展现实,以县域优势产业为排头兵,将其现有发展优势扩大为发展潜力与竞争潜力,进而力求发挥规模效应,推进相关产业的发散扩张,通过建链、补链、强链、延链,推进产业链横向成群、纵向成链,培育县域特色产业集群和区域品牌。[1] 另外,需不断优化产业结构,推动产业深度融合,延伸产业链、提升价值链、完善供应链,构建现代乡村产业体系,立足本地乡村优势资源,打造特色县域农业发展新格局。在推动县域经济社会高质量发展过程中,还要坚持"绿色"发展、"协同"发展、"开放"发展。习近平总书记指出:"良好生态环境是最公平的公共产品,是最普惠的民生福祉。"[2] 坚持人与自然和谐共生的"绿色"发展之路,积极探索适合县域特点的可持续发展方式,将生态文明建设贯穿县域经济社会发展全过程,推动循环经济和低碳经济建设,推动产业结构和生产方式、生活方式的绿色转型,让良好的生态环境成为县域经济社会高质量发展的增长点。坚持产业"协同"发展,推动县域各类主体间协同合作,打破传统行业壁垒,促进各产业之间和产业链上下游之间的资源共享和优势互补。通过协同合作关系建设推进区域协同发展,把握城市经济社会发展对县域的辐射带动作用。坚持"开放"发展,主动融入"双循环"发展新格局,推动县域经济融入国际经济循环。

在推动县域经济社会发展的过程中,要注重物质文明与精神文明协调发展的文化现代化建设,防范破解物质富裕之后出现精神贫困的问题。"中国式现代化是物质文明和精神文明相协调的现代化。物质富足、精神富有是社会主义现代化的根本要求。"[3] 这就需要在县域加强社会主义精神文明建设,在加强物质文明建设使人民丰衣足食的同时,更加重视满足人

---

[1] 来亚红:《努力走出县域经济高质量发展的新路子》,《新湘评论》2023年第17期。
[2] 中共中央文献研究室编《习近平关于社会主义生态文明建设论述摘编》,中央文献出版社2017年版,第4页。
[3] 习近平:《高举中国特色社会主义伟大旗帜　为全面建设社会主义现代化国家而团结奋斗》,《人民日报》2022年10月26日。

民精神文化方面的需求，提升现代公民素养，积极践行社会主义核心价值观，培养县域民众树立高度的文化自觉，传扬中华美德伦理，建构温良有序的县域社会文明风尚，营造充满活力且和谐有序的县域生活共同体，让县域民众既有制度体制赋予"外在保障"的"政治自由"，也有指向人民群众"内在自觉"的"自我实现"，让县域民众在现代工业社会既大分化又大整合的时代境遇下，拥有更高品位、更佳体验的"美好生活"。

第三节　权利实现：基于维权向度的权利生产

维持社会的整体秩序与稳定是现代国家、执政党、政府的核心职能体现，能否有效应对并化解那些潜在威胁社会稳定的风险，以及校正社会中出现的失序与不稳定现象，实际上反映了一个政治体系的弹性空间、开放包容程度、理性处理能力以及政治智慧。在当前社会转型与深化改革的大背景下，社会稳定是各级政府和人民群众的共同期盼，各级政府往往都在"维稳"工作上长期保持高度警惕。实现从"维稳"向"维权"的转变，推进基层社会权利生产，是践行"以人民为中心"发展思想、推动县域治理现代化的重要方面。

一　"维稳"的内在逻辑困境

"维稳"内在逻辑困境的出现在于其在思维方式、体制设计和运行机制等方面都落后于时代发展，难以有效回应社会转型时期公民权利和利益协调发展的需求。拆解当前我国基层政府的维稳手段，可以发现各级政府往往使用"权力维稳"，而非"权利维稳"，这种维稳的方式和效果不得不令人反思与拷问。[1] 国家权力和公民权利是现代国家运转的两个轴心，国家权力和公民权利既此消彼长又相互依存，随着国家治理现代化进程的逐步深入，不可避免地出现国家权力和公民权利的博弈问题，国家权力和公民权利的平衡与和谐，是我国实现国家治理现代化的基本要求。要实现县域治理现代化，就必须从"维稳"转向"维权"，保障和发展县域公民的基本权利，实现权力与权利的良性互动。

---

[1] 项赠、郭文亮：《从"权力维稳"到"权利维稳"的必然选择——基于价值理性与工具理性的视角》，《求实》2013年第7期。

二 从"维稳"到"维权"的权利生产路径

早在 2014 年,习近平总书记在中央政法工作会议上就强调,"维护社会大局稳定是政法工作的基本任务,要处理好维稳和维权的关系,要把群众合理合法的利益诉求解决好,完善对保护群众切身利益具有重大作用的制度,强化法律在化解矛盾中的权威地位,使群众由衷感到权益受到了公平对待、利益得到了有效维护"①。随着社会的不断进步,基层民众的维权意识不断增强,这也折射出中国基层民主的进步。但客观来说,"目前政府部门对于维权与维稳之间的认识还不够正确,片面的认为维权与维稳之间只有冲突没有统一,导致维稳工作的开展在走入歧途"②。在县域治理现代化进程中,县域政府需要通过依法保障公民经济、政治、社会等权利,实现基层政府与基层民众之间权力与权利的良性互动,将实现公民权利作为构建良性基层社会治理秩序的逻辑起点,实现从"维稳"到"维权"的转变。

(一)推进县域民主政治法治化进程

"法治是治国理政的基本方式。"③ "全面推进依法治国,是……维护社会和谐稳定、确保党和国家长治久安的根本要求。"④ 党的十八届四中全会决定强调,要以保障人民当家作主为核心,推进社会主义民主政治法治化。⑤

维护社会和谐稳定的根本在于以法治拓展民主,推进社会主义民主政治法治化。所谓政治法治化,就是指"依照最真实反映人民自由意志和利益的宪法以及以宪法为根本的整个法律体系规范公共权力运作的一种政治架构或治理模式"⑥。政治法治化体现了"以人民为中心"的治理理念,是要以"良法"规范公权力,保障公民权利和利益的实现,促进人民的全面

---

① 《习近平谈治国理政》,外文出版社 2014 年版,第 148 页。
② 梁道:《对正确处理维稳与维权关系的思考》,《广西民族师范学院学报》2014 年第 4 期。
③ 胡锦涛:《坚定不移沿着中国特色社会主义道路前进为全面建成小康社会而奋斗》,共产党员网,2012 年 11 月 8 日,https://www.12371.cn/2012/11/18/ARTI1353183626051659_all.shtml。
④ 中共中央文献研究室编《习近平关于社会主义政治建设论述摘编》,中央文献出版社 2017 年版,第 80 页。
⑤ 《中共中央关于全面推进依法治国若干重大问题的决定》,人民出版社 2014 年版,第 13 页。
⑥ 潘胜军:《政治法治实现途径探析》,《四川行政学院学报》2017 年第 6 期。

发展。政治法治化在现代社会中发挥着举足轻重的作用，其通过规范权力运行、协调社会关系以及解决各类矛盾与冲突，为社会的稳定与发展提供坚实的保障，在保障民主、尊重人权、保护人民群众根本利益等方面起着至关重要的作用。

要在县域摆脱"维稳"困境，实现"维权"，保障人民群众权利的实现，必须推进县域民主政治法治化进程，实现依法治县。这需要县域政府率先实现从主观思维到客观行为的法治化，推动法治政府建设，加强基层法治观念的培育，引导县域全域树立法治思维和信仰，加快县域民主政治法治化进程，不断提高基层公务人员的法治观念，增强依法行使公权力的意识，提升基层民众的法治素养，形成合法行使权利的自觉。要进一步在县域维护好宪法权威，保障宪法在基层的实施，以宪法的贯彻执行推动县域民主法治化进程，全面推进依法治县。公民的基本权利和义务是宪法的核心内容，宪法是每个公民享有权利、履行义务的根本保证，要坚持在县域乃至更基层，依据宪法规定坚持人民主体地位，坚决贯彻任何人、任何组织不得凌驾于宪法之上的原则，以宪法的贯彻落实切实保障县域民众权利的实现。

（二）培育县域公民权利意识

权利意识即"人们对于一切权利的认识、理解和态度，是人们对于实现权利方式的选择，以及其权利受到损害时，以何种方式予以补救的心理反映，它构成了公民意识和宪法精神的核心"[①]。公民权利意识既是行使宪法和法律赋予的权利的基础，也是保障公民合法私权和规范公共权力行使的基础，还是实现治理体系和治理能力现代化必不可少的前提和保障。"公民权利意识又具体表现为权利认知、权利主张和权利要求。"[②] 权利认知意指公民对于权利的认识和了解是公民权利意识的起点，公民只有具有基本的权利认知才可能提出自己的权利主张和要求；权利主张意指公民为实现自身生存发展提出的各种权利要求以及对他人权利要求的维护与确认；权利要求意指公民在合法基础上向国家和社会提出的权利主张。一般而言，权利主张与权利要求皆为较高层次的权利认知，只有在经济发展水

---

① 辛世俊：《公民权利意识研究》，郑州大学出版社2006年版，第102页。
② 刘茂盛、宋文：《论我国公民权利意识的塑造：从冲突到理性》，《法制与经济》2015年第6期。

平较高、公民权利意识较强的前提下，公民才有可能提出自身权利主张与权利要求。由此可见，公民权利意识水平与其所处社会发展的外部环境息息相关。如果公民权利意识淡薄或者没有权利意识，不积极主动地主张和要求自己的合法权利，就自然而然地失去了合法行使权利的可能。随着时代进步和社会发展，人们的物质生活逐渐丰富，精神文明建设深入推进，我国公民的权利意识逐步增强。但我国公民意识的发展水平与当前我国国家治理体系现代化、治理能力现代化的发展水平并不完全相符。相当部分公民虽充分认识到自身享有公民权利，但并未形成正确的权利义务观念，缺乏维护自身公共权利的积极性与主动性。[1] 公民权利意识不强的情况更容易出现在包括县域在内的基层社会，影响县域等基层民众合法权利的正常享有。要在县域摆脱"维稳"困境，实现"维权"，保障人民群众权利的实现，就必须解决基层民众权利意识不强的问题，推动基层民众合理合法地实现自身的合法权利。在县域社会治理过程中，党和政府要切实依法履行保障公民权利的责任，主动承担起与学校、家庭、社会共同培育公民权利意识的责任，通过各种行之有效的方式去培养和引导县域民众的正确权利意识和行为，塑造"自觉""主动""合法"的县域权利意识主体。要积极主动地构建基层民众的权利救济机制，让基层民众在了解权利内容的基础上，了解权利救济途径，在权利受到侵害时，能够通过权利救济机制实现权利的有效维护，推动县域公民合理合法地维护自身合法权利。在公民权利意识培育过程中，还应该注重创新社会组织管理，充分发挥社会组织权利保障功能。县域政府应当培育多元化的社会组织体系，加快社区自治组织建设，培育公益类、服务类、慈善类社会组织，充分发挥社会组织在维护基层民众合法利益方面的作用。

（三）完善县域社会利益表达机制

社会利益表达机制具有重要政治功能，利益表达的充分性与有效性决定了社会公众的利益满足能力，但始终受到社会利益表达机制建设完善度的制约。我国经过多年建设，建立了以人民代表大会制度为核心，包括民族区域自治制度、多党合作和政治协商制度以及基层群众自治制度等在内的一套完善的利益表达与诉求体系。这一体系为公民提供了坚实的制度基

---

[1] 谢彦波：《治理现代化背景下公民权利意识及其培育》，《人民论坛》2014年第35期。

础，确保他们能够有效地表达并追求自身利益。[①] 但是，仍然存在"利益表达主体不平衡、利益表达客体不作为、利益表达渠道不通畅、非制度化方式较普遍"[②] 等问题。县域作为国家与社会、城市与农村的"接点"，社会结构和社会分层明显，是社会矛盾集中的敏感区域，县域民众利益表达机制不健全，是导致群体性事件发生、基层民众"维权"受阻的重要原因之一，完善县域社会利益表达机制，积极回应并满足基层民众的权利诉求是实现从"维稳"到"维权"转变的重要途径。

在县域，完善利益表达机制，要在坚持法治精神、协商民主原则和党的群众路线的基础上，不断拓宽利益表达渠道、丰富利益表达平台。党的基层组织是党和人民群众密切联系的桥梁，是解决群众困难、保障群众合法权利的重要载体，不断强化基层党组织建设，打通全面从严治党"最后一公里"，优化基层党组织的利益表达功能，是完善县域民众利益表达机制的重要方面。人民代表大会制度与多党合作和政治协商制度是基层民众利益表达机制的重要组成部分，应不断强化人民代表大会制度与多党合作和政治协商制度在基层社会的利益表达功能。应当充分考虑到县域社会群体的构成情况，进一步改善县域人大代表的构成成分和比例，适当扩大基层群众代表的比例，不断完善社会基层自治组织的直选制度，扩大基层直选试点，使县域人大代表更接地气、更有县域气息。应当进一步发挥县域政协团结基层社会各界人士的作用，建立和完善人民政协会议的利益表达长效机制，发挥界别组织优势，不断扩大人民政协协商主体，拓展弱势群体利益表达方式。在完善传统方式的同时，结合互联网等新兴技术手段拓展新的利益方式，充分发挥互联网等信息化平台的作用，推动新媒体对传统利益表达机制的补充和完善，为公众和个人表达诉求提供便利条件。要进一步加强工会、妇联、行业协会的利益表达作用，以组织化的利益表达弥补个体利益表达的分散性和不可控性等劣势。要进一步增强利益诉求的回应性，建立县域社会利益表达的协调回应机制，有效回应基层民众的权利诉求。

[①] 杨伟东：《维稳的转型及转型安排》，《行政法学研究》2015 年第 4 期。
[②] 陈建先、王超：《主题·问题·难题·破题：公共政策制定中的利益表达机制研究》，《重庆理工大学学报》（社会科学版）2015 年第 8 期。

（四）加强县域公权力监督

所谓公权力，是"指政府组织从社会公共利益出发，组织、协调和控制社会与个人的强制力，是保证社会有序运转的指挥、决策和管理能力"[①]。而私权利，则是指具有私人性质的个人权利，"与指向公共事务的公权力对应"[②]。

公权力形成的逻辑起点源于私权。作为代表大部分个体意志的集合体，国家公权力的产生是公民个人或其组成的社会群体将其自身私权让渡的结果，本质上是国家对公民私权的代替行使。国家行使的公权力，皆以私权为生成的唯一依据，公权力存在的正当性和合法性也以私权为唯一根据，国家机关行使公权力的最终目的在于维护公民个体利益，即为公民享有和实现私权提供有效的服务和帮助。[③] 权力监督是享有行政监督权力的法定监督主体，依法对各级政府机关及其公务人员公权力行使情况的监督和监察。加强公权力监督，既是保障公权力合法行使、保障公民私权利实现的基本要求，也是实现公权力与私权利的合理张力，形成公权力与私权利的良性互动，从"维稳"走向"维权"的重要手段。经过长期的发展，我国的监督制度体系日渐完善，党内监督、民主监督、司法监督、行政监督、群众监督、舆论监督等共同构成了党和国家监督的基本制度，但依然存在党内权力监督体制不健全、民主监督流于形式、法律监督滞后等问题。在国家整体布局下，完善县域权力监督体系，是保障县域民众权利实现的基本要求。完善县域权力监督体系，要突出监督主体的合一性，坚持以党内监督为主导，各类监督协调贯通。党内监督在各种监督形式中是第一位的，因此需以党内监督带动其他监督、完善监督体系。同时，要在发挥党内监督主导作用的基础上，充分发挥纪检监察机关的作用，准确把握各类监督的职责定位、着力点和不同方向，加强统筹协调，推进县域权力监督工作在决策部署、资源协调、力量整合、措施手段上形成合力。另外，完善县域权力监督体系，需要突出监督客体的全面性。"权力监督的

[①] 王志泓：《加强我国政府公权力监督体系建设研究》，《理论界》2013年第5期。
[②] 周柏红：《公权力行使与私权利保护的平衡：以法律为尺度》，《法制与社会》2020年第33期。
[③] 牟奕霖：《民法典中的公权力规范及与私权利的关系》，《西南民族大学学报》（人文社会科学版）2022年第2期。

客体，表面上看就是现实中权力的行使者，但实质上却是权力行使者与其手中的权力运行方式、过程和结果等方面的结合，包括权力行使的合法性、合理性及掌权人遵纪守法情况三个方面的涵义。"[1] 所以，在县域权力监督过程中，既要保证县域政治、经济、文化、生态、社会等各权力运行领域的监督全覆盖，也要强调"人、财、事、策、权"等各权力运行内容的全范围，还要兼顾立法、司法、行政、执法等各权力运行形态的全方位。完善县域权力监督体系，要注重监督方式的权威性，避免"不愿监、不敢监"现象的出现。公民权利是国家公权力的生成原点，因此公民权利监督具有重要意义。"从监督层来看，公民权利的监督是最高层次的监督。从监督者所维护的利益来说，公民权利监督是最为直接的利益监督。"[2] 所以，要注重在县域监督体系完善过程中，不断推进民众监督权利的落地工作，不断推进民众监督权利制度化、精细化、程序化和规范化等工作。

本章小结

发展理念是发展行动的先导，其正确与否，从根本上决定着发展的成效乃至成败。新中国成立后，特别是在改革开放深入推进过程中，在中心主义治理范式的规约下，我国自上而下以"发展主义"为治理理念，在取得经济社会发展巨大成就的同时，各种问题也日渐暴露。时代的进步要求有全新的治理理念来引领我国的全面高质量发展，作为一个系统理论体系，"新发展理念"是我国进入新发展阶段、构建新发展格局、推动高质量发展的战略指引，是管全局、管根本、管方向、管长远的时代发展理念，是"以人民为中心"思想在县域治理现代化转型实现过程中的基本落脚点。实现县域治理理念现代化，就是要坚持以"新发展理念"构建县域治理理念的张力，形成"以人民为中心"的县域治理价值规约，实现"人民至上"的县域发展维度和权利生产，在发展中不断实现人民群众的基本权利和根本利益。

---

[1] 朱庆跃：《全过程人民民主在构建权力监督体系中的价值》，《学术界》2022年第11期。
[2] 莫负春：《论权力监督和权利监督》，《华东政法学院学报》1999年第3期。

第五章
县域治理体系现代化：实现"一核多维"的综合路径

在中国国家顶层制度设计和治理体系已经基本建立的情况下，如何将其延伸至县域治理各领域并切实转化为治理效能，是通过县域治理现代化建设扎实推进并实现中国现代化必须解决的治理难题。县域治理现代化的关键和核心是体系现代化，这并不是对既定县域治理体系的简单修补，而是要从治理现代化的高度，针对县域治理中的体系空白、体系碎化、体系冲突及体系衔接等问题，运用系统性变革和整体性重构的思维对县域空间范围内诸多领域治理制度进行深层次解构和集成式重构，进而建立起适应县域治理现代化发展的县域治理制度架构和运行机制。基于此，本章拟在丰富多元的县域治理理论和实践基础上，研究县域治理体系现代化的整体设计问题，力图在理论建构和实践指导上实现双突破。

第一节　县域治理的党建引领途径

回望中国共产党 100 多年历史，一条不变的真理清晰呈现：办好中国的事情，关键在党。进入中国特色社会主义新时代，县域治理面临一系列重大挑战，既有体制不适阻滞治理结构升级，也有制度缺失削弱治理合法性；既有思想多元引致治理价值散化，也有技术落后导致治理方式单一。根据中国现代化实践的经验总结，坚持党建引领县域治理创新、实现现代化转型发展是解决县域发展问题的根本保障。县级党组织承担着巩固和落实党在县域治理的领导地位、全面领导县域治理发展与稳定的历史使命，是引领县域治理现代化的坚强战斗堡垒。

一 党的县域角色及行为转型

县级党组织在党组织体系中处于中间层次，具有承上启下、协调各方的特殊地位。有效发挥县级党组织的政治核心作用，对于加强和改进党对县域的领导、坚持社会主义发展方向、坚定不移走中国式现代化道路具有极为重要的意义。近年来，县域党建工作不断得到加强。江苏、安徽、云南、山东、浙江等地纷纷出台《关于全面深化新时代党建引领基层社会治理的实施意见》《关于加强政府系统党的建设的实施意见》《关于开展机关党建标准化建设的实施方案》《年度党建工作重点任务》等文件，对新时代县域党建工作做出了详细部署。加强县域党建显著提升了县级党组织的领导能力，充分发挥了其政治核心作用，切实履行了其政治责任，实现了历史性变革。但面对当前县域治理的挑战，县域党建依然存在一些亟待破解的瓶颈问题，如核心角色不突出、领导作用不充分、组织运行不适应、制度建设不健全等。到底该如何优化县级党组织、走更适合的改革创新之路，这是一个理论兼实务方面的难题。

县域党建工作是否能够引领县域治理改革创新，关键在于县级党组织是否能够正确定位角色，并在治理实践中充分践行。因此，角色问题在县域党建中至关重要。组织角色普遍存在于社会网络中，既是个人或组织与社会的结合点，也是社会网络上最小的纽结。依据社会角色理论，社会角色的内涵不仅涉及"我是谁"的定位问题，也总是与一定的政治行为密切相连，所分析的是有关"怎么做"的问题。这一问题既包含社会对具有特定社会地位的个体或组织行为的期待，也涵盖行动者对角色行为的认知和实践过程。正如海因兹·尤劳所言，"政治行为……永远是政治角色所表现的行为"[①]。

社会角色理论进一步提出，组织或个体总是在社会中扮演着不同的角色，并经历着角色产生、扮演、转换等复杂的过程。对于社会角色的认知总体上可以分为两个维度：结构维度和过程维度。在结构维度上，社会角色与既定的社会身份及社会地位相关联，由社会结构所决定。其不仅决定

---

① 转引自〔美〕艾伦·C. 艾萨克《政治学：范围与方法》，郑永年等译，浙江人民出版社1987年版，第302页。

了该扮演何种角色,也预设了所扮演角色的行为。由于社会结构通常不会发生重大改变,因而个体所扮演的角色往往是稳定的,有规律可循。这里所强调的社会结构事实上可以被看作社会各种要素关系的集合,并可以从性质上将其分解为经济系统、政治系统、社会系统和文化系统四个部分。不同的组织或个体在这个复杂系统中拥有不同的要素资源、占据不同的位置,因而决定了各自所扮演的角色以及该遵循何种社会系统的规定。在县域治理系统中,县级党组织无疑占据着核心位置,掌握最广大且最具优势的资源,因而理所应当扮演领导核心的角色。不过,角色的结构维度虽然关注到一个稳定的社会结构对社会角色及其行为的影响和作用,但这种分析是静态的、泛结构化的,忽略了组织或个体在社会互动中的行为调适过程。[1] 在过程维度上,角色及其行为被认为是通过互动创造的,而不仅仅是被简化为既定的社会设置。"所有各种自我都是由社会过程建构的,或者说都是根据社会过程建构而成的,它们都是各种个体对这个社会过程——或者毋宁说,对这一社会过程所展示的、这些个体通过各自的结构来把握的这种有组织的行为模式——的反映。"[2] 换句话说,过程维度强调社会情境的重要性,角色和行为随它的变化而不断调整。在实践中,角色扮演从来不是在真空中进行的,而总是内嵌于其所特有的社会情境。不同的社会情境对社会角色有着不同的要求和规定,只能根据不同情境下所形成的刺激而对角色进行适应性调整。要么改变角色的属性和结构特征,要么调整角色的行为方式或偏好,从而提升角色的情境适应能力。县级党组织作为县域内的治理核心,虽然领导角色稳固,但如何充分发挥领导作用、开展有效的领导活动则是动态变化的。需要依据不同的治理情境,尤其是矛盾关系的变化,对领导角色的行为进行不断调适。

依据社会角色理论,个体或组织所扮演的角色从来都不是孤立存在的,任何个体都是多种角色的统一体或复合体。因为社会成员一旦占据某个社会地位,他们并非仅仅获得一个孤立的角色,而是获得了一组相互关联的角色,这些角色共同构成了一个复杂的"角色丛",即"人们由于占

---

[1] R. Turner, *Human Behavior and Social Processes*, Boston: Houghton Mifflin, 1962.
[2] 〔美〕乔治·赫伯特·米德:《心灵、自我和社会》,霍桂桓译,译林出版社2012年版,第223页。

有某一特殊的社会地位而具有的角色关系的全部"①。例如，县级党组织既是上级党委的下属组织，要贯彻执行上级党组织的指示和政策，也是县域内部治理的领导核心，要总揽全局、科学决策。拥有一组角色丛，意味着社会成员需与多个角色相关者建立联系。这些角色相关者因社会地位和价值利益诉求的不同，对角色占有者抱有不同的角色期待。当这些期待之间发生冲突，或超出角色占有者的应对能力时，原本稳定的角色丛便会遭到破坏。同时，社会情境是不断变动的，受诸多不可控因素的影响，可能会使角色扮演者趋于脱离正常轨道，引发角色偏差、角色错位、角色漂浮等现象，最终导致角色丛冲突。为此，该如何协调好内部角色关系，保证角色丛稳定？默顿提出了六类社会机制：角色丛成员的涉入强度机制；角色丛成员的权力差别机制；角色丛成员观察角色行为的可能性机制；角色丛成员观察角色行为冲突的可能性机制；角色的社会规范机制；角色丛简化机制。② 不过，默顿是结构角色理论的代表，因而他所提出的社会机制是以"结构决定角色"为假设的。这显然是不全面的，缺乏对互动过程的关注。依据"结构—情境"分析框架，角色丛的稳定需要从静态和动态两个方面来考量。在静态上，"结构决定角色"的假设要求对社会成员的角色进行正确定位，既明确其在社会系统中的位置，也认清人们对该角色的期望，从而规范社会成员的功能作用和行为方式；在动态上，要重视社会情境变化的因素和方向，从情境与角色的互动过程中去反思角色调整，处理好特定情境下各种角色间的关系，最有效地发挥角色功能。因此，只有从静态和动态相结合的视角分析角色，才能建立科学全面的分析路径。

因此，从组织角色的结构和过程"双重"维度来看，面对新时代县域治理现代化发展的新要求、新挑战，完善县级党组织建设，切实发挥其领导全局、协调各方的角色优势，最大限度地组织和整合县域各方参与治理落实过程，是县域党建工作的重中之重。

二 党的县域领导制度体系完善

党的十九届四中全会决定提出，要坚持和完善党的领导制度体系，提

---

① 〔美〕罗伯特·K.默顿：《社会理论和社会结构》，唐少杰、齐心等译，译林出版社 2006 年版，第 567 页。
② 张杨波：《西方角色理论研究的社会学传统——以罗伯特·默顿为例》，《国外理论动态》2014 年第 9 期。

高党的科学执政、民主执政和依法执政水平。① 党的二十大报告中进一步要求"健全总揽全局、协调各方的党的领导制度体系,完善党中央重大决策部署落实机制,确保全党在政治立场、政治方向、政治原则、政治道路上同党中央保持高度一致,确保党的团结统一"②。为加快县域党的角色转型与行为调适,必须完善和发展县域党的领导制度体系。

(一) 以组织建设为抓手,强化角色意识

依据社会角色理论,每个组织都处于一个角色丛中,会面临复杂的角色冲突问题。县级党组织也不例外。作为党组织体系的中间层级,其具有承上启下、协调各方的特殊地位。因而如何定位县级党组织的角色,直接关系到角色成败。为此,应当以县域党建为抓手,不断强化角色意识。一是选优配强县委书记,有力担当全面从严治党的第一责任人职责。面对新时代县域治理发展要求,县委书记首先要坚持用习近平新时代中国特色社会主义思想武装头脑,培育和践行社会主义核心价值观,牢牢掌握社会意识形态工作的领导权、管理权和话语权。在此基础上,县委书记的选拔任用也应注重学历专业、市场认识、基层经历、籍贯年龄等因素。③ 二是优化组织设计,提升组织凝聚力和战斗力。一方面要根据新时代大部制改革要求和县域党建工作新形势,积极调整县级党组织结构,合并部门、转变职能、厘清责任,更好地发挥党组织在社会经济、政治、文化以及生态等各方面的领导作用;另一方面要调整好与县级人大、政府、政协等组织的关系,建立有效的角色确认与认同,加强党的领导作用。

(二) 以科学分工为核心,实现党政协同发展

党政关系是我国政治体制的核心关系。保证党实施集中统一领导,正确理解和落实党政职责分工,系统谋划和确定党政机构改革事项,使党政机构职能分工合理、责任明确、运转协调进而实现优化协同高效,是县域党的领导制度体系建设的重要任务。④ 因此,应构建专业化、常态化的协

---

① 《中共中央关于坚持和完善中国特色社会主义制度 推进国家治理体系和治理能力现代化若干重大问题的决定》,《人民日报》2019年11月6日。
② 习近平:《高举中国特色社会主义伟大旗帜 为全面建设社会主义现代化国家而团结奋斗》,《人民日报》2022年10月26日。
③ 沈承诚:《全国百位优秀县委书记个体特征、行动策略与行动绩效研究》,《江海学刊》2021年第4期。
④ 赵立波:《统筹型大部制改革:党政协同与优化高效》,《行政论坛》2018年第3期。

同治理机制，理顺党政机构职责关系，在科学分工的基础上形成"有机团结"。在县域治理体系中，县级党组织的职能重点在于宣传和执行党的路线方针政策以及上级党组织的决议，讨论和决定本区域重要事项，指导基层党组织开展工作，领导本区域思想政治工作，等等。县域行政部门则侧重于社会经济发展的各项具体工作。两个部门职能不同、各有侧重，应当在党的领导下，按照"统分结合、协调有序、民主运行"的原则构建分工协作、共同治理的工作机制。而为了更有效地保障党政协同发展，应当重视并完善县域党政联席会议制度，从而加强党政协作，处理好工作中分工与配合的关系，既充分发挥党政领导各自工作的主动性和创造性，又有效避免实际工作中可能出现的推诿问题。[1]

（三）以制度建设为保障，提升党组织权威

依据社会角色理论，在快速变化的社会环境中，社会成员的角色适应过程并不是完全随意的，要遵照一定的规则框架有序运行。[2] 在依法治国的时代背景下，党内法规制度建设是事关党长期执政和国家长治久安的重大战略任务，坚持依法执政、依法施政是党组织建设的重要原则。近年来，《中国共产党支部工作条例（试行）》《关于新形势下党内政治生活的若干准则》《中国共产党问责条例》等一系列党内法规政策正式出台，对于规范县级党组织建设，提升标准化、制度化水平具有重大意义。当然，为进一步提升县级党组织的法治化水平，还需要在多方面持续推进。一是严肃党内政治生活。严格执行《关于新形势下党内政治生活的若干准则》《领导干部报告个人有关事项规定》等党内重点制度，严肃和规范"三会一课"、民主评议党员、民主生活会、组织生活会等党内政治生活。规范执行"三重一大"决策程序，全面完善《"三重一大"事项决策制度》，确保各项决策于法有据、合法合规。同时，邀请同级纪委监委派驻纪检监察组与会指导，自觉接受各层次、各方面监督。二是健全完善工作制度机制。坚持用法治思维和法治方式维护县级党组织的权威性和严肃性，适应新的县域管理体制，以《中国共产党机构编制工作条例》（以下

---

[1] 刘鹏、李海林：《新时代党政关系的新发展：基于"六位一体"的新型党政统合关系》，《政治学研究》2023年第2期。

[2] Michael R. Solomon, Carol Surprenant, John A. Czepiel, "A Role Theory Perspective on Dyadic Interactions," *Journal of Marketing*, Vol. 49, No. 1 (1985).

简称《条例》）为指导，及时制定适应本地党建工作和社会治理的工作规则或工作细则，对各类涉及党组织管理的规范性文件和相关制度进行梳理和完善，做好现行制度与《条例》的有效衔接。健全党内会议审议、日常管理、跟踪评估、实名制管理、监督检查等制度体系，有力推动党组织管理规范化运行。三是县级党委应依据党内法规和上级党委的相关要求，尽快制定出台针对县级党组织法治化建设的相关规章制度，并从组织设置、职能划分、工作流程、责任承担等方面进行明确规定，深化细化对基层党建工作的指导，同时，压实压紧县域党建责任，清晰界定不同责任主体的具体责任，并以问责常态化倒逼县域党建工作的不断强化。

（四）落实全面从严治党，巩固领导核心地位

勇于自我革命，从严管党治党，是中国共产党最鲜明的品格。在中国共产党第二十届中央纪律检查委员会第三次全体会议上，习近平总书记强调："我们党作为世界上最大的马克思主义执政党，如何成功跳出治乱兴衰历史周期率、确保党永远不变质不变色不变味？这是摆在全党同志面前的一个战略性问题。"[①] 全面从严治党是我们党永葆生机和活力、永葆纯洁本色的内在支撑，也是我们党巩固领导核心地位的保障机制。党的十八大以来，构建全面从严治党体系是党的建设的重大举措。它是一个内涵丰富、功能完备、科学规范、运行高效的动态系统，需要坚持制度治党、依规治党，更加突出党的各方面建设有机衔接、联动集成、协同协调，更加突出体制机制的健全完善和法规制度的科学有效，更加突出运用治理的理念、系统的观念、辩证的思维管党治党建设党。[②] 为此，要落实全面从严治党，以政治建设为统领，针对县域党组织工作过程中的组织平台、责任主体、工作内容、工作形式、工作程序等方面做出明确且严格的规定，以解决县级党组织在开展具体工作中能够明确谁来干、该干什么、不该干什么、怎么干等一系列基本问题，为顺利保障县级党委领导县域治理提供规范依据。同时，要注重推进制度创新，特别是针对新时代背景下党建工作

---

① 《习近平在二十届中央纪委三次全会上发表重要讲话：深入推进党的自我革命 坚决打赢反腐败斗争攻坚战持久战》，中国政府网，2024年1月8日，https://www.gov.cn/yaowen/liebiao/202401/content_6924871.htm。

② 李捷：《新时代深入推进全面从严治党的根本遵循：认真学习贯彻习近平总书记关于党的自我革命的重要思想》，《中国纪检监察报》2024年1月25日。

的新趋势、新任务，切实从县情出发，在深入研究党 100 多年来的领导制度演进历程和深刻领会党的领导制度建设的逻辑机制的基础上，推进制度守正创新，保证党的领导制度创新发展的延续性与继承性。① 在此基础上，坚持一级带一级、一级抓一级，县级党组织主要领导应带头履行第一责任人职责，其他班子成员按照责任分工，认真抓好分管工作的作风效能建设。全面聚焦党员干部能力和作风建设，在党组织内部常态化开展"党建引领基层能力和作风提升"等活动，通过实施"素质能力淬炼行动、促干提效深化行动、解忧暖心护航行动、激励保护聚力行动、正风肃纪亮剑行动"等举措，教育引导党员干部努力提升学习研究、执行落实、为民服务、改革攻坚、自我净化"五种能力"。

三 党建引领的县域实现机制建设

（一）思想机制建设：夯实县域治理的根基

思想建设是党的基础性建设。党的二十大报告指出，"全面加强党的思想建设，坚持用新时代中国特色社会主义思想统一思想、统一意志、统一行动"②，为新时代新征程党的思想建设提供了科学指引。自党的十八大以来，以习近平同志为核心的党中央展现了宏大的战略视野、坚定的理论自觉和强烈的历史责任感，聚焦于新时代中国特色社会主义社会治理创新的主题，提出了一系列新的思想观点、论断和举措，取得了显著的理论创新成果。在县域治理的框架下，党的方针和政策的传递与落实依赖于县级党组织的桥梁作用。确保党的集中统一领导，需要坚持以思想引领为核心，从而保证县域治理的方向性和稳定性。县级党组织与群众的紧密接触，使其在引导群众价值观、发挥示范带动效应方面发挥着举足轻重的作用。因此，我们必须强化党组织的领导力和党员的模范作用，建立起党和群众之间的牢固纽带，既要确保党的意志得到有效贯彻，又要确保群众的声音能够被党组织倾听。在各类引领机制中，思想引领机制占据十分重要的指导地位，是保障其他机制正确运行和规范操作的先决条件，必须加以

---

① 吴林龙、弭宇航：《新时代完善党的领导制度体系的三个向度》，《学校党建与思想教育》2023 年第 2 期。

② 习近平：《高举中国特色社会主义伟大旗帜　为全面建设社会主义现代化国家而团结奋斗》，《人民日报》2022 年 10 月 26 日。

高度重视，并不断完善。

（二）基层工作机制建设：完善基层党组织机构

基层党组织作为中国共产党组织体系的"神经末梢"，是服务基层群众的领导核心和政治核心，加强基层党组织建设是确保党的路线方针政策和决策部署能够有效贯彻的基础。[①] 县域党组织在注重自身发展的同时，也要注重领导和推动基层党建工作开展。依据上级各级党委制定出台的各项制度，赋予乡镇、社区等党组织充分的合法性和权威性，并由此规范基层党组织的部门名称、组织结构、人员配备、组织规模、职责划分以及与本级政府、人大之间的关系等，从而为推进基层社会治理提供组织保障。在规范基层党组织结构的基础上，要着力明确基层党组织的职能。围绕领导全局、协调各方的核心要求，基层党组织应立足基层工作实际，围绕中心，服务大局，积极扮演好多种角色。一是当好基层决策者，通过挖掘和利用自身的政治资源，充分发挥政治优势，促进基层党委和政府决策的科学化与民主化；二是做好基层民意的实现者，落实从群众中来到群众中去的工作方法，通过常态化、制度化的基层走访和实地调研，加强与社会民众和各界人士的密切联系，积极主动地将民意与民声转化为施政纲领，践行为人民服务的原则；三是夯实监督者角色，全景式、多方位监督行政权力运行和基层干部行为，保障基层政府依法落实各项治理任务。

（三）协商民主机制建设：推进基层民主政治发展

坚持党的领导和人民当家作主是有机统一的。党的领导本质就是支持和保障人民当家作主，而发展全过程人民民主能够更加有效地体现党的领导。[②] 协商民主理论的倡导者也指出，"政治合法性不是以投票箱或多数人的统治为主要议题，……关键目标是通过协商过程把个人偏好转化为支持公共审议和检验的立场"[③]。民主政治与社会治理有着天然的联系，从某种意义上说，民主政治的发展方向和运行模式直接决定了社会治理结构的形式。正是由于现代民主政治发展对参与行为的重视，社会治理相应地将参

[①] 刘先春、赵洪良：《新时代基层党组织建设的政治责任与路径创新——基于密切党群关系的视角》，《探索》2018年第4期。

[②] 张等文、解秀丽：《党的领导：发展全过程人民民主的基本经验与根本政治保证》，《理论月刊》2023年第12期。

[③] 〔英〕戴维·赫尔德：《民主的模式》，燕继荣等译，中央编译出版社2008年版，第272页。

与作为重要的行为选项，并且在现代性的结构改造与升级中，同样将参与内化为行为结构的重要组成部分。这不仅为多元主体的真实行动提供了必要的条件，也在与民主政治的有机契合中实现了社会治理的价值跃升。因此，完善党建引领，需要加强基层协商民主机制建设。在实践中，多元化的基层协商平台实际上已经广泛建立起来，如上海在全市社区内建立了党员联系工作点，杭州试点建设综合性常态化的"请你来协商"平台，深圳创新推出"委员议事厅"活动，南京和苏州探索成立政府联络委员会，徐州在社区（村）设立社情民意信息工作站，等等。这些基层协商平台的建立是协商民主向基层下移的重要形式，为党建与基层协商有效衔接提供了真实的组织载体，成为密切联系群众、统筹协调各方、提高协商能力的重要机制。在推进社会主义协商民主建设过程中，如何有效地扩大群众有序参与，无疑是一个必须直面的重大问题。为此，要坚持以人民为中心，将切实维护好人民群众的根本利益作为基层协商民主的出发点和落脚点。注重开门协商、开放协商，充分发挥政协作为专门协商机构的作用并利用好各种基层协商平台，积极引导和吸纳广大群众"走进来"，将群众有序参与嵌构于基层民主政治建设全过程，切实提升协商质量和效能。

（四）科技支撑机制建设：大力推进智慧党建建设

智慧时代已经来临，它是"以宽带通信、移动互联网、物联网、量子计算、大数据、人工智能、地址定位、虚拟现实等技术为支撑的全新社会形态"[1]，是科学技术发展到一定阶段并在人类社会中广泛应用的结果。科学技术的发展与应用，既有利于大幅提升管理和生产效率，也有利于现代化进程中各种社会问题的解决。党的十九届四中全会决定指出，"必须加强和创新社会治理，完善党委领导、政府负责、民主协商、社会协同、公众参与、法治保障、科技支撑的社会治理体系。"[2] 其中，"科技支撑"作为"新要求"被明确嵌入社会治理体系之中。这意味着以互联网、数字化、人工智能、区块链为代表的科学技术，将为新时期社会治理体系与治理能力的现代化建设提供精细化的需求感知、多元化的治理方式以及智能

---

[1] 傅昌波：《全面推进智慧治理　开创善治新时代》，《国家行政学院学报》2018年第2期。
[2]《中共中央关于坚持和完善中国特色社会主义制度　推进国家治理体系和治理能力现代化若干重大问题的决定》，新华网，2019年10月31日，http://www.xinhuanet.com//politics/2019-11/05/c_1125195786.htm。

化的技术支撑,从而提升社会治理的"智"与"慧"。为了有效应对智慧社会的挑战,县级党组织应以宽带通信、移动互联网、物联网、量子计算、大数据等新型技术为支撑,大力推进"智慧党建"发展,实现领导角色更新升级。首先,高度重视"智慧党建"顶层设计。为避免当下实践中出现的重复建设、数量取胜、各自为政的弊端,应当从国家层面上出台相应的"智慧党建"建设规划方案或行动指南,为各地方改革创新提供明确指导。其次,构建县域党建综合信息服务平台,应以现行的公共信息平台和公共基础数据库为基础,通过数据交换与共享系统的有效运用,实现以民众和企业需求为指引的政府、市场和社会资源的整合集成。除了实体平台之外,可以利用网络技术、云技术等,建立"党员之家"App、"掌上履职"App、党组织微信公众号、"党建论坛"等线上互动交流平台,让各方主体能突破时间和空间的局限,实现实时交流、同步交互,极大地提升党建智慧化水平。最后,升级改造党务基础设施。广泛地利用大数据技术和现代科技支撑的各种智能终端,升级改造党组织日常运行和业务管理系统,着力提升建设质量和工作效率,让"智慧党建"真正发挥实效。[①]

第二节 县域治理的政府变革之道

推进县域治理现代化,是推进国家治理体系和治理能力现代化的基础性环节,担负着承上启下的重要责任。县级政府因其特殊的地位和使命,是政府组织体系中不可或缺的组成部分,它既在县域治理中发挥着重要的作用,是推动和实现县域治理现代化的主导力量,也是改革创新的关键,对整个社会的发展和进步都具有重要影响。当前,县域治理进入新的历史阶段。高质量发展、高品质生活、乡村振兴、城乡融合、新型城镇化等成为县域发展的重要主题。然而,在努力实现高价值目标的同时,仍不能忽视县域发展存在的不平衡不充分问题,这既与地理环境约束、产业发展不足、基础设施落后等外部因素有关,也与条块分割冲突、组织运行不畅、政策手段乏力、政策执行困难、财政能力羸弱、公共服务不足、要素流通不足、形式主义盛行、技术方法落后等县级政府治理体系和治理能力有关。在推进县域治理现代化的进程中,县级政府必须同步走向现代化。

---

① 王莉:《让智慧党建真正发挥实效》,《人民论坛》2019年第3期。

一 走出县域机构设置的循环悖论

政府机构职能体系是中国特色社会主义制度的重要组成部分，是国家治理体系和治理能力现代化的重要保障。提高县级政府的治理能力和治理水平，广泛调动各方积极性、主动性、创造性，推动县域经济社会各项事业发展，必须适应新时代发展要求，深化县级政府机构改革。党和国家历来高度重视行政机构建设和改革。改革开放以来，为适应党和国家工作中心转移、社会主义市场经济发展和各方面工作不断深入的需要，我国相继实施了六次（1982年、1994年、1998年、2003年、2008年、2018年）较大规模的机构改革，为构建一个现代化和与时俱进的政府模式做出了巨大努力。以最近一次改革为例，2018年2月28日党的十九届三中全会通过《中共中央关于深化党和国家机构改革的决定》，围绕"全面提高国家治理能力和治理水平"的总目标，深化党和国家机构改革。本次改革被媒体称为一场"系统性、整体性、重构性的变革"，具体举措包括：核减部级机构21个，核减班子正副职数58名；39个部门重新制定了"三定"规定；新组建自然资源部、生态环境部、农业农村部等7个部委；优化了水利部、审计署职责。在中央层面改革的引领下，全国各地县级政府也相继迈出改革步伐。以昆山市为例，其坚持以习近平新时代中国特色社会主义思想为指导，对照"两争一前列"的使命要求，注重构建"平战结合、快速响应、科学合理、职责明晰、运行高效"的高效政府工作体系，全力保障经济社会高质量发展。加强市委职能部门的统一归口协调管理职能，优化调整市委组织部、宣传部、统一战线工作部职能；新组建市自然资源和规划局、市农业农村部、市文体广电和旅游局、市应急管理局等10个部门；因地制宜设置市委台湾工作办公室、市综合行政执法局、市行政审批局。改革后，共设置党政机构37个。其中，党委机构10个，政府工作部门27个，相比之前规模减小27%。通过本次改革，昆山市打造起扁平化的管理体系、集成化的指挥中枢、实战化的运行模式，有效缓解了"车大马小""责大权小"的治理困境，在"两手抓、两手硬、两战赢"中迸发出巨大的能量和活力。

从县级政府机构改革的发展历程来看，这显然是一个艰辛曲折的过程。不过，令人欣慰的是，随着现代化进程的深入以及对行政体制改革认识的深化，县级政府机构改革正在逐渐走出数量增减式的"历史怪圈"，展现出科学合理的发展势头。从历史经验来看，从现代化转型的角度推进县级政府机构改革，应遵循以下原则。一是由机构增减向体制调整转变。在2018年之前的机构改革中，改革方案的主体设计主要是机构数量的增减和人员规模的裁撤，这当然与当时的改革认识有莫大的关系。随着社会事务的增加，县级政府规模又再次膨胀。因此，在经历了前几次的改革之后，新一轮的改革设计逐渐从"加减法"中摆脱出来，开始重视职能转变和组织结构调整的必要性和根本性，转变政府职能、优化行政管理体制成为改革的核心目标，这不仅是改革逻辑的重大转变，也是改革行动与社会发展的历史性耦合。二是由上下对口向因地制宜转变。作为单一制中央集权国家，我国县级政府向来是要和中央政府保持一致的，在机构改革的过程中也是这样。中央政府在进行机构改革之后，县级政府也要相应地开展，并且方式方法要与上级政府保持一致。简单地说，就是"上级怎么改，下级就怎么改"，以保证各级政府组织结构的统一性。但是从2003年的机构改革开始，从实际出发，因地制宜地推进县级政府机构改革成为改革进程的常态，2018年的机构改革更为明显。这表明，中央和地方各级政府显然意识到传统的"复制"模式难以满足当下社会治理多元化、多样性的需求，要发挥县级政府的积极性，必须给予其足够的自主空间，才能切实保障改革的有效性和真实性。三是由管控本位向服务本位转变。当前，转变政府职能的关键在于增加公共服务的职能。全心全意为人民服务是政府的根本宗旨，坚持以人民为中心是治理现代化的核心要义，构建公共服务体系是未来政府的发展模式。因此，县级政府要更加注重服务职能，重视民生、发展民生，让广大人民群众共享改革发展的成果。四是由集权模式向分权模式转变。前几次的机构改革所进行的数量增减，表面上是为了缩减政府规模，实质上是为了加强政府集权，以更好地实现社会管理。由此所塑造的全能政府形象在新时期显然会遭遇诸多困境，为此，应推进权力转移，将社会能办的事情交给社会，将市场能办的事情交给市场，实现政府自身的"减负"。

二 构建"适度统合"的条块关系

传统政府体系是相对封闭且分散的，这一观点不是"凭空捏造"的。

从政府内部结构来看，其封闭性体现在条块分割上。在理论上，"条块结合"的目的是在大型组织中搭建起纵横相通的管理体系，既发挥"条"的层级优势，也兼具"块"的合理分工。殊不知，这种"条块结合"的形式却在实践中走向了相反的方向，异化为"条块分割"的碎片化模式。具体而言，即"条条"与"块块"各自独立，都有一套自己的运行机制，前者以业务指导进行，而后者则以地方领导呈现。处于两者交叉处的各职能部门则面临双重领导的压力。如果条块命令相同则不存在多大的问题，一旦出现分歧，就会陷入两难困境。而且这种分歧是常常出现的。除了条块分割之外，职能部门化也是政府内部结构碎片化的重要体现。职能制是政府内部组织设立的基本逻辑，根据权限的不同性质，将一个组织在横向层面上细分为多个专门的职能部门。这种划分方式不仅存在于中央层面，还延伸至地方各级政府。这些职能部门的业务性质在各级政府中保持一致，从而构成了一个层次分明、功能明确的组织体系。这些部门相互独立、分工明确，以专业化、科学化的手段各自负责特定领域的公共事务。但是，这也形成了各自为政、目标分散、行动分离的不利局面，把组织的整体任务搞得支离破碎。

县域治理现代化要求有一个更高效的政府，而要实现"高效"，整合政府内部资源，克服条块分割所造成的碎片化困境，走向"适度统合"的整体性政府是必由之路。为此，一方面要理顺条块关系，分清哪些职能应该是上级政府专有，这部分职能由上级政府通过自己的条条去执行，由条条管理的事项，块块不得干预或越权处理。同时，县级政府拥有特定的专有职责和事务管理权，上级政府及其垂直部门在未经授权的情况下，不得对县级政府的专有职责进行任意干涉或侵夺。也就是说，在明确界定上级政府与县级政府各自职责的基础上，权力的分配应遵循"适宜级别管理"的原则。上级政府应牢牢掌握那些对其整体管理和决策至关重要的权力，并对其垂直管理系统内的相关事务承担主要责任。相应地，上级政府应适时下放那些对县级政府更为适宜管理且影响较小的权力，以确保地方政府能够更贴近实际、灵活高效地处理地方事务。在推进改革的过程中，尽管有必要向县级政府放权，但这一放权过程应审慎进行，确保下放的是非核心、次要的权力。核心和重要的权力应始终保留在上级政府及其职能部门手中，以确保政策的一致性和决策的高效性。在下放权力的同时，应确保县级政府能够切实承担起相应的责任，并拥有足够的自主权。为此，需要建立健全相应的制度机制，为县级政府行使权力提供必要的保障和支持。这些制度机制应确保权力下放的稳定性和可持续性，非经法定程序不得随意改变。① 另一方面，在厘清条块分工的基础上，要加强条块之间的沟通与协调。目前，能够有效发挥这一作用的保障并非什么机制或制度，而是要借助领导这一角色。特别是各级党委"一把手"在上级部门和下级部门之间的联系作用具有无可比拟的优越性。例如，笔者在江苏省某县级市进行社会组织法制建设方面的调研时，在实际接触该市法制部门的日常工作中就曾多次发现，当本市所制定的社会组织立法政策没有获得条线上的业务指导甚至需要变通执行时，本市法制部门的工作人员就会请示本市主管法制的领导去与上级法制部门相协调，以"要政策、要空间、要认可"。这种以领导承担条线之间对话、协商的媒介职责的现象已然较为普遍，"如果说部门主要负责业务技术的话，那各级党委政府在协调方面则具有无与伦比的优势。这种整合模式能有效地承担各种协调功能，让部门回归到自己的业务范围之内，并且为部门带来远远超过自身单独运作的利益"②。

三 完善"服务本位"的行政职能

在古典自由主义者的视野中，政府是由社会民众让渡权利而形成的社会组织。不过，这一转让的过程是自愿的且有条件的，其条件之一就是这个新生组织要在安全、发展等方面为转让者提供服务。由此来看，政府的服务属性是它的本质属性，如果没有服务的内涵，它实际上就失去了存在的必要。"全心全意为人民服务"是我国政府始终坚持的宗旨。21世纪以来，为适应市场经济发展所带来的快速现代化进程，建立地方服务型政府成为行政体制改革的重要目标。所谓服务型政府，"是在公民本位、社会本位理念指导下，在整个社会民主秩序的框架下，通过法定程序，按照公民意志组建起来的以为公民服务为宗旨并承担着服务责任的政府"③。理论

---

① 周振超：《打破职责同构：条块关系变革的路径选择》，《中国行政管理》2005年第9期。
② 李元珍：《对抗、协作与共谋：条块关系的复杂互动》，《广东社会科学》2015年第6期。
③ 刘熙瑞：《服务型政府——经济全球化背景下中国政府改革的目标选择》，《中国行政管理》2002年第7期。

上的认识与建构为地方服务型政府的实践尝试铺平了道路。因此，近年来，全国各地纷纷从自身实际出发，开展了各具特色的地方服务型政府建设探索。例如，上海市探索推进"科技创新"型服务型政府建设，依托现代信息技术发展，以电子化、信息化、智能化为目标促进政府职能转变；南京市把服务型政府建设的重点放在民主制度建设上，积极扩大公民参与，努力发挥民众在服务型政府建设中的作用，形成了"公民参与"型服务型政府建设模式；大连市创新实施"行政提效"改革，将行政绩效的提升作为政府工作改进的核心内容，更加注重提高服务质量和人民满意度。

经过长期努力，我国地方服务型政府建设取得了显著成就，各地公共服务质量和服务效能大幅提升，人民的获得感和幸福感不断增强。随着我国进入特色社会主义新时代，社会主要矛盾发生了新变化，人民群众对美好生活的需要也日益增长。在这一背景下，对地方服务型政府建设的要求也相应提高，从过去的较低标准兜底型转变为中高标准质量型，即要求建设高质量的服务型政府。[①]然而，当前县级政府治理中存在的服务权力不充分、服务标准化水平不高、审批服务水平参差不齐、服务定制化程度不够等问题，依然制约着县域服务型政府建设。因此，县级政府应坚守"服务为本"原则，加快推进转变行政职能。一是加强顶层设计，创新服务体制。在统筹考虑上级政府最新政策要求和现行常规做法基础上，加大对县域服务资源的支持力度，尽快从场所软硬件配置、服务事项范围、人员配备标准、考核管理制度等方面形成统一的服务机构建设与管理标准，兼顾线上线下融合，优化一线部门和人员服务环境，提高县级政府各部门的服务能力。二是机构法定化。不论是转变政府职能还是组织建设，首要的问题便是明确每个职能都由谁行使的问题。所谓机构法定化即指行政主体资格的法定化。在行政法学中，"行政主体是指在公共行政中享有国家行政权力，能以自己的名义实施行政行为，并能独立承担由此产生的法律责任的组织"[②]。目前，由于现行法律对行政主体资格的界定相对模糊，实践中出现权力的多重行使和权责混乱的现象，因此，机构法定化即要求对主体资格的明确，在行政管理中必须实现一一对应的权属关系。三是职能合法化。根据古典政府理论，政府的权力源自人民的授权，政府作为人民的代

---

① 薄贵利、吕毅品：《论建设高质量的服务型政府》，《社会科学战线》2020年第2期。
② 沈荣华编著《现代行政法学》，天津大学出版社2003年版，第43页。

表，是人民的仆从机关，是人民行使主权的工具，其职能必须受到法律的约束和指引。这意味着政府在行使权力和履行职能时，必须严格遵循法律的规定，确保权力行使的合法性和正当性。这是最基本的宪政原则。沿着这个逻辑进行推理，便可以说职能合法化的关键在于获得民众的认同。而这种"认同虽是能够从支配性的制度中产生，但只有在社会行动者将之内在化，并围绕这种内在化的过程建构其意义的时候才能够成为真正的认同"①。正如前文所指出的，政府治理需要法制化，应是以地方性法规的形式出现，因而，以其作为赋予职能合法化的手段是理所应当的选择。四是深化行政审批制度改革，打造更优的服务环境。持续优化改革县域行政审批机构及其职能，进一步加大划转（调整）各部门服务事项（职责）至行政审批机构的力度，尽快实现赋权全覆盖，真正做到"一枚印章管审批"，极大地方便企业和群众办事创业，有效降低制度性交易成本，激发市场活力和社会创造力。同时，借鉴部分发达县域政府改革经验，在乡镇层面成立基层行政审批局，作为区镇职能机构，代表区镇集中统一受理相关审批服务事项，为基层群众提供便捷高效的公共服务，彻底解决审批权分散、部门职能交叉、多环节多层次审批等问题，真正实现"一门式办理"。五是完善制定权责清单，使权力公开、规范、明晰地运转起来。权责清单制度作为一种长期制度，是一项常态化、持续性的系统工程。各县级政府应依据上级政府普遍颁行的《行政权力事项清单管理办法》，进一步细化、完善、落实，据此建立一套可以切实落地执行、有效监督的权责清单动态调整机制，加大权责清单动态调整频率，以制度的形式、规范的流程，让权责清单的梳理、公开、调整、完善成为各部门经常性的工作，使权责清单做到不仅是单纯的网上公开、静态公开，更能及时反映法律法规的调整、部门职能的变动和社会经济的发展，保证权责清单制度的动态性和时效性。

四 解决"最后一公里"的执法痛点

推进县域治理现代化，治理有效是基础。而是否有效执行和落实各项富民惠民政策则是判断治理是否有效的根本标准。在实践中，各项政策的

---

① 〔美〕曼纽尔·卡斯特：《认同的力量》，曹荣湘译，社会科学文献出版社2006年版，第5页。

执行并非想象的那样顺利。因为从政策执行过程来看，既定的政策目标和最终政策结果之间并不存在直接的线性关系，基层执法人员凭借拥有的自由裁量权，"象征性地遵从上级安排，却选择性地执行命令，以期满足上级要求的最低标准。与此同时，他们力图巧妙地避免直接与上级权威形成公开对抗，在表达懈怠意愿时规避了正面冲突带来的不利影响，并逐渐演化为一种无组织的集体行动"[1]。因此，完善基层综合行政执法体制，解决政策执行的"最后一公里"难题势在必行。

在治理现代化背景下，治理的内生价值促进基层综合行政执法体制改革发生新变化。所谓治理，即指"各种公共的或私人的个人和机构管理其共同事务的诸多方式的总和，它是使相互冲突的或不同的利益得以调和并且采取联合行动的持续的过程"[2]。其所蕴含的关于公共权力共治共享、公共利益最大化、主体多元化、结构网络化、行动合作化的理论要义，深刻影响着基层综合行政执法体制改革方略。一是构建多元主体协同的行政执法体制。县级政府应深入推进乡镇综合行政执法体制改革，重点通过整合乡镇原城管、安监、控违、应急、卫生、市场等部门人员，组建乡镇综合行政执法局，实现"综合执法一队伍"，统一承担相关执法职能，提升社会治理精细化水平。二是以解决改革难题为导向，统筹编制资源配置。结合县域实际，优化区域划分，主动聚焦改革中面临的编少事多、安全任务重、"小马拉大车"等突出问题，在编制资源紧缺的情况下，探索人员统筹使用，建立灵活机动、运转高效的动态调整机制，将有限的编制资源向基层综合行政执法领域倾斜，为破解执法领域突出问题提供机构编制保障。三是创新执法形式，推出柔性执法。"社会越发达越要求行政机关在保留传统的权力行政方式的同时，大量运用非权力行政方式进行管理活动，以提高社会成员积极性。"[3] 例如，江苏省一些地区积极探索柔性执法新模式，推出"学法免罚"制度，针对小微违法行为，实现处罚与教育相结合，让基层综合行政执法既有"力度"更有"温度"。这既有利于规范行政执法行为，提高执法行为的公平性、公正度，彰显惩教结合、包容审

---

[1] 倪星、王锐：《权责分立与基层避责：一种理论解释》，《中国社会科学》2018 年第 5 期。
[2] The Commission on Global Governance, *Our Global Neighborhood*, Oxford: Oxford University Press, 1995, p. 2.
[3] 张书琛等：《社会主义市场经济中的社会公正问题》，广东人民出版社 2002 年版，第 236 页。

慎的现代柔性执法理念，也有利于减少对市场主体正常生产经营活动的影响，最大限度地维护市场主体的合法权益，大大优化执法效果。四是执法要具有规范性。所谓主体资格的审定即指对拥有权力的主体的能力、权限、方式等方面进行规定。审视我国行政管理的长期实践，多头执法的现象尤为突出，其导致的后果往往并非过度的干预，反而是行政不作为。执法规范化改革的核心在于对政府权力进行详尽的列举与确认，旨在精确界定政府的职责范畴，确立权力的归属、边界及行使准则。通过对主体资格的严格审定，确保主体资格合法化，使其权力行使具备明确依据。首先，这既规范了权力的运作，又消除了法外设权的风险，提升了法治化水平。其次，优化了政府内部权力结构，打破了部门间的体制性隔阂与纷争，促使权力配置更为合理且高效。最后，推动了组织结构的重组，通过优化权力关系，自动整合部门权力，精简冗余职能，为深化大部制改革提供了有力支撑。

第三节　县域治理共同体构建

县域治理共同体是社会治理共同体概念在县域层面的具象反映。2019年1月，习近平总书记在中央政法工作会议上首次提出"社会治理共同体"概念，这是对新时代社会治理新格局表述的再一次升华。同年召开的党的十九届四中全会正式将这一最新理念写入党的纲领性文件。2022年10月，在党的二十大上，"社会治理共同体"概念再次被写入党的最高文件，即"发展壮大群防群治力量，营造见义勇为社会氛围，建设人人有责、人人尽责、人人享有的社会治理共同体"[①]。"社会治理共同体"概念的提出，是党和国家对党的十八大以来形成的中国特色社会治理思想体系的进一步丰富和拓展，更为提出和发展县域治理共同体理念奠定了坚实的思想基础。

一　县域治理共同体的内涵与特征

随着社会的不断发展和公共事务复杂程度的提高，公共事务的不确定

---

① 习近平：《高举中国特色社会主义伟大旗帜　为全面建设社会主义现代化国家而团结奋斗》，《人民日报》2022年10月26日。

性日益突出，这导致基于严格等级制度和专业分工的官僚制组织面临治理挑战。正如胡德所言："任何一个行动者，不论是公共的还是私人的，都没有解决复杂多样、不断变动的问题所需要的所有知识和信息；没有一个行动者有足够的能力有效地利用所需的工具；没有一个行动者有充分的行动潜力单独地主导一个特定的政府管理模式。"[1] 因此，要有效应对复杂的公共事务，必须构建协同高效、运转顺畅的共同治理体系。这一治理体系不再仰赖传统政府的单中心力量或仅仅依靠部分专家的技术理性，而是吸纳多种力量共同参与、共同分担，打造人人有责、人人尽责、人人享有的治理共同体模式。所谓"共同体"，原意是指建立在情感、血缘、地缘等一致性因素基础上紧密联系的排他的社会联系或共同生活方式。在社会治理语义下，共同体可以被引申为"在'自我'之外建构了集体存在的意义及方式，它将原子式、分散的、异质化的个体或次文化共同体囊括在更大范围的共同体中，并赋予每个共同体成员特定的身份。这个身份既是享受共同体资源和福利的资格与基本权利，也意味着积极的责任和义务，促使其成员行动意识的觉醒"[2]。在解读共同体概念的基础上，我们可以将县域治理共同体视为在县域这一特殊范围内的治理共同体，其定义为："基于特定的治理任务或目标，包括县级党委、县级政府、社会组织、企业、居民在内的多元主体，通过权责合理划分、有序互动协商等方式，形成的相互关联、相互促进且关系稳定的行动群体。"县域治理共同体的建设，是在探索推进县域治理体系和治理能力现代化道路上的一次理论突破和实践尝试。它强调了县域治理现代化的社会基础，给予了新时代背景下蓬勃发展的社会力量足够的重视，从而全面推进治理模式转型，最终实现社会"善治"。

进一步分析，县域治理共同体的特征主要表现在三个方面。一是强调人人有责，吸纳更广泛的社会参与。"人人"即指在社会系统中的所有个人或组织，人人有责即表明在社会治理过程中，凡是受到治理活动影响的成员都有权利和责任参与其中，扮演相应的治理角色，各负其责。需要强

---

[1] Christopher Hood, "Paradoxes of Public-sector Managerialism, Old Public Management and Public Service Bargains," *International Pubic Management Journal*, No. 3 (2003), pp. 92-93.

[2] 张国磊、马丽：《新时代构建社会治理共同体的内涵、目标与取向——基于党的十九届四中全会〈决定〉的解读》，《宁夏社会科学》2020年第1期。

调的是，人人有责不仅是指多元主体在执行上参与社会治理，"更要共同规划社会治理的目标，共同设计社会治理的政策，共同探索社会治理的工具，共同开展社会治理的实践，共同评估社会治理的成效"[①]。在县域治理中，县级党委、县级政府以及各类社会组织、企业和居民都是重要的参与主体，共同构成了县域治理共同体。二是落实人人尽责，将治理责任转化为治理效能。人人尽责首先强调多元主体参与的过程性，即多元主体通过制度化、有效化的参与方式和渠道实际参与到治理活动中。多元主体的治理责任已得到普遍认可，但责任的落实在过去被长期忽视，参与的华而不实、形式主义问题始终存在。构建县域治理共同体，一个关键举措即创设更加多样的参与渠道，让多元主体真实行动起来，发挥实际作用。人人尽责同样强调参与的有效性，即注重多元主体行动的耦合性，通过有效整合其各自的实践活动，实现分工明确、优势互补、协同行动，最终达成"1+1>2"的集成效益。三是人人享有，让治理成果由全体社会成员共享。落实人人有责和人人尽责的自然结果就是人人享有，这既是明确"发展为了谁"的根本问题，也是回应我国社会主要矛盾转化的根本要求。在县城中，由农民和进城务工人员构成的广大居民同样是社会大家庭的一员，但是由于身份的独特性，这些居民在传统的治理体系下常常难以享受到平等的市民待遇，在住房、教育、医疗、公共服务设施乃至政治和经济权利方面受到不同程度的歧视和排斥。这显然与县域治理现代化的发展方向背道而驰。构建县域治理共同体，实现人人享有，就是在维护他们的根本利益，让改革发展成果更多更公平惠及全体社会成员，实现共同富裕。

二 县域治理共同体的多主体关系

县域治理共同体在本质上是一种多元治理主体之间的治理关系。因此，构建县域治理共同体，关键问题在于明确县域治理中的多元主体及其相互之间的关联、联动与协同共治关系。依据治理理论，社会治理是一个开放性过程，在理论上任何治理主体都可以参与进来并发挥作用，既包括公共部门如政府、议会、官办组织等，也包括各种非政府组织如志愿性团体、协会、社区组织、利益团体等以及公民个人。从实际治理过程和参与效果来看，在常规的县域治理中，参与主体主要包括县级党委、县级政

---

① 郁建兴：《社会治理共同体及其建设路径》，《公共管理评论》2019年第3期。

府、社会组织、企业和居民。

（一）县域治理共同体中的多元主体确认

县级党委是中国共产党在县一级地区的最高领导机构，是党的地方基层组织之一，也是党在县一级地区的领导核心。县级党委是党的理论和路线方针政策的具体实践者和推动者，其主要职责包括贯彻执行上级党组织的指示、决定，领导本县的经济和社会发展工作，加强党的自身建设，发挥党组织的战斗堡垒作用和党员的先锋模范作用，推动本地区的社会主义现代化建设不断发展。在实践中，县级党委在推动本地区经济社会发展、加强基层组织建设、服务人民群众等方面发挥了重要作用，有效地连接了党和人民，是党在基层组织中的重要组成部分，为推进中国特色社会主义事业提供了坚实的组织保障。

县级政府在中国行政区划体系中是介于省级行政区和乡（镇）级行政区之间的地方政府。其主要职责为落实上级政府的决策，管理该行政区域内的经济、教育、文化等事务，并维护社会秩序与公共安全。正因如此，县级政府在国家治理体系中发挥着承上启下的作用。为保证国家政策能够在基层有效落实，县级政府不仅需要将基层真实情况及时汇报给上级政府，还需要准确地向下级政府与群众传达政策的具体内容。此外，县级政府是连接市级政府与群众的桥梁，其能够较为全面地掌握基层的真实信息，更为充分地了解当地群众的需求，有效解决群众的实际问题，进而维护社会稳定并推动地方治理现代化，促进地方特色经济的蓬勃发展。

社会组织具有广义和狭义两种含义界定。在广义上是指社会上各种两个人以上的组织形式。而在狭义上，社会组织是指政府组织、市场组织之外的第三方组织。它一方面能够克服市场失灵，在一定程度上解决市场组织在提供公共产品过程中的供需矛盾问题；另一方面，它能够与政府组织形成互补关系，提高公共产品供给的效率，降低公共产品供给的成本，从而进一步解决公共产品供给不足和多元需求的问题。可见，社会组织是指在政府组织和市场组织之外，由公民、团体或其他社会力量自发成立的第三方组织，是具有非政府性、非营利性、自治性的组织形式，且相较于政府与市场更加注重社会价值，充分体现公民的知情权与参与权，是解决市场失灵和政府失灵的重要途径。

随着市场经济的不断完善和现代企业制度的逐步确立，企业已然成为市场经济体制框架内的核心行动者，并为社会经济的发展注入持续的活力和动力。一方面，在公共服务生产和供给领域，政府不再是唯一的行动者，企业被赋予了同样的重任。这在一些主要的发达资本主义国家中即表现为一种民营化与公私伙伴关系改革的倾向。另一方面，如果说民营化过程中的企业参与还是以经营者的身份开展营利性行动的话，那么现代企业所承担的社会责任则意味着其身份的彻底转型。我们也可以看到，诸多企业已经在保护环境、发展慈善事业、捐赠公益事业等领域开展了有效的行动，企业参与已经成为社会公共生活不可或缺的行动者。

当地居民是参与县域治理的主体。我国《宪法》第2条规定："中华人民共和国的一切权力属于人民。……人民依照法律规定，通过各种途径和形式，管理国家事务，管理经济和文化事业，管理社会事务。"发展中国特色社会主义民主政治，归根结底是要坚持和完善人民当家作主的制度体系，扩大人民有序政治参与，发挥人民群众积极性、主动性、创造性。宪法与民主政治发展的要求，为居民参与县域治理提供了坚实的法治和政治保障。

（二）县域治理共同体中的多元主体关系

我国县域治理已然出现了新的实践探索，治理主体之间的关系逐步从多元主体向县域治理共同体发展，其中多元主体强调的是主体之间的平等地位以及治理的共同参与，而县域治理共同体则更加重视治理主体之间的互动协商和相互联系、相互促进。这种新型社会关系本质上是一种富有生命力的有机结构关系。县域治理共同体是对以往多元主体关系的进一步完善，是治理行动方式从动员式参与向合作式治理的转变，实现了更高层次的合作与互动，有利于治理主体之间共识的达成以及对共同价值和目标的追求。[1]

在县域治理格局中，县级党委、县级政府、社会组织、企业和居民都是重要的参与主体，共同构成了县域治理共同体。其各自主要的参与形式是县级党委领导、县级政府负责、社会组织协同以及企业和居民参与，这同时也是我国多中心治理情境中的外部变量。在多中心治理情境下，当外部变量相对稳定时，通过再造结构、重塑价值以及整合秩序，就能够实现

---

[1] 李慧凤、孙莎莎：《从动员参与到合作治理：社会治理共同体的实现路径》，《治理研究》2022年第1期。

治理主体之间的合作共治以及社会治理格局的共建共治共享。[①]

当前，在多元主体相互协作的条件下，县域治理共同体形成了"一元中心领导，多元协同互补"的"一核多维"的网络化治理格局。具体而言，县级党委统筹全局，发挥领导作用。党委领导力的分散会影响多元主体的治理效果，县级党委是县域治理格局中的唯一中心，因此在治理过程中需要县级党委作为核心领导力量，聚焦任务目标，统筹协调多方主体的力量。而县级政府则围绕县级党委这一核心形成协同互补关系，使资源在各主体之间流动起来，发挥多元协同的优势。在这种协同互补关系中，县级政府主要负责提供公共产品和服务、下沉其他主体所需的资源以及提供参与治理的渠道和方式，而社会组织和企业则能够供给县级政府无法提供的产品和服务，满足群众更精细化的需求。同时，基层自治组织的发展，使居民在治理格局中拥有更多的话语权，居民参与县域治理的渠道更加多元化，参与方式也日趋丰富，能够很好地弥补其他主体治理的空缺。这样的网络化治理格局不仅明晰了各主体之间的职责边界，也推动治理朝更精细化的方向发展。

（三）县域治理共同体中多元主体在场的隐忧

依据协同优势理论，协同固然能够获得某种创造性的成果，但并不容易实现。由于协同各方在目标、文化、组织、权力、能力等方面存在重大差异，协同在实践中往往趋于失败，协同惰性问题反而更为突出。[②] 多元主体虽然是共同治理的重要参与者，并具有高度的契合性，但毕竟具有不同的性质和能力，在议题选择、主体身份、目标和利益方面存在固有的"距离"，对共同行动造成显著影响。一是议题选择机制不健全。确立共同的议题是实现多元主体共同治理的前提和基础。由于在议题选择之前疏于进行深入的实地调研和广泛的群众沟通，治理议题的确定要么过于宏观，围绕国家和地方的大政方针或改革发展稳定中的重大问题进行讨论；要么随意性过大，仅关注一些常规性问题。这些议题既不贴近基层实际和群众利益，也不能真正地解决基层所出现的问题，导致应该经过充分协商的内

[①] 张敏：《结构再造、秩序整合与价值共创：社会治理共同体建设路径》，《兰州大学学报》（社会科学版）2023 年第 2 期。

[②] 鹿斌、金太军：《协同惰性：集体行动困境分析的新视角》，《社会科学研究》2015 年第 4 期。

容未经协商就做出了决策,而并不需要协商的内容却投入了大量的成本进行协商。二是主体不对等。县域治理中的党政组织在本地区的经济社会中掌握着优质的公共权力和社会资源并享有较大的话语权,属于治理精英范畴。而其他主体,如社区居民、企业公司、社会组织等不仅缺乏民主参与的物质基础和精神条件,而且受传统治理体制影响,其主体性长期受到压制。在精英与民众的互动中,后者显然属于弱势一方。三是目标不一致。清晰的共同目标是各方进行合作的起点,但达成共识从来不是一件容易的事情。党政组织是政治组织,其职责任务体现出强烈的党性和政治性。因而在治理目标的设定上往往追求宏观层面上的价值目标实现,强调治理成果的广泛受益性。而企业和个人关注微观目标,往往就某一特定群体出现的具体问题予以关注,体现出有限范围内就事论事的特征。四是利益不统一。尽管从整体利益来说,多元主体间的利益目标是一致的,都追求"治理为民"。但从具体利益角度来看,各治理主体的利益又是分散的。无论是以党政为代表的公共部门,还是企业、社会组织和居民,都追求自身利益的最大化,这就使得它们彼此之间的利益关系陷入多元化、原子化的困境。由此形成的相互孤立、相互角逐,乃至相互对峙、相互敌对的局面,使公共利益空间面临解体的风险。

三 县域治理共同体的运行机制

县域治理现代化中的治理需求已不再局限于传统的"短、频、快"模式,社会民众意识的增强要求提供的公共服务更加多元化、综合化。因此,健全共建共治共享的县域治理机制,建设人人有责、人人尽责、人人享有的县域治理共同体,对于提升县域公共服务效能具有重大意义。

(一) 构建多元主体规范有序参与的共建机制

所谓"共建",就是指多元主体共同参与社会建设的过程,回答的是县域治理依靠谁的问题。构建多元主体规范有序参与的共建机制,既要研究各主体在县域治理共同体中的"位置",也要厘清主体间的特殊关系。[1]因此,推动完善县级党委领导、县级政府负责和牵头、社会组织和企业协作、广大居民参与的共建机制势在必行。具言之,一是完善统揽全局、协

---

[1] 糜皛、沈荣华:《开创新时代社会治理新格局》,《理论探讨》2018 年第 5 期。

调各方的县级党委领导机制。实现多元主体共同治理，把握县域治理现代化的正确方向，必须在全面学习贯彻习近平新时代中国特色社会主义思想的基础上，坚持在县级党委的领导下开展工作。围绕县域改革发展稳定的重大问题和涉及群众切身利益的实际问题，将县域治理的各项工作都置于县级党委工作总体布局中来谋划和部署。通过加强工作指导、深度参与、定期沟通等方式，充分发挥党的引领作用，实现科学引领、一体推进。二是完善集约高效、运转顺畅的县级政府负责机制。作为地方公共权力的执掌者，县级政府负责县域治理各项事务是理所当然之事。因此，县级政府要树立强烈的责任意识，掌握权力就拥有责任，权力和责任是一对密不可分的"孪生物"。县级政府切实担负起责任不仅有利于提升治理的可信度和有效性，也有利于不断改善自身形象。基于此，要建立起完善的问责制度，使责任承担具有可操作的具体流程，有内容规定、过程设定、中间检查、后果追究。三是完善多元互动、共担共赢的社会协同机制。社会治理责任在政府，活力在社会，潜力在市场。① 县级党委和政府首先要大力培育、支持本地区企业和社会组织成长，使它们成为具备自我造血功能和遵循市场发展规律的社会力量。在此基础上，要不断优化调整国家与社会的关系，尽快实现从"强国家—弱社会"向"强国家—强社会"转型，为多元社会力量搭建互动平台、提供参与机会，充分调动各方参与县域治理的积极性和主动性，最大限度地释放社会优势和能量。四是完善人人有责、人人尽责的公众参与机制。作为主人翁的广大群众，通过多种渠道参与到社会治理中，是社会主义民主政治最具生命力和感召力的优越性。因此，要创新构建多样化、开放性的公众参与平台和渠道，最大限度地保障人民民主权利得到落实，确保治理过程全面、开放、有效推进。

（二）创新公共事务科学有效应对的共治机制

"共治"是多元主体共同参与的方式，反映的是县域治理如何开展的问题。为保证复杂的治理过程有效运转起来，共治机制应由多种多样的具体机制组成。一是在县域公共服务中积极引入公私合营（PPP）模式。为解决政府在县域公共服务供给中经常越位、缺位、错位的问题，应通过广泛引入公私合营模式，鼓励私营企业、金融机构、民营资本与县级政府进

---

① 郭声琨：《坚持和完善共建共治共享的社会治理制度》，《人民日报》2019年11月28日。

行合作,参与县域治理。在具体项目运行中,要十分注重完善定价机制,在实现社会利益最大化的前提下,通过利润转让、财政补贴、政策优惠等形式,保障项目参与者的合理利润,提高运营的可持续性。二是建立各类公共服务机构间的协同机制。各类公共服务机构应在明确自身发展战略定位的前提下,依据比较优势进行专业分工与有机合作,形成多方协同服务合力,构建有别、有序、统一的公共服务市场。三是构建合理、科学、可持续的治理项目风险共担机制。构建由县级党委、县级政府、社会组织、辖区企业、本地居民等多方参与的治理项目风险共担机制,合理确定参与各方的风险责任。要加大治理项目风险评估、绩效管理、权力监督的力度,提高参与各方风险处置能力。

(三) 完善发展成果惠及全体人民的共享机制

"共享"是实现治理成果由全体人民共同享有,回答了社会治理为了谁的问题。早在1990年,邓小平同志就已明确提出:"社会主义不是少数人富起来、大多数人穷,不是那个样子。社会主义最大的优越性就是共同富裕,这是体现社会主义本质的一个东西。"[1] 站在新时代的历史起点上,党中央再次提出"实现共同富裕"的宏伟蓝图,"既是顺利推进现代化进程的内在要求,也将成为中国特色社会主义现代化的鲜明特征"[2]。完善发展成果惠及全体人民的共享机制,一是要着力解决好人民群众急难愁盼的各项问题。例如,要加快推进民生领域的体制机制改革,完善教育、医疗、卫生、住房、就业、安全、健康、环境等领域的制度建设,增进民生福祉,提高人民生活品质。二是建立公平合理的利益分配制度。为了构建一个更加公正和可持续的社会,我们必须坚持以按劳分配为主体,并允许多种分配方式并存。为了实现这一目标,我们需要构建一个协调配套的制度体系,包括初次分配、再分配和第三次分配。深化收入分配制度改革,应提升居民收入在国民收入分配中的份额,并加大劳动报酬在初次分配中的比重。同时,强化再分配对收入分配的调节作用。在初次分配和再分配中,都应坚持效率与公平并重的原则,而在再分配中更应突出公平的重要性。三是健全基本公共服务体系。要通过深化财政制度、户籍制度、市场

---

[1] 《邓小平文选》(第3卷),人民出版社1993年版,第364页。
[2] 刘培林、钱滔、黄先海、董雪兵:《共同富裕的内涵、实现路径与测度方法》,《管理世界》2021年第8期。

制度改革，不断加大统筹城乡发展、缩小区域差距的政策力度，确保广大群众在公共服务方面享有均等的机会、过程和结果，不因地域、城乡或其他因素而受到不公平的待遇。逐步消除原有制度中内生的公平障碍，实现制度本身的公平正义。

本章小结

伴随社会治理重心持续下移，县域治理成为国家治理的基石，以县域为主要载体的治理空间越来越多地承载社会安全、民生建设、公共服务的重任。因此，推动县域治理体系现代化建设势在必行。本章聚焦县域治理体系现代化，试图从"结构视角"出发，探寻一种综合的路径选择。具体来说，首先是关注县级党组织的建设。县级党组织承担着巩固和落实党在县域治理中的领导地位、全面领导县域治理发展与稳定的历史使命，是引领县域治理现代化的坚强战斗堡垒。为顺应县域党建工作新形势并引领县域治理改革创新，县级党组织必须正确定位角色，并在治理实践中充分发挥作用。因此，要持续完善和发展县域党的领导制度体系，提升党建引领能力，从而加快县域党的角色转型与行为调适的步伐。其次，要突出县级政府责任，优化政府治理体制。要走出数量增减式的"历史怪圈"，规范政府机构设置；加强政府整体性建设，优化条块关系；坚持"服务为本"，转变行政职能；解决"最后一公里"难题，完善执法体制。最后，构建县域治理共同体。构建县域治理共同体，就是要实现人人有责、人人尽责、人人享有。从实际治理过程和参与效果来看，参与主体主要包括县级党委、县级政府、社会组织、企业和居民，要形成"一元中心领导，多元协同互补"的"一核多维"的网络化治理格局。不过，需要注意的是，为克服多元主体在场的隐忧，需要构建多元主体规范有序参与的共建机制，创新公共事务科学有效应对的共治机制，完善发展成果惠及全体人民的共享机制，从而保证协同优势得到充分发挥。

第六章
县域治理能力现代化：多维能力提升与支撑条件构建

在中国特色社会主义新时代的大背景下，我国县域社会依然处在一个强烈的转轨时期，城镇化、工业化、智慧化、市场化有力冲击着现有的县域治理体系，在政治建设、经济发展、文化繁荣、社会和谐等各个方面对县域治理能力提出了更高的要求。面对复杂的社会治理环境，如何提高县域治理能力，成为推进县域治理现代化一个亟须解决的关键问题。并且，这种能力不仅要能够有效应对当前面临的矛盾和冲突，而且要能够对未来可能出现的新挑战进行有效预测和合理管控，同时还要随着新问题、新形势的出现而不断发展，这些都对县域治理能力建设提出了更高要求。本章在前文研究基础上，开拓一种"外部视角"的审视，对县域治理能力进行全景扫描和分析，结合已设定的逻辑向度，重点通过对县域治理中具象能力体系的塑造和改进，提出县域治理能力现代化的综合性方案。

第一节 县域治理能力现代化的综合分析与构建依据

在明晰问题所在的基础上，对县域治理能力进行综合向度的分析，从而明晰县域治理能力的影响因素，厘清县域治理能力现代化的应有维度，找到县域治理能力现代化的多维动力，是准确把握县域治理能力现代化构建依据、推动县域治理能力现代化转型的重要基础。

一 县域治理能力的影响因素

依据结构功能理论，我们所处的社会是由多个子系统有机联结而构成的"总体社会系统",每个子系统都对应一种功能,主要包括"目的达成""适应""整合""模式维护"四项基本功能,并对总体社会系统的有序发展产生重要影响。① 该理论特别强调,结构决定功能的发挥,当结构有效时,其功能就会最大限度地发挥作用;相反,当结构不良时,其就会抑制甚至削弱功能的发挥。与此同时,一旦结构发生变化,其相应的功能也随之改变。而能力则是功能发挥程度的主体表现,有什么样的功能就需要主体具备什么样的能力,二者紧密相连。因此,结构通过功能要素对能力产生重大影响。从结构功能视角出发,在县域治理现代化建设中,治理体系(结构)是县域治理的基本构成要素之一,是县域治理体制改革的逻辑起点,其各项能力的发挥就是以其内外结构的完善为前提的。简言之,县域治理体系在很大程度上决定和影响了县域治理能力的发展。提升县域治理能力,加快现代化进程,必须正确把握县域治理体系和治理能力之间的关系。江必新指出,治理体系和治理能力是一个有机整体,相辅相成,有了科学的治理体系才能孕育高水平的治理能力,不断提高治理能力才能充分发挥治理体系的效能。②

在实际发展中,一个地方选择什么样的治理体系,既不是人为预设的,也不是一蹴而就的,而是由经济社会发展水平决定的,经历了长期而艰难的制度试错与更新的过程。纵观县域发展历史,其在不同时期会呈现不同的治理体系变迁,相应地县域治理能力也会产生变化,呈现不同的特点。在不同的时期,由于县域治理体系完善程度不同,县域治理能力也呈现显著的强弱差异。

在封建社会时期,县域治理体系不完善导致县域治理能力孱弱。中国的封建社会延续了两千多年,虽历经多次王朝更替和外来入侵,却始终保持着国家运转和发展的整体秩序。究其原因,是自秦朝以来所创建的中央集权统治制度构建了一种稳定而成熟的国家治理体系,从而奠定了封建中国地方治理的超稳定结构基础。然而,中央集权统治也只不过是运行于有限的范围内,对县以下基层社会的整合和渗透能力十分孱弱。虽然早在秦朝时期就建立了郡县制,并在历代王朝中不断完善,但毕竟国家之大、人

---

① T. Parsons, *Social System*, New York: Free Press, 1951. 转引自周怡《社会结构:由"形构"到"解构"》,《社会学研究》2000 年第 3 期。
② 江必新:《推进国家治理体系和治理能力现代化》,《光明日报》2013 年 11 月 15 日。

口之众、事务之繁依然是其不能承受之重。更重要的是，在主要以农业税收为支撑的财政结构中，深入基层所带来的治理成本问题是封建王朝难以解决的。而在对外用兵和对内维稳的"双重消耗"下，有限的财政收入不足以支撑庞大的官僚群体。国家治理重心始终难以下移，这就不得不依赖士绅阶层利用本地通行的习俗与惯例自主控制基层社会。由此形成了封建中国所独有的"双轨政治"①和"集权的简约治理"②模式。正如瞿同祖所言，古代"乡村享有的自治，并不是政府有意要赋予它类似于自治的权利，而是因为当局无力完全控制或监督其活动"③。因此，在封建社会时期，尽管中央集权统治较为完善，但县域治理体系未受到足够重视，并未形成强有力的县域治理能力，以致来自基层民众的抗争始终成为统治者的梦魇。到了中华民国时期，国民政府虽然在1928年就颁布了《县组织法》，规定县以下的组织依次为区—村（里）—闾—邻四级，以加强对基层政权的控制，但事实上，县级政权建设"徒具形式，毫无内容"④。1939年，国民政府又开始试行"新县制"⑤，再次尝试改革所谓的地方行政制度。但由于以蒋介石为首的国民党统治集团彻底摧毁国家的民主共和秩序，以专制色彩浓厚的军事独裁统治取而代之，一幕幕政治闹剧轮番上演，致使本就不完善的县域治理体系进一步滑向深渊。在反复更迭的县域治理体系下，治理能力建设无从谈起。县域经济、文化、民生等各项事业长期凋敝，政治生活陷入无止境的战争动员和政治对抗中。

新中国成立后，县域治理体系才真正建立起来，县域治理能力也不断加强。新中国成立后，对于如何建设社会主义国家的历史任务，既没有现成的理论指导，也没有成功的先例可循。在中国共产党的领导下，1949年通过了《县各界人民代表大会组织通则》，正式确立了新型县制形态，即

---

① 费孝通：《乡土中国》，上海人民出版社2007年版，第277页。
② 黄宗智：《集权的简约治理：中国以准官员和纠纷解决为主的半正式基层行政》，《开放时代》2008年第2期。
③ 瞿同祖：《清代地方政府》，范中信、何鹏、晏锋译，新星出版社2022年版，第19页。
④ 高亨庸：《县政机构之改造》，正中书局1941年版，第42~43页。
⑤ 《县各级组织纲要》（1939）中规定：县为地方自治单位，县下设乡（镇），乡（镇）设保，保内设甲；县内的各级执行机关为县政府、乡（镇）公所、保办公处；各县设县参议会、乡（镇）民代表会、保民大会、户长会议；县长由国民党员担任；保长及区署的军事、教育两指导员，乡（镇）公所的警卫、教育两股主任，须经训练合格后才可充任。参见柳德军、贺翁《民国时期新县制"融保甲于自治"的历史演进》，《河北学刊》2021年第1期。

县域管理机构主要由县人民政府、县人民法院、县人民检察院、县公安局等部门组成，并逐步建立了县级人民代表大会、政治协商会议等制度，从而为县域治理体系建设奠定了坚实的组织基础。随着县域治理体系的建立，基层社会迅速走出革命战争的困境，全面投入社会主义社会建设中，从而助推县域治理能力质的提升。改革开放以来，县域治理体系趋于完善，县域治理能力大幅提升。尤其是进入中国特色社会主义新时代，以习近平同志为核心的党中央高度重视县域治理工作，指出"要把县域作为城乡融合发展的重要切入点，赋予县级更多资源整合使用的自主权，强化县城综合服务能力"[①]。《中共中央关于制定国民经济和社会发展第十四个五年规划和二〇三五年远景目标的建议》中同样强调："统筹县域城镇和村庄规划建设，保护传统村落和乡村风貌。"[②] 随着新时代县域治理体系的不断完善，县域治理能力进一步增强，县域在国家治理中的战略地位不断提升。如今，县域生产总值占全国生产总值的比重已接近40%，政治、文化、社会、生态、民生等各项事业均已取得重大发展，人民生活水平极大提高，城乡面貌发生了根本性变化，为全面实现中国式现代化奠定了良好基础。

从以上阐述中可以看出，县域治理能力的变化与县域治理体系的变迁始终保持一致。县域治理体系完善，能保障县域治理能力强大；县域治理体系不完善，则在一定程度上代表了县域治理能力的虚弱。这再次证明，县域治理体系对县域治理能力有着重大影响。基于此，新时代县域治理能力现代化的推进过程，必须与县域治理体系的现代化过程保持一致，基于县域治理体系的变迁维度和时代性维度的整体变化，找准县域治理能力现代化的综合维度，对县域治理能力进行协调性多维度提升。

二 县域治理能力现代化的维度预设

能力与权力密切相关。在政治学视角下，对权力的理解常常与压迫性和强制性力量紧密相关。而在社会治理创新语境下，权力的内涵已发生巨大变化。由于治理理论对治理体系结构的重新塑造表现出多元主体、网络

---

① 《坚持把解决好"三农"问题作为全党工作重中之重 促进农业高质高效乡村宜居宜业农民富裕富足》，《人民日报》2020年12月30日。
② 《中共中央关于制定国民经济和社会发展第十四个五年规划和二〇三五年远景目标的建议》，中国政府网，2020年11月3日，https://www.gov.cn/zhengce/202203/content_3635465.htm。

结构、合作行动等特征，因此权力这一重要的国家治理手段逐步丧失其传统的强制色彩，取而代之的是自愿、自主和平等的色彩。这表明在治理体系的多元主体行动中，一种凌驾于其他行动者之上的"利维坦"角色消失了。在这一结构中，实际上，权力被转化为一种能力，更准确地说是一种行动能力，这种能力可以看作行动者在社会治理中进行行为生产并达成所设定目标，进而参与治理活动的条件和水平。[1] 将权力视为一种能力而非强力，其实早已有之，波尔斯比就曾指出，"人们可以将权力设想为某个行动者去做某事以影响另一个行动者的能力，而这种能力可以改变各种特定的未来事件的可能模式"[2]。而围绕政府能力，学界更是进行了充分研究。例如，库博恩、施奈德把政府治理能力定义为，为实现特定政策目标而具有的计划、实施、控制和利用资源的能力；[3] 金太军认为，政府能力指的是政府在履行其职能、贯彻其意志的过程中，依托其所拥有的公共权力，进行顶层设计、政策制定、组织动员以及评价考核等各项活动的能力。[4]

与政府能力不同，县域治理能力在理论上应是一种综合性能力，不仅包括政府能力，也包括涵盖其他多元主体在内的治理能力。因为县域治理能力是县域治理体系的行动体现，而县域治理体系是包括县级党委、县级政府、社会组织、企业、公民在内的复杂行动系统。不过需要说明的是，从实际研究内容来看，对县域治理能力的分析，主要还是围绕县级政府展开的，本章的论述也遵循这一点。本书将县域治理能力定义为：县域治理主体（以县级政府为主）为实现有效的政策目标和发展战略，通过充分利用自身条件和本领，合理运行县域治理体系，领导和组织全体社会成员贯彻落实相关治理要求，最终推动县域经济社会良序发展的综合能力。县域治理能力是衡量县域治理现代化程度和社会进步程度的重要向度，推进县域治理能力现代化是社会整体现代化实现的前提和保障。

---

[1] 鹿斌：《社会治理中的权力：内涵、关系及结构的认知》，《福建论坛》（人文社会科学版）2020年第4期。

[2] 转引自〔英〕史蒂文·卢克斯《权力：一种激进的观点》，彭斌译，江苏人民出版社2012年版，第5页。

[3] J. D. Coggburn, S. K. Schneider, "The Quality of Management and Government Performance: An Empirical Analysis of the American States," *Public Administration Review*, Vol. 63, No. 2 (2003), pp. 206-213.

[4] 金太军：《政府能力引论》，《宁夏社会科学》1998年第6期。

基于上述分析，县域治理能力具有以下鲜明的特征。一是制度性。如果说县域治理体系是一整套制度形态、组织和体制所构成的系统，那么县域治理能力则是运用这套制度体系管理社会事务的能力。推进县域治理能力现代化，就是通过构建、完善和运作县域制度体系，将制度理念、多元理性、网络结构、协商民主、公平正义等要素嵌入县域政治、经济、文化、社会等领域，以促进这些领域的组织结构、行动方式发生深刻变化，从而实现县域治理的现代化。二是协同性。提升县域治理能力，事实上是对"国家吸纳社会"或"行政吸纳社会"困境的主动性回应，是国家与社会关系在县域空间的自我矫正。县域治理能力的协同性体现在应对公共事务中，需要实现县级党委、县级政府、社会组织、企业、公民之间的协调有序、良性互动：多元主体间应明确分工，社会能管的归社会、市场能管的归市场、政府能管的归政府；在具体公共事务治理中，多元主体应落实权力共享、责任共担原则；充分整合多元主体资源，发挥差别优势。三是综合性。县域治理能力集中体现为县域范围内产生的经济管理、政治发展、社会建设、文化繁荣、民生保障、环境保护等多方面治理能力的总和。四是动态性。县域治理能力不是一成不变的，而是随着县域治理需求的增加和县域治理体系的变化而不断调整和扩展。例如，近年来，伴随社会治理重心的下移，上级政府将诸多社会治理权限逐步下放，极大地扩展了县域治理权能和地方自主性；在智慧社会背景下，数字赋能县级政府职能转型和创新成为普遍现象，极大地提升了行政管理效率和效能。可见，"县级政府只有转变不合时宜的职能，培育符合现代需求的职能，才能适应现代社会对政府的预期，才能实现自身现代化，其实质是在更高层次和现代化轨道上履行县级政府职能"[1]。五是外部性。推进县域治理能力现代化将会产生巨大的外部效应，主要表现在两个方面。一方面，一个地方的治理能力提升将直接促进本地区经济增长、政治稳定、社会发展和安全等。改革开放以来，我国县域经济的长期高速发展就是最好的证明。另一方面，县域治理能力的提升可以带动社会组织、市场组织和基层自治组织的快速成长、成熟和发展。当前，社会志愿精神的发扬、市场运营质量的提高、基层自治水平的提升，都离不开县级党委和政府的领导和支持。

---

[1] 丁志刚、陆喜元：《论县级政府治理能力现代化》，《甘肃社会科学》2016年第4期。

三 县域治理能力现代化的多维动力

(一) 县域数字经济快速发展的"市场驱动力"

县域经济是国民经济的重要支撑。特别是在智慧社会背景下，以新型技术产业为支撑的工业化、城镇化和农业现代化成为县域经济发展的主流趋势和竞争高地。近年来，我国县域区域深刻把握数字化发展带来的生产方式转变、生活方式变迁和治理方式变革的历史大势，紧紧抓住数字技术变革机遇，持续深化数字化改革理念，系统谋划部署数字城市建设，以数字化发展驱动高质量发展，促进治理体系和治理能力现代化。例如，以江苏省昆山市为例，根据笔者调研，2022年，该市数字经济规模超5400亿元，数字经济核心产业增加值占地区生产总值的比重达22.9%，超过1100亿元，居苏州各板块首位。全市拥有高新技术企业2700家，科技型中小企业入库突破3000家。在数字经济快速发展背景下，更好地服务数字企业，营造更优的市场环境，对县域治理能力提出了更高要求。县级政府部门一方面要加快职能转变，"地方政府要真正在社会治理中有效地发挥主导作用，恰恰需要职能重大转变，否则，依然可能按照它在计划经济时代那种全能型角色模式去发挥所谓的主导作用，并对社会治理产生南辕北辙的作用"[1]。通过数字经济发展，县级政府不仅能够将市场可以办的事交由市场自己解决而减轻政务负担，同时也可以利用市场手段创新政府管理方式，以实现有效、有力、有利的目标。另一方面要加强机构改革和县域治理，使本地行政组织资源达到优化配置，建立起适应数字经济建设需要的行政管理运行体制机制，让县域各级党政部门和事业单位能发挥出各自的职能优势，创造性地开展工作，为县域数字经济建设提供各种高质量服务，促进经济发展。

(二) 落实上级决策部署的"政治牵引力"

县级机构作为连接中央省市与街镇基层的中间层级，在国家政权结构中扮演着承上启下的重要角色。因此，县级机构成为地方改革的关键突破口。自2013年党的十八届三中全会提出"国家治理体系和治理能力现代化"的重大命题后，推进县域治理体系和治理能力现代化就成为重要任

---

[1] 何显明：《市场化进程中的地方政府行为逻辑》，人民出版社2008年版，第12页。

务。在有关县域治理现代化政策陆续出台实施后,全国各县级单位深入贯彻上级改革决策部署和工作要求,认真对标中央、各省市提出的工作重点任务,坚持服务大局高站位、体制机制高效率、资源配置高效益,加强前瞻谋划,加快创新实践,稳步推进县域治理体制机制改革。围绕"县域治理现代化"的总目标,着力在经济管理体制改革、机构职能体系优化、创新服务机制上下功夫,找准县域治理改革创新的新切口、新亮点,从政治上、全局上谋划和推进工作,积极服务乡村振兴、城乡融合、新型城镇化等战略政策,始终做到谋划工作体现政治站位、推进工作体现政治担当、检验工作体现政治标准。

(三) 全面推进乡村振兴的"组织支撑力"

乡村振兴战略是在党的十九大中首次提出的一项旨在全面振兴和发展农业农村的战略。实施乡村振兴的意义不仅在于通过综合治理和综合施策,缩小城乡发展差距,促进城乡经济社会协调发展,实现城乡融合发展,推进现代化进程,实现共同富裕,同时,乡村振兴也在保障国家基层安全、促进农村文明进步、增强农村社会活力、提高农民生活质量等方面具有重要意义。县域治理主体,特别是党政组织作为解决农业农村问题的主体,对全面推进乡村振兴战略具有不可推卸的责任。近年来,各县级党政组织始终坚持将创新发展、为民服务的理念贯穿县域治理和改革全过程,改出了县域乡村工作的新格局,改出了为农为民服务的新效能,改出了高质量发展的新动能。然而,在当前乡村振兴战略实施过程中依然存在诸多问题。一是乡镇政府职能与乡村振兴落实要求不同步。现行乡镇政府管理体制形成于20世纪80年代,其建立时的主要职能是发展乡镇经济、搞好计划生育、征收农业税及维护社会稳定等。现代农业的快速发展,对乡镇经济发展和社会服务提出了更多、更高的要求。"镇级体制,县级工作量,市级要求",道出了乡镇政府"权小、责大、力微"的困境,也彰显了乡镇管理体制改革的必要性。二是县级政府财权与事权不匹配。县级政府贴近一线、贴近群众,需要提供的公共产品和服务本就量大面广。在乡村振兴背景下,县级政府更是要进一步加大服务供给,以实现产业、人才、文化、生态和组织的全面振兴,这对于绝大部分县级财政来说都是一种巨大的压力。诸如昆山、常熟、张家港、江阴这些经济发达且年度财政收入突破百亿元的县(市),随着经济建设规模的扩大和公共服务需求的提高，财政投入依然捉襟见肘。以常熟市为例，笔者调研得知，2022年全市170万总人口中，本地居民与外来人口的比例达到了1∶2。尽管在教育、医疗等基础设施投资上已经扩大了多倍，但还是很难满足实际需求。虽然通过"省直管县"改革，以较少行政层级的方式可以在一定程度上缓解县级政府的财政紧张状况，但实证研究证实，"改革增加了人均本级财政收入，却减少了人均转移支付水平，且下降幅度较大，致使人均财政总收入减少，表明'省直管县'改革不但无法提升，甚至会在一定程度上恶化县级财政状况"[1]。三是管理对象和机构编制数额不相称。现行县级机构编制标准依据的是20世纪90年代的政策，并没有考虑到实际管理工作需求。经过30多年的发展，县域的人口、面积、经济发展水平已经发生了巨大变化，编制有限就成为第一大难题。这不仅导致编外用工现象突出而进一步加剧财政负担，而且严重削弱了县级政府机关工作人员的工作积极性，最终影响治理水平和效能的提升。

（四）行政管控转向资源统筹的"自主行动力"

机构编制资源既是重要的政治资源、执政资源，也是影响县域治理能力的关键因素。编制资源是国家机构行使其功能的行为载体，其持续变革是组织机制持续创新的基础，与党政机构设置中的权力配置和禀赋开发直接相关。长期以来，编制资源实行管控模式，注重这一资源的有限性以及在分配方面的排他性，导致在编制的规划、分配、执法规制等方面往往以"上级机关"为核心或主体，而县级机关和外部主体的参与性和能动性不足。随着县域经济社会规模的扩大，尤其是新兴数字产业的蓬勃发展，县级政府经济社会管理职能将会极大地拓展，给机构编制系统带来新的体制建设和新增用编需求的挑战。然而，目前，我国的县级政府工作人员配备标准基本保持了十几年前机构改革时的水平，大部分单位没有进行过调整，这与当地的经济和社会发展需要有着很大的差距。更重要的是，党中央、国务院针对机构编制工作提出了明确的工作目标与任务，即"财政供养的人员只减不增"。这一方针从根本上摒弃了通过扩编来解决公共管理力量不足和公共服务供给不足的问题。在这种情况下，机构编制刚性紧缩和政务服务需求不断增长之间的矛盾越来越突出。近年来，虽然全国多地

---

[1] 刘志红、王艺明：《"省直管县"改革能否提升县级财力水平》，《管理科学学报》2018年第10期。

开展了编制统筹分配的改革试点工作，并取得了瞩目的成绩，但"有人无编"与"有编无人"、"用编自主"与"用编控制"、"有限自主"与"低效管理"等矛盾依然存在。党的十九大以来，党中央逐渐明确了统筹编制资源的治理模式。从党的十九大正式提出要统筹使用各类编制资源，到党的十九届三中全会进一步要求对编制进行整合规范，加大部门间、地区间编制统筹调配力度，再到党的二十大提出要加强和改进公务员工作，优化机构编制资源配置，都表明在编制资源管理上要进行"自我革新"，以通盘谋划、全局协调来强调组织资源的统筹性。编制资源的统筹性改革，显示的是从"国家统治"到"公共治理"的思维变化、从编制规模控制向编制资源规划的模式变化、从"重数量"到"重质量"的逻辑变化，并在新时代机构改革背景下形成了共建共治共享的中国特色含义。

第二节 县域治理能力现代化的多维能力提升

县域治理体系影响县域治理能力建设。在不同的县域治理体系下，不仅县域治理能力强弱不同，而且县域治理能力的构成也存在差异。县域治理能力要与县域建设目标相适应，要回应特定发展阶段面临的治理问题和挑战。从现有研究来看，一些学者主要从两个维度对县域治理能力的构成进行分析。第一个维度是结构性视角，认为县域治理能力优化调整实际上是一种结构性的动态均衡调试过程。杨发祥、严骏夫指出，县域社会治理能力建设应沿着"职能定位—资源配置—权威结构"的思路理顺条块关系，通过"融条于块"式的机构下沉改革，强化基层综合管理能力。[1] 丁志刚、陆喜元从"政府—市场—社会"关系出发，重塑县级政府治理能力。[2] 第二个维度是功能性视角，从履行治理过程诸功能的角度，具体列举县域治理能力要素。郑志龙、侯帅认为，县级政府社会治理能力包括价值引领能力、制度构建能力、组织协同能力、资源整合能力和工具选择能力。[3] 王敬尧、黄祥祥将县域治理能力筛选为财政能力、服务能力、应急

---

[1] 杨发祥、严骏夫：《条块矛盾再生产：政府机构下沉改革的实践悖论——以上海市 J 区房办下沉为例》，《甘肃行政学院学报》2019 年第 6 期。

[2] 丁志刚、陆喜元：《论县级政府治理能力现代化》，《甘肃社会科学》2016 年第 4 期。

[3] 郑志龙、侯帅：《县级政府社会治理能力的测量模型建构》，《中国行政管理》2020 年第 8 期。

能力、区位规划能力、行为主体能力和生态治理能力等。① 前文研究分析提出，我们应当构建一个"有能力的有限政府"，这表明县域治理能力应当紧扣县域治理功能而以更加具体的方式呈现。因此，立足功能性维度，县域治理能力现代化主要涉及经济发展与腐控能力、公共服务与自治能力、城乡融合与建设能力、改革创新与稳定能力、生态保护与可持续发展能力五个方面。

一 经济发展与腐控能力提升

县级政府作为一级权能主体地位的确立，为县级政府运用自身的权力全力推动地方经济发展创造了良好的制度环境，中心主义范式为地方政府采用跨越式发展设定了某种必然的路径。尽管县域经济已经取得了举世瞩目的成就（截至 2022 年年底，县域 GDP 约占全国 GDP 的 37.8%，江苏省、浙江省、山东省、河南省、四川省所辖县域 GDP 占全省 GDP 的比重超过 40.0%②），但客观来看，县域总体发展水平还比较低，除人均 GDP 明显低于全国平均水平（约为 72.0%）外，头尾部县域经济发展不平衡不充分、县级政府直接干预经济活动过多过细、第二产业与第三产业发展不配套、数字经济发展不充分、新旧动能转换缓慢等问题十分突出。县域经济是各区域甚至中国经济发展的基础，它在很大程度上影响甚至决定城镇与农村、工业与农业、宏观与微观经济发展的均衡与融合。因此，县级政府应当在确保市场在资源配置中起决定性作用的基础上，把促进县域经济高质量发展列为基本职能和重要任务。这就需要县域政府从以下几个方面着手，提升推动经济高质量发展的能力。一是以前瞻化思维，统筹县域经济规划布局。县域经济结构优化要加强统筹规划，合理布局各类产业建设，明确建设目标，大力推动传统农业和落后工业的现代化转型升级，并持续推动服务业与经济社会发展需求相适应，加强对县域民生建设的支撑作用。二是以规范化角色，提高驾驭市场经济的能力。切实转变政府角色，坚持"掌舵而非划桨"的原则，让政府从管不了且管不好的微观事务中跳脱出来，着眼于宏观调控和顶层设计能力的提升，充分发挥政府作

---

① 王敬尧、黄祥祥：《县域治理：中国之治的"接点"存在》，《行政论坛》2022 年第 4 期。
② 《中国县域发展潜力报告 2023》，中国财富网，2023 年 10 月 29 日，https://baijiahao.baidu.com/s? id =1780974686017553776&wfr= spider&for= pc。

用。三是以发展新质生产力为方向，提升数字产业化质量效益。在做实做强传统产业基础上，大力发展大数据、云计算、区块链、人工智能、物联网等先进产业，既要积极引导本地中小企业以科技创新为动力，走"专精特新""独角兽"发展道路，也要吸引科技型、高成长型企业落地发展，提升数字经济产业领域创新能力与核心竞争力。

权力导致腐败，绝对的权力导致绝对的腐败。在推进县域经济高速发展的同时，县级党委和政府必须认识到，经济发展与腐败问题形影相随。正如邓小平同志所言："我们一手抓改革开放，一手抓惩治腐败，这两件事结合起来，对照起来，就可以使我们的政策更加明朗，更能获得人心。"[1] 这就是说，经济发展能力和腐控能力是相辅相成、相互统一的整体。相比于省市级部门，县级党政部门及其公职人员直面一线、直面群众，其掌握的公共权力对社会的影响更直接、更具体。一旦权力被滥用，极容易出现"群众身边的腐败"。"微腐败"虽然往往侵权情节较轻、贪腐数额不大，但发生领域多且频繁，也会对各种政策的执行产生很大的负面影响，不仅会给民众带来经济上的损失，而且还会给其带来一种心理上的伤害。随着时间的推移，公众对基层政府的信任度会越来越低，甚至产生抵触情绪，这对党和政府在公众心中的形象也会产生很大的影响。[2] 因此，必须提升县级党委和政府从严整治"微腐败"的能力，对侵犯群众利益的各种行为，要坚持"抓早抓小"原则，从维护社会公平正义和群众根本利益的立场出发，从严整治、扎实推进。与此同时，还要对各项制度进行完善，并将其落实到位，为了确保权力的正当行使，我们必须坚决打破利益联盟和权力勾结，将全县各级权力都严格置于制度的严格监管之下。通过不断完善和强化制度框架，确保权力在制度的严密约束下运行，实现科学预防和有效预防的目标。

二　公共服务与自治能力完善

作为人类最基本的生存与发展权益，公共服务不仅扮演着维护社会公平正义基石的角色，而且为实现人的全面发展提供了基本社会条件。依据

---

[1]　《邓小平文选》（第3卷），人民出版社1993年版，第314页。
[2]　萨日娜、刘守亮：《县域治理体系要件建设和治理能力提升的着力点》，《山东社会科学》2015年第9期。

马克思主义理论，无产阶级政权就是要把人民"从统治社会、压制社会的力量变成社会本身的生命力"①，建立切实为人民服务的政府。新中国成立后，党和国家始终高度重视社会主义公共服务体系建设。尤其是党的十八大以来，在明确提出推进国家治理体系和治理能力现代化总体目标的指引下，实现基本公共服务均等化，建设人民满意的服务型政府，成为国家治理现代化的关键组成部分。县级政府作为上级政府决策的主要执行者与县域社会服务的主要提供者，其日常工作中的主要职责之一便是面向基层提供公共服务与公共产品。因此，公共服务能力是其社会治理能力中的重要能力之一。以公共服务为中心的县域治理能力建设，主要包括社会保障、科教文体卫事业、基础设施建设、公共安全维护等，从而实现在幼有所育、学有所教、劳有所得、病有所医、老有所养、住有所居、弱有所扶等方面保证全体人民拥有更多获得感和幸福感，让改革发展成果实现共享。因此，作为解决民生问题和实现治理目标的助推器，公共服务能力已成为更好满足人民日益增长的美好生活需要的突破口，在很大程度上影响着县域治理现代化的推进效果。近年来，虽然我国县域公共服务体系建设取得了显著进步，但相对于快速提升的经济水平和快速增长的民生需求，公共服务供给不足和非均等化的问题依然突出，如区域分布不均、城乡分布不均、群体分布不均、财政能力与供给需求不匹配、基础设施建设薄弱等。因此，提升县域公共服务能力"依然在路上"。一是持续加大财政对县域公共服务领域发展的支持力度。一方面，持续加大财政资金投入，重点对养老、医疗、卫生、教育等民生领域以及重大公共服务项目加大贷款发放和财政补贴力度；另一方面，要以财政资金为"杠杆"，如建立涉农贷款发放奖惩机制，引导各类金融机构大力开展金融支农惠农富农行动。二是将信息科技应用与公共服务紧密结合，加强数字技术在各类公共产品和服务中的应用，积极构建"科技+场景"服务模式，发挥人工智能、大数据、云服务、互联网等前沿科技赋能作用，为县域政务、商超、餐饮、酒店等生产生活场景提供特色解决方案，着力打造场景化服务生态系统。三是推动建立公共服务责任约束机制。借鉴国内外先进经验并结合本地发展实际，以制度形式明确县级政府部门及其公职人员应当履行的公共服务责任，构建可考核、可激励、可约束的量化指标体系，引导和激励组织和个

---

① 《马克思恩格斯选集》（第2卷），人民出版社1972年版，第413页。

人有序有效投入为民服务中，全面强化公共机构的责任担当。

　　推动实现县域治理能力现代化，必须承认县级政府的公共服务能力是有限的，应当抛弃全能主义政府的治理模式，加快政府职能转型，将市场能做的交给市场，社会能做的交给社会。因此，在提升县级政府公共服务能力的同时，要明确居民主体地位，完善基层自治制度，提高基层自治能力，从而更好地实现自我服务。居民是基层社会的主人翁，任何一项基层事务都与居民紧密相关并且居民有权参与其中。如何调动和发挥个体的积极性和治理能力，以及如何有效地将个体的力量进行组织和自我组织，是激发和提升基层社会治理效能的关键所在。为此，有必要紧紧围绕"以人民为中心"的发展思想，加快居民身份的转型，明确基层治理主体地位，使其成为能够真实参与基层社会治理的"主人"。一方面，居民主体化有利于解决基层民众权利意识不足的问题，提高他们参与社会治理的热情，从而能够真正意识到其所生活的社会具有的政治意义，通过自身的行为转变逐步形塑基层自治的色彩；另一方面，居民主体化也有利于改善居民自身与其他主体、组织间的关系，奠定相互认同、相互对话的身份基础和心理优势。在此基础上，应大力推进社区治理体制改革进程，逐步完善基层自治制度建设，为居民有效参与公共事务治理提供制度平台。其中，改革的重点应是转变和强化社区自治组织（居委会和村委会）角色。坚持"去行政化"改革方针，将大量不必要的行政职能以及上级交办的行政事务从社区自治组织中转移出去，由相应的行政机构承担。社区自治组织要恢复自治的本质属性，打造居民能参与、可参与、真参与的组织平台，为实现社区自治提供长效运作机制。

三　城乡融合与建设能力强化

　　党的十九大报告明确提出，"建立健全城乡融合发展体制机制和政策体系"[①]。党的二十大报告再次明确，要坚持城乡融合发展，畅通城乡要素流动，具体包括义务教育、基层民主制度、公共法律服务、精神文明建设、历史文化保护传承、居民财产性收入、就业政策体系、社会保障体

[①]　习近平：《决胜全面建成小康社会　夺取新时代中国特色社会主义伟大胜利——在中国共产党第十九次全国代表大会上的报告》，《人民日报》2017年10月28日。

系、人居环境整治、社区治理体系等十个方面。① 在我国治理体系中，县域是联结城乡发展的枢纽单元。县域治理既要前接城市，紧紧围绕新型城镇化战略方针，优化产业、创新驱动，扎实推进向中小城市转型；也要后顾农村，全面推进和落实乡村振兴，促进发展、保障民生，全面实现共同富裕。因此，如何提高县级党委和政府的城乡融合与建设能力，不断探索和完善县域内城乡融合发展的体制机制和政策措施，对于县域内城乡融合发展的实践状况与结果具有至关重要的作用，同时，也深刻影响着国家层面城乡融合发展的整体进程。② 提升城乡融合与建设能力，应主要从破除城乡二元体制、实现城乡资源合理配置和推动城乡发展各要素优化组合等方面着手。

一是统筹城乡发展，破除城乡二元体制。城乡差距产生的根源就是城乡二元体制，这也是导致县域治理困境出现的结构阻滞之一。因此，提升城乡融合与建设能力，推进县域治理现代化，必须破除城乡二元体制的桎梏，统筹城乡发展。统筹城乡发展是一项复杂的系统工程，涉及行政体制改革、经济体制改革、社会政策调整等内容。其中，问题的核心即在于改革户籍制度。虽然我国在2014年就已经取消农业户口和非农业户口的区别，建立起城乡统一的户口登记制度，但尚未打破户籍属地界限，"人户分离、农居混居"问题依旧存在。因此，彻底推进户籍制度改革，应当加快实现由"户籍属地管理"模式向"居住地治理"模式的转变。通过将属地居民全部纳入常住人口的日常管理和服务范畴，取消户籍身份的限制，建立起一种无属地差别的人口治理模式。在此基础上加强县域基本公共服务体系建设，不断增强属地为民、便民、安民的服务功能，从而更好地适应新时代城乡人口流动变化的新格局。

二是有效利用资源，实现城乡资源合理配置。资源的稀缺性是一个普遍存在的现象，如何利用有限的资源来生产有价值的商品，并将这些商品公平、有效地分配给不同的个体，实际上是国家治理能力的一种具体体现。在中国特色社会主义建设过程中，保障和增进分配正义既是实现共同

---

① 习近平：《高举中国特色社会主义伟大旗帜　为全面建设社会主义现代化国家而团结奋斗》，《人民日报》2022年10月26日。
② 谭明方、郑雨晨：《"城乡融合发展"视角的县域社会治理研究》，《南开学报》（哲学社会科学版）2021年第2期。

富裕目标的前提条件，也是推进国家治理现代化的一个本质特征。"分配正义是人类在分配物质财富、政治权利、义务、幸福、发展机会等社会资源的活动中致力于实现的最高价值目标，它意指社会资源在社会成员中间的分配应该最大限度地体现公正性。"[①] 然而，我国的资源分配长期以来呈现明显的失衡状态，尤其是城乡分配失衡问题，对社会均衡发展和稳定有序产生了极其消极的影响，甚至引发分配正义困境。导致困境产生以及公共资源配置与调整能力削弱的因素复杂多样，其中一个关键因素即在于分配主体的"失灵"。在计划经济条件下突出强调中央政府的统一领导，资源配置更多地依据政治需要而不是社会和市场需要。即使是在市场经济建设的初期阶段，依托行政权力的威权式资源配置方式并没有根本性的改观，进一步加剧了资源配置不均衡问题。当前，我国已经提出"使市场在资源配置中起决定性作用和更好发挥政府作用"的重大理论命题。这表明提高资源配置与调整能力，必须紧紧抓住处理好政府和市场关系这一核心问题。因此，在县域治理中，应充分发挥"看不见的手"的市场与"看得见的手"的政府的共同作用，在政府宏观调控下坚持市场微观操作，在市场微观操作下加强政府宏观调控，合理分工、相互配合，实现城乡资源合理有效配置。

三是保障经营性资源充分流动，推动城乡发展各要素优化组合。社会主义市场经济体制构成了县域治理现代化的基本制度环境，以有限增量盘活撬动存量资产，"四两拨千斤"实现要素增值是县域治理现代化的重要任务。此类要素既包括经营性集体建设用地、农用耕地、闲置宅基地等客体要素，也包括党支部领办集体经济组织、农户、涉农企业等主体要素，还包括涉农政策、财政项目资金等介质要素。其基本思路是构建党委统筹机制，用好政府、市场、社会力量，实现要素在城乡间顺畅流动，增加城乡居民收益，凸显公共服务类要素及其结构的可持续性和均等性。县域作为经济发展、社会运行的基础，承担着重要的为城乡居民提供公共服务的基本职能，涉及水、电、网、路、医疗、教育、社会保障等，应当构建城乡公共服务的可持续内生管护机制，实现城乡公共服务均等化，降低底线保障类要素的风险性。保民生、防风险是县域治理的基本底线，涉及贫困

---

① 向玉乔：《社会制度实现分配正义的基本原则及价值维度》，《中国社会科学》2013年第3期。

地区规模性返贫风险因素、重点领域的涉访涉诉事项和人员、一二三产业的安全生产风险因素、干部违纪违法高发领域和事项等，为此，应当全面建立县域治理风险评估、预警机制，强化基层民生事业的整体防护。

四 改革创新与稳定能力进阶

"处理好改革创新和稳定的关系，提升国家改革创新与稳定能力，是推进国家治理现代化的内在驱动力。"① 改革开放初期，在"实践是检验真理的唯一标准"的指引下，"好猫论""摸着石头过河""走一步看一步"的方法造就了务实型改革创新的方式。这虽然有利于冲破教条主义的思维框框、促进"大胆试、大胆闯"的行为倾向，但也造成了实践选择的盲目性、利益交换的极端性、人与环境的矛盾性等困境。随着全面深化改革的实施，需要解决的问题都是难啃的硬骨头，面临的艰巨性、复杂性、风险性前所未有。务实型改革创新方式显然无法适应新时代的要求，亟须向系统型改革创新方式转变。站在新的历史起点上，党的十八届三中全会首次系统性地提出了全面深化改革的科学指南和行动纲领，具体涉及改革的指导思想、目标、原则、主体、重点、方法、动力等主要方面。党的十九届五中全会将"改革创新"确立为"十四五"时期经济社会发展的核心指导思想之一，强调将改革创新作为推动国家治理体系和治理能力现代化的根本动力。党的二十大报告则进一步突出了创新的重要性，报告中"创新"一词被提及多达55次，并将坚持创新提升至我国现代化建设全局中的核心地位。这表明我们的改革是有方向、有立场、有原则的，摆脱了单纯感性冲动和盲目实践的弊端，逐步走向理性化、科学化、系统化，能够深刻回答新时代背景下什么是改革、改革为了什么、改革什么、改革依靠谁以及怎样进行改革等基本问题。县域治理实践没有止境，创新也没有止境。提升县域治理创新能力，关键是使县级党政领导干部树立坚定的创新理念。"领导干部身处关键岗位，是社会主义现代化建设事业的重要力量，其创新能力更是关系党的事业的长远发展。"② 一是学习先进的理论知识。崇高

---

① 金太军、鹿斌：《论国家治理能力及其现代化》，《西华师范大学学报》（哲学社会科学版）2022年第5期。
② 熊项斌：《新时代领导干部创新动力与提升机制》，《河南师范大学学报》（哲学社会科学版）2020年第1期。

的理想和坚定的信念并非自然而然产生，而是需要通过科学理论的引导和武装，不断滋养和强化我们的精神家园。要把学习习近平新时代中国特色社会主义思想同时代发展紧密结合起来，做到融会贯通、全面理解、准确把握、系统运用，在提高理论素养和运用能力中切实筑牢理想信念的理论基础。二是切实改进县级党政领导干部的工作作风。优良作风的核心是保持同人民群众的密切联系，这就要求广大县级党政领导干部要坚持贯彻群众路线工作方法，深入到群众中，和人民群众搞好关系，了解人民群众的需求，真正和群众打成一片，并将工作重点放在人民群众关心的问题上，以贴民心、解民意、护民利的实际行动把各项工作落到实处。三是注重县级党政领导干部改革创新思维建设。既有的领导干部素质培养方式，事实上更侧重于政治思想方面，而对改革创新思维教育缺乏重视。为此，应当在既有领导干部培训体系中增加改革创新思维教育内容，通过设立专业的思维训练部门或组织专业人员，定期对领导干部开展思维服务，以开发个体创新潜力。

改革创新与稳定发展是辩证统一的。改革创新是稳定发展的动力源泉，而稳定发展则是实现改革创新的前提和基础。县域治理现代化的实现，就是改革创新与稳定发展的相互协调、相互促进、有机统一。县域作为推进中国式现代化的重要阵地，肩负着乡村振兴、共同富裕的重大历史使命。面对传统风险与非传统风险相互交织、叠加的复杂局面，维护县域社会稳定、促进可持续发展具有重大意义。因此，新时代必须处理好改革与稳定的统一，打造县域安定和谐的社会治理环境。一是落实人本治理，坚持以维护广大群众安全为本位。在安全治理目标确定、价值树立、方式更新、制度设计、行动选择等方面，要以"尊重群众、依靠群众、为了群众"为根本出发点，以最大限度地保障广大群众生命安全和合法利益为中心任务，不断提高人民群众的幸福感和安全感。二是构建系统治理体系，以统筹的方法防范化解基层安全风险。在总体国家安全观指导下开展县域安全治理，涉及的领域和要素非常广泛，这就要求相关工作应坚持统筹兼顾、整体治理的策略，针对各领域安全问题进行统合治理。三是发展壮大群防群治力量，打造安全治理共同体。落实人人有责、人人尽责、人人享有，形成一种协同化、网络化、扁平化的治理格局，吸纳县级党委、政府、社会组织、企业、群众等多元主体共同参与。

五 生态保护与可持续发展能力加强

作为发展中国家,我国面临比世界上其他国家更为严峻的人口、资源和环境形势。特别是各级政府为了完成既定的经济发展指标,为了在府际竞争中处于领先地位,不可避免地会造成对生态环境的破坏。与大城市存在生态问题一样,随着县域经济快速推进和社会治理中心下移,诸如水污染、空气污染、噪声污染、固废污染等污染问题同样发生在县域空间,甚至由于县域生态治理能力的不足,县域生态保护更加迫在眉睫。例如,近年来环太湖地区的常熟市、昆山市、溧阳市、江阴市、德清县、张家港市等县市经济快速发展,长期位居全国百强县名单前列,但由于对太湖水资源的过度开发利用,蓝藻危机、水位下降、支流断流等问题层出不穷,人们不得不开始反思"苏南模式"。再如,在京津唐地区,对化石能源消费过度,直接导致大气污染物排放逐年增加,雾霾已成该地区最重要的自然灾害之一。显然,县域政府的不良行为,已然成为影响区域生态环境的重要原因。当前,在"新发展理念"的引领下,明确政府主体责任,加强环保重点领域法治建设,提升环境多元治理能力,是提升县域生态保护与可持续发展能力的重要方面。

一是提高认识,树立正确的政绩观念。如前文所述,在中心主义范式规约下建立起来的自上而下的"发展主义"治理理念的主导下,县域治理过程中广泛存在一种片面的发展观念,即过度强调"经济至上"和"唯GDP论",这也导致出现一些错误的政绩观。特别是在一些发展相对落后的县市和生态脆弱区,对经济发展和GDP增长的追求更加强烈,生态安全、绿色发展、环境保护等意识较为薄弱。因此,在"新发展理念"的引导下,树立起县域领导干部正确的政绩观显得尤为重要。这就需要加强顶层设计,建立起自上而下的符合时代要求的干部考核机制,同时加强对县域领导干部的正确引导,通过发挥党组织的引领作用、开展定期的专题思想教育和培训、新媒体平台传播引导等多样方式,广泛、持续地进行有益的思想教育,推动思维格局提升,使县域广大领导干部能够正确认识到生态环境保护的重要性,从而确立环保思维和认知,树立起符合时代标准的政绩观。

二是明确政府是环境保护的第一责任主体。保护环境是关系当前与长远、国计与民生、和谐与发展的大事，县级政府作为县域行政主体，具有不可推卸的责任。为此，县级政府应当以"绿水青山就是金山银山"理念和总体国家安全观为指导，将生态治理工作纳入重要议事日程，并将生态治理工作任务和责任分配落实到具体环节和有关责任人。例如，县级党委和政府主要领导要肩负第一责任人的责任，做到亲自抓、负总责；分管县领导要具体抓、负直接责任。同时，县级政府要依托现有生态监管体系，科学设计、优化组合，积极探索和应用生产企业差异化监管方式。针对不同生产企业采取差异化监管措施，如对生产和经营农产品、工业产品、科技产品的不同企业，可针对生产方式、生产范围、经营形式等方面采取与其他企业差异化的监管措施，因地制宜、因势利导地做好政策保障。

三是积极推动重点领域立法，提高生态法治化能力。结合县域发展重点和基层治理难点，着眼于县域生态治理的突出问题和立法需求，积极向省市级立法单位争取，提出立法建议，扩大县域生态治理领域的立法供给。可以根据县域生态治理在政策、方向、模式、经营、风控等方面的特征，制定专门性的法律法规，形成一批具有鲜明本地特色，在本省市甚至全国有一定影响的立法成果，为推进县域生态治理体系和治理能力现代化筑牢法律基础、提供制度保障。

四是加强多元协同治理能力。环境污染的外溢效果决定了生态治理必将走协同发展之路，因而加强多元协同治理能力是县域治理能力体系的重要组成部分。首先，要坚持以人民为中心，将切实维护好人民群众的根本利益作为县域生态治理的出发点和落脚点。注重广泛参与、多元开放，积极引导和吸纳广大群众"走进来"，将群众有序参与嵌构于生态治理制度设计与实施的全过程，切实增强群众参与生态环境治理意识，并促进其自觉监督政府环境行为。其次，要不断优化县域经济结构和能源结构，推动县域企业依法积极承担治理污染的社会责任。县级政府应通过政策供给，引导企业既关注生产经营活动，更关注自身存在的污染问题，并在知晓生态环境政策要求的基础上，履行企业应尽的责任和义务。同时，县级政府要严格环境执法。对守法企业指导帮扶提升，对违法企业依法查处、倒逼规范，提升自身环境管理水平。最后，要注重对环保类社会组织的培育，鼓励和支持其参与县域生态环境治理，通过发挥其独立性和专业能力，提升县域生态治理的权威性和正义性。[1]

第三节 县域治理能力现代化的支撑条件构建

推进县域治理能力现代化是一项系统工程，既需要全面把握，整体推进，又必须抓住要害，择其关键，着力突破。按照党的十八大以来有关社会治理创新和国家治理现代化的战略部署，结合县域治理实际，本节提出从权力保障、法律供给、队伍建设和数智赋能四个方面构建县域治理能力现代化的支撑条件，使县域治理能力充分发挥，推动县域治理高质量发展。

一 权力保障：增强地方的自主性

对于行政组织来说，能力的根本保障是权力。推进县域治理能力现代化建设，"首先要解决的是国家权力纵向间向县域放权的问题，合理划分中央与地方政府的职责与权限"[2]。面对地方治理挑战和同级政府竞争，发挥地方自主性能够让地方政府按照自己的意志和偏好进行政策创新，以最大限度地维护自身利益。地方自主性所蕴含的制度优势，有利于激发地方政府的创新智慧和活力，有效提高地方治理能力和治理水平。在中国独特的制度体系中，分权制度改革被认为是影响地方自主性扩张最重要的制度因素。新中国成立以来，中心主义范式下的治国实践形成了单一制中央集权制度。在计划经济体制下，该制度有效保证了经济社会的统筹协调发展。但随着改革开放的实施和向市场经济的转型，集权制度与有效治理之间的矛盾日益加深。"权力过分集中，越来越不能适应社会主义事业的发展。"[3] 由此，分权制度改革的大幕徐徐拉开，并成为之后40余年行政管理体制改革的主题之一。分权制度改革具体围绕财政分权和行政放权两方面展开。其中，最为重要的是推进中央和地方实现财政分权。自20世纪80年代初实行"分级包干"以来，经过1985年的利改税改革和1987年的

---

[1] 党秀云、郭钰：《跨区域生态环境合作治理：现实困境与创新路径》，《人文杂志》2020年第3期。

[2] 杨峰、徐继敏：《"治理体系与治理能力现代化"语境下的县域治理》，《学术论坛》2016年第2期。

[3] 《邓小平文选》（第2卷），人民出版社1994年版，第329页。

"财政大包干"调整,直到1994推行"分税制"改革,"将中央、地方政府间边界建立在政府与市场的边界之上,通过构建基于主体税种的分成制,构建了大国治理所必需的激励框架"①。在此基础上,行政放权改革同步进行,并表现在诸多方面,如行政审批权、政府人事管理权、部分国有企业管理权、部分地区经济管理权等向地方下放。持续性的分权改革,使中央政府和地方政府的权力结构发生了变化,单一制中央集权制度开始让位于多元化的、中央集权与地方分权相结合的新格局。更明显的是,地方政府逐渐成为一个拥有相对独立利益结构的行为主体,地方政府自主性得以生发并大规模扩张。② 在这种正式的制度安排下,县级政府在辖区治理中拥有越来越大的自主权,这就为后来30余年的经济高速发展提供了强大的动力机制。

然而,多年的分权改革并未给予县级政府充分的自主权,特别是涉及关键权力的财政改革并未实现财政权下放,反而使"财权上移"。即使是"省直管县"体制的落定,也仅仅是减少了工作程序上的行政层级,县级财权与事权匹配的问题依然严峻。在治理重心不断下移的背景下,县级财政"巧妇难为无米之炊"的现象更加突出。因此,为解决县级财政困难,真正扩大县级政府自主权,必须首先优化调整财政权力。面对县级政府有责无财、有心无力的财政困境,中央要适度下放财权,关键是要适当扩大地方政府的税收立法权。与其迫使地方政府通过收费和举债的体制外方式创收,不如直接赋予地方政府适当的税权。其一,逐步下放部分税权,让渡部分税收自主权给地方政府。赋予地方在中央规定内适度调整税率、减免税审批等权限。其二,应将地方性较强的地方税的立法权赋予地方。其三,地方在权限范围内,有权决定开征新税、停征旧税或制定税收优惠。就转移支付制度来讲,首先,要加快转移支付立法,这是深化财税体制改革的重要环节。一般来讲,地方政府要更加关注效率问题,而中央政府则要更注重公平问题。"在需要效率优先时,公平就让道;在需要公平优先时,效率就让道。"③ 具体而言,财政转移支付立法的宗旨应包括:弥补财政缺口;保证最低限度的公共服务标准;解决地方政府提供公共产品的外

---

① 付敏杰:《分税制二十年:演进脉络与改革方向》,《社会学研究》2016年第5期。
② 何显明:《市场化进程中的地方政府行为逻辑》,人民出版社2008年版,第97页。
③ 刘剑文:《中国财政转移支付立法探讨》,《法学杂志》2005年第5期。

溢性问题，提高公共服务均等性。① 其次，在财政分配体制改革中需要审慎兼顾中央与地方政府的事权、财权划分的公平与效率问题。最后，加大省市级政府对县级政府转移支付的力度，保证县级政府转移支付固定资金来源和资金规模。提高转移支付的透明度、预见性和公正性，既调动县级政府公共服务的动力，同时也要防止政府间财政竞争和攀比的风险。

在扩大财政自主权的同时，要根据当前县域治理现代化的需求，继续扩大县级政府权力，转变县级政府职能。近年来，在"省直管县"体制改革中，各省级政府已经通过制定赋权目录，向县和乡镇政府下放了诸多权力，涉及公共服务、行政审批、行政处罚及相关行政强制、监督检察等。但在实际治理活动中，一方面，县域公共事务的规模迅速扩大、复杂性迅速提升，导致现有县域权力难以匹配社会治理需求，"小马拉大车"问题并没有得到有效解决；另一方面，一些上级部门该放的权力不放，不该放的权力乱放，同时部分下放的权力又接不住、接不好，导致赋权改革出现"空转"现象。因此，要持续推进县级政府的扩权增能改革。一是制定更加完善的赋权目录，上级政府下放哪些权力、如何下放、什么时候下放、下放的形式等内容应根据县域治理实际需求确定，并重点听取县级政府的意见，从而将真正的、有需要的权力转移给县域。二是优化调整组织结构，突出治理功能的有效性。现有县级政府部门主要依据"职责同构""上下对口"的原则进行设置，但事实上各县的资源禀赋、经济格局和历史沿革均存在较大差异，"强县扩权"并无统一的模式可循，② 也不宜轻易"一刀切"。这就需要在组织正确定位的基础上，因地制宜地优化调整组织结构，更加适配本地经济社会发展。三是加快县级政府职能转型。大力推进扩权增能改革，主要目的不是让县级政府无限扩权，而是要使其在扩权中实现向服务型政府的转变，更好地为人民服务。

二 法律供给：强化治理能力保障

法律是治国之重器，良法是实现善治的重要保障，成熟的法律体系与治理能力现代化有着密切的关系。一方面，成熟的法律体系能够为治理能

---

① 萧榕主编《世界著名法典选编》（宪法卷），中国民主法制出版社1997年版，第160页。
② 胡彬、胡晶：《"强县扩权"的体制困境：行政层级间的博弈》，《中国工业经济》2016年第12期。

力现代化奠定坚实的政治基础，并且规范功能的有效发挥即在于强化治理能力，法律建构的理论逻辑遵循了结构功能关系的原理，法律运作的实践趋向是治理能力的渐进提升；另一方面，治理能力现代化映射法律成熟的高度，治理能力的现代性展现法律设计的完善，治理能力的优劣体现法律运作的目标，治理能力的绩效反映法律优势转化的功能。[1] 因此，法律体系的质量和法律供给的强弱，可以看作衡量县域治理能力的关键变量和影响县域治理水平的重要因素。完善法律体系、增强法律供给，是县域治理的必要之举和推进县域治理能力现代化的战略选择。正是由于法律的特殊作用，因而在推进县域治理能力现代化的进程中，必须把法律建设摆在突出位置。但是，从当前县域治理实践中观察，有关法律体系和法律供给还存在诸多不足之处，例如，法律供给数量和质量有待提升，法律制定的科学性、民主性、配套性尚显不足，执法不够坚决，等等。因此，在推进县域治理能力现代化过程中，应坚定不移地完善有关法律体系、增强有效法律供给，全力推进县域的依法行政和依法治理，这是县域治理能力现代化的有效路径和基本保障。

一是加快推进地方性法律规范体系建设进程。法律规范是一套行动规则，它详细规定了人们该干什么和不该干什么。在县域治理复杂性和不确定性不断提升的背景下，随着新事物、新矛盾、新问题的涌现，法律滞后性的自反性弊端越发突出，直接导致法律对人们行为的约束性和指引性作用不断削弱。基于这一困境，县级人大和政府需要着眼社会治理的突出问题和立法需求，通过充分发挥地方自主权的优势，扩大社会治理领域的法律供给，特别是要根据属地治理在政策、方向、模式、风险等方面的特征，制定有针对性和地方性的法律法规、政策规章，形成一批具有鲜明地方特色的法律成果。在推进地方法律建设的同时，要十分注重法律衔接，主要包括与上级人大和政府制定的法律规范相衔接、与之前的规章制度相衔接、与本级部门之间的政策相衔接，上下级之间必须确保制度畅通无阻，确保法律制度的改进与修订具有连贯性和一致性。同时，体制内（如党和政府）与体制外（如企业、社会组织和公众等）之间也需要高度联结。二是构建县域治理能力的评价指标体系。县域治理能力标准化建设是推进法治政府建设的切实举措，是体现为民服务的重要保障，直接影响县

---

[1] 张明军、赵友华：《制度成熟与提升治理能力现代化的逻辑》，《学术月刊》2020 年第 8 期。

域治理的效能和人民群众的获得感。① 为此，应依据《关于推进以县城为重要载体的城镇化建设的意见》等政策性文件精神，立足"社会活力、安全有序、美好生活"县域治理能力建设的目标，科学量化县域治理能力现代化主要涉及的经济发展与腐控能力、公共服务与自治能力、城乡融合与建设能力、改革创新与稳定能力、生态保护与可持续发展能力等五大能力评价指标。在具体开展考核评价时除了考虑治理的经济效益，还应考虑治理的效率、效果、公平性、安全性和可持续性。根据该指标体系，每年都对县域治理工作进行客观评价，从而掌握实际的治理效能，以此更加科学有效地探寻县域治理能力提升路径。三是确立严格的执法过程。法律的生命力在于执行，执法是检验法律合理性与效果的重要标准。② 一方面，要建立健全"党建+执法"深度融合机制，着力打造"全域执法"党建品牌，围绕县域精细化管理、违法建设治理、安全生产等民生事项，建设充满活力、富有战斗力的基层党组织，以党建"魅力"提升执法"影响力"。另一方面，要整合县域执法力量、创新执法方式、强化执法权威。在县域全面推行行政执法公示制度、执法全过程记录制度、重大执法决定法制审核制度，实现执法全链条监管、全过程监控，杜绝任性执法。四是强化县级公务员队伍特别是领导干部的法治理念、法治思维。"良法"是否能够实现"善治"，不仅取决于制度本身的质量水平，更受到一线执法者的直接影响。为此，县级党委和政府应当持续压实工作责任，将法治宣传和教育工作列入部门重点工作，甚至是"一把手工程"，将科层体制的层级运作优势转化为组织内部共同学习和践行法治的实际效能，从而不断形塑本组织的法治行为方式、凝聚法治价值。

三 队伍建设：提升干部工作能力

习近平总书记在河南省兰考县委常委扩大会议上强调："我国有二千八百多个县市区旗，如果每个地方的党委和政府以及广大干部都能坚持党的宗旨，都能密切联系群众，都能带领群众把党和国家方针政策落实好，

---

① 郑志龙、侯帅：《县级政府社会治理能力的测量模型建构》，《中国行政管理》2020年第8期。
② 范和生、郭阳：《县域治理的关键议题及善治路径——基于安徽五县的实证研究》，《福建论坛》（人文社会科学版）2021年第12期。

不论什么风浪来了，我们就都可以稳坐钓鱼船。"① 可见，以习近平同志为核心的党中央高度重视县域治理在国家治理中的基础节点作用，以及县级领导干部在县政中的重要作用。政治并非单纯地由权力和体制或其运作组成，它是人和体制不断相互作用形成的政治生活。此外，尽管制度架构对变革起着重要作用，但其建构却依赖于行动者对变革的阐释，而阐释能力的强弱常常直接影响到变革的成败。毫无疑问，领导干部队伍是县域治理的智力支撑，领导干部队伍建设是否优秀，直接决定县域治理能力的高低，进而也直接影响治理质量的好坏。党的十八大以来，党中央高度重视领导干部队伍建设工作，提出坚持和发展中国特色社会主义，关键在于建设一支政治坚定、能力过硬、作风优良、奋发有为的执政骨干队伍等一系列重要论断。然而，从当前县域治理效果来看，县域干部队伍依然存在一些与新时代县域治理现代化建设不匹配的问题，主要表现为以下方面。一是县域干部队伍对乡村振兴相关政策的认识严重不足。对南京市3个区105位公务员的线上调查结果显示，对国家、省、市、区各级政府颁布的关于乡村振兴的政策了解和比较了解的人员约占63.3%；对所在单位颁布的相关政策了解和比较了解的职工约占82.4%；参加所在单位开展相关政策教育和培训的职工约占58.1%；在日常工作中能够将自身工作与乡村振兴有机结合的职工约占75.6%。从调查数据可知，乡村振兴政策"入脑入心入行"并不充分。二是领导干部队伍年轻化的隐忧。近年来，随着领导干部选拔年轻化的落实和公务员考试的扩招，大量年轻人员进入公务员队伍，为组织发展带来活力和创新动力。但年轻化也同样意味着缺乏经验，尤其是对县域社会的风土人情、发展现状缺乏足够了解，在处理实际问题时，法、理、情三要素难以均衡运用。三是复合型人才严重短缺。当前县域治理正在朝智慧化、协同化、法治化、精细化方向发展，这就要求县级政府建设一支既懂政策又懂技术、懂业务的复合型人才队伍。但是，受地域空间、落户条件、人才待遇等因素影响，县域地区的人才建设相对滞后。四是教育培训机制亟待完善。事实上，对于县域治理来说，外部引进人才常常出现水土不服等问题，内部培养人才更有利于领导干部深入了解本地产业特色和风土人情。目前，县域地区领导干部培训主要依靠传统的

---

① 习近平：《在河南省兰考县委常委扩大会议上的讲话》，《做焦裕禄式的县委书记》，中央文献出版社2015年版，第36页。

地方党校（行政学院）和自组织的主题教育，尚未形成成熟的教育培训体系和规范。

鉴于上述问题，加强县域地区队伍建设，提升领导干部工作能力刻不容缓。其一，加强政治和政策学习，建设政治和业务"双过硬"的干部队伍。全面加强政治思想建设，将党的重要会议精神、党章及其他党内法规条例学习写进领导干部教育培训必修课程，用好各种学习平台，丰富学习手段，多措并举组织全体领导干部读原著、学原文、悟原理，让领导干部把准政治方向、增强政治定力、强化政治修养、提高政治能力，切实以理论滋养初心、以理论引领使命。在政治学习的基础上，要强化具体政策学习。应当采取多种形式，如召开座谈会、组织专家解读、举办专题培训、制作宣传短视频、创作文艺作品等，广泛宣传县域治理中的重要政策（如乡村振兴），促进领导干部深入理解政策核心要义和精神实质，鼓励和支持他们参与和创新相关工作。同时，要特别注重加强对领导班子的政策宣传教育，应将重要政策纳入党委和政府学习的核心内容，使之成为领导者学习法律、运用法律的重要手段和必修课程。其二，重视青年干部队伍建设。鼓励青年干部进乡镇、进机关、进单位、进社区，倾听群众呼声，收集民情民意，及时掌握群众所想、所需、所忧、所盼。通过开展多方面走访，鼓励青年干部深入开展调研活动，系统了解机关运行情况、履职情况、社会关注和反映的热点难点问题解决情况等，进一步摸清各部门职能运行情况、教育卫生重点民生领域保障情况，从而使青年干部能够把调研成果转化为解决改革发展问题的思路举措和破解工作难题的具体办法，充分挖掘青年干部潜力，凝聚青年干部智慧，促进全面发展、快速成长。其三，完善领导干部培养体系。除夯实既有的培养路径之外，应注重与高等院校密切合作，利用高校的理论优势，紧紧围绕县域战略导向和发展需求，有针对性地开发培训课程，创新培训形式。其四，创新组织机构编制管理。探索赋予有条件的县和乡镇在干部和机构管理、统筹使用各类编制资源等方面更大的自主权，持续为县和乡镇扩权增能，落实有责管事、有人办事，激励干部充分履职、干事创业。例如，可以借鉴山东邹城市、四川简阳市等地的做法，打破经济发达县和乡镇行政事业机构壁垒，破解人员编制岗位界限，统筹经济发达县和乡镇的行政事业编制资源。允许有条件的县和乡镇在现有机构限额内根据自身的发展定位、产业特色和工作需求,因地制宜设置工作机构。并且允许这些机构的设置不拘泥于传统形式,可以通过"平台化""综合化""数智化"等形式出现,对机构中岗位人员的使用,可以摆脱编制身份、职务级别限制,依据其专业能力、工作经历、工作实绩择优任命,突出人岗相适,最大限度发挥编制使用效益。

四 数智赋能:促进治理提质增效

伴随大数据、云计算、区块链、人工智能、物联网等信息技术的迅速发展和全面集成,人类社会正在迈向"智慧社会"这一全新的社会形态。基于新一代信息技术而形成的社会形态,"智慧社会"及其附带的技术动能给治理带来深远影响。在这一背景下,依托现代数字化技术的运用,有利于加快建立一个高效、协作、智慧的城市运营管理系统,将县域内的各类数据信息资源进行整合,为县域的发展提供决策基础与数据服务,以此来提高县域的治理水平。[①] 甚至在治理体制难以突破和彻底变革的情况下,数智赋能改革不失为县域治理缓解体制僵化的有效手段。因此,我们必须充分认识先进数字技术在县域治理能力现代化中蕴含的巨大价值,通过数智赋能改革助推县域治理现代化进程。

县域治理智慧化、数字化转型的发展趋势已势不可当,如何做好数智赋能,用科技力量促进治理提质增效是当前及未来改革的重点。一是强化数智赋能县域治理的规划设计。尽管近年来各县级政府在数智化转型方面采取了一系列举措,大幅提升了智能管理的水平和能力,但目前大部分县级政府都未颁布专门的数智化转型总体规划或发展战略,因而在数智赋能改革发展的具体实践中缺乏清晰的思想指导和目标定位,经常出现将数智化等同于对新兴技术直接移植或是对已有信息系统简单升级的方式,并未理性思考技术应用的必要性和适恰性,更难以触及组织体制改革、科技赋能、运营制度完善等更高层面。因此,各县级政府要结合自身实际情况,科学制定数智赋能县域治理的战略规划,通过做好发展目标制定、人才管理、事项目录、改革标准、数智化系统建设管理与应用、线上线下一体化融合、便民化措施、效能监察等关键事项,为县域治理智慧化、数智化发展提供统一的指导和依据。二是完善县域治理数智化的基础设施。数智基

[①] 刘国斌、祁伯洋:《县域城镇数智化与信息化融合发展研究》,《情报科学》2022年第3期。

础设施是智慧社会建设的关键技术，亦是推进县域治理创新的基础工具。县级政府应紧抓"数字乡村"与"数字城市"建设的契机，积极推进"双基共建"项目，致力于扩大4G和5G网络的覆盖广度，从而大力推进县域互联网设施设备升级，使现代数字技术与县域基础设施紧密结合，为提升县域治理数智化水平提供充分条件。三是推动县域治理模式走向"敏捷治理"，即利用数字技术的高速发展节奏，基于多元利益治理主体的共同努力，建立包容性强、适应性高、回应及时的可持续治理体系。[1] 敏捷治理"可以使政府组织在复杂多变的环境中快速识别社会问题和公众需求，预测其发展趋势和潜在影响，并迅速对组织结构和工作流程进行调整，以快速迭代的方式重新设计公共产品和服务，满足公众不断变化的需求"[2]。"敏捷治理"作为一套具有灵活性、流动性、适应性和可持续性特征的治理方法，其重点在于提升治理主体的快速感知能力、灵活响应能力和持续协调能力，从而大幅提升治理行动的速度并推进治理流程的再造。显然，在县域治理转型中引入敏捷方法，既是应对治理环境高度复杂性和高度不确定性的客观要求，也是在善治理念指引下利用技术赋能优势来完善治理机构、治理方式、治理体制的必然选择。例如，可以优化升级政务服务系统和政务服务App，改进用户体验，增强系统稳定性，切实提升"网办率"，并不断加大综合性智能自助办理设施的投入，方便群众简单便捷自主办理事项。四是建设县域治理信息数据库以实现信息共享。"大数据作为国家治理现代化的科技型技术……是诱发制度创新与治理转型的良好契机。"[3] 因此，县级政府应当重视辖区信息数据库的建设，使各部门的数据资源能快速汇聚、集中分析处理，实现政务服务和社会治理"一个平台、一张网、一个库"。需要强调的是，县域信息数据库的建设，应力求打破部门间"信息孤岛"和"数据壁垒"，信息系统整合"应并尽并"，信息资源归集"应归尽归"，推进各部门数据共享和综合运用，最大限度实现指挥决策等实战功能的集成，从而加大信息数据共享力度。基于该信息数据库，县级政府可为广大群众、企业和社会组织精准画像，不仅能提

---

[1] 崔元培、魏子鲲、薛庆林：《"十四五"时期乡村数字化治理创新逻辑与取向》，《宁夏社会科学》2022年第1期。

[2] 于文轩：《奔跑的大象：超特大城市的敏捷治理》，《学海》2022年第1期。

[3] 唐皇凤、陶建武：《大数据时代的中国国家治理能力建设》，《探索与争鸣》2014年第10期。

高风险识别与防控能力，而且能实现精准式服务供给。五是注重数智赋能改革中的包容性和安全性问题。在快速实现县域治理数智化的同时，改革者应当充分考虑县域社会人口结构的独特性，要依据本地区人口老龄化、技术知识相对薄弱等特点，注重通过"线上+线下"服务相结合、增加线上人工客服、设计简洁易懂的网页页面、优化用户操作程序、加强客户信息保护等方式提升民众线上体验的获得感和交互性。在安全性方面，应增强公务员队伍的信息安全意识和能力，对于涉及国家安全、社会稳定的关键情报、机密数据以及个人隐私等重要信息，必须采取严格的保密措施，以确保这些信息不被泄露或滥用。同时，进一步完善信息技术监管框架，联合多主体构建系统化、多层次的信息监管体系，为数智赋能县域治理提供安全有序的环境。

本章小结

推进县域治理能力现代化，需要在全面考量县域治理能力的基础上，多向度综合推进。一方面，从影响因素来看，县域治理体系对县域治理能力具有重要影响；另一方面，从时代维度来看，现代化的县域治理能力具有制度性、协同性、综合性、动态性、外部性等基本特征。新时代县域治理能力现代化的推进过程，必须与县域治理体系的现代化过程协调一致，与富有时代性的维度特征整体契合。县域治理能力现代化意味着县域治理主体必须能够充分利用自身素养和本领，并合理运行县域治理体系，领导和组织民众贯彻落实治理要求，实现有效的政策目标和发展战略，最终推动县域经济社会实现高质量发展。推进县域治理能力现代化，必须紧扣新时代对县域治理功能提出的新要求，全面提升县域治理主体的经济发展与廉控能力、公共服务与自治能力、城乡融合与建设能力、改革创新与稳定能力、生态保护与可持续发展能力等五个方面的综合能力。这些能力相辅相成、有机统一，共同构成新时代县域治理能力体系。县域治理能力体系的构建离不开基础性的支撑条件，需要从权力保障、法律供给、队伍建设和数智赋能四个方面综合推进，多维度助力县域治理能力实现现代化转型。

结论与展望

县域发展则国家发展，县域稳定则国家稳定，县域富强则国家富强。新时代推进县域治理现代化，是国家治理体系和治理能力现代化的重要战略构成，是开启全面建设中国式现代化新征程的重大战略任务。无论是国家治理的顶层设计，还是县域治理的底层变革，均应视治理情境变化相应地调整治理范式和治理行为，以期促成治理秩序与治理效能的融洽。现代化是人类社会最剧烈和最深远的变革，任何国家无论是主动拥抱还是被动接纳，均需面对现代性的巨大冲击。中国特色社会主义新时代，中国式现代化的愿景更要以县域为主体空间，才能回应人口规模巨大和全体人民共同富裕的根本特征要求；同时，社会基本矛盾的结构性变化呼唤国家治理体系和治理能力的现代化，县域治理现代化当然是题中应有之义。本书基于理论的学理分析和实践的田野观察，概括出基于治理理念、治理体系和治理能力的三重核心分析维度，"三维一体"探索县域治理现代化转型的可行路径，力求提出县域治理现代化转型的关联化调适方案和整体进路。

一　县域治理现代化的演进路径

现代化作为长周期社会变革，呈现过程的巨大起伏和结果的不确定性特征。后发国家的现代化之路更是充满荆棘，极易沦为西方现代化体系的附庸，出现生产关系的依附性，甚至丧失国家主权和经济自主性。作为拥有14亿多人口的后发现代化大国，中国的现代化当然不能遵循西方现代化的资本逻辑，而应是"以人民为中心"的中国式现代化，它是人口规模巨大的现代化，更是全体人民共同富裕的现代化。由此，需要以县城为载体的城镇化建设提供国家治理现代化的空间基础与体系支撑，以县域治理现代化建设助力国家治理体系和治理能力现代化。

基于学理演绎，县域治理范式的演进总体表述为从"皇权不下乡"的"上下分治"到"官绅合治"的过渡阶段，再到"中心主义范式"。在古代中国，郡县制结合儒法等政治思想"双管齐下"建构形成县域治理"皇权不下乡""中央治官，地方治民"的"上下分治范式"。皇权政治和大一统体制下形成的以县衙为核心、以县衙的派出机构和"准官方组织"为主要组织架构、以"士绅组织"为辅助架构的垂直管理体系构成了中国传统基层社会管理的基本模式。而近代以来，社会形态的结构性改变与西方民主观念的引入传播，促使不同政权对地方治理体系进行了调整变革。在此过程中，中央政府逐步实现对基层的渗透，组织化、制度化的县级政府体系逐渐建立，政府对地方自治的制度化干预逐渐加强。同时，伴随地方自治运动，乡绅的社会地位和政治地位显著增强，其与基层政权功能互补，逐渐形成了"官绅合治"的治理格局。新中国成立后，面对内部积贫积弱、外部危机四伏的现实环境，以政党为主导核心、国家为空间载体和政治动员为基本方式的压缩式"赶超战略"，促成国家权力触角延伸至社会各个角落，带来国家与社会关系的系统再构，即"上下分治"逐步被"中心主义范式"替代。

县域治理范式的"中心主义"体现在治理理念、治理体系和治理能力三个维度，相应表现为脱"面"强"点"的"发展主义"、治理主体与治理过程的中心化、理念和体系中心化下的全能治理。首先，改革开放以来以经济建设为中心的基本路线使"经济优先""经济第一"的原则贯穿至今，中国公共管理基本上承袭了带有"发展主义"色彩的价值取向。[①] 其"以经济发展作为国家和个人的当务之急，一切政策安排和个人计划皆围绕这一中心来部署"[②]，由此带来以显绩为治理偏好的治理向度中心化及以管制为治理行动的治理方式中心化。其次，政治结构在现代化转型中的渐进式调整促使县域治理呈现以政策一统性为原则、以党领导政府为主要特征和以政策执行及绩效考核为主要表现的统合特征。最后，县域治理能力必然要回应治理理念和体系中心化下全能政府的形态要求，陷入看似无所

[①] 汪大海、唐德龙：《从"发展主义"到"以人为本"——双重转型背景下中国公共管理的路径转变》，《中国行政管理》2005 年第 4 期。

[②] 杨龙：《作为意识形态的发展主义》，《理论与现代化》1994 年第 9 期。

不能，实则捉襟见肘的窘境。面对新时代具有高度复杂性和高度不确定性的县域公共事务，县域治理需立足新阶段的新挑战、新问题进行治理范式的现代化转型。

二 县域治理现代化的基础维度

区别于单一制度变革，县域治理现代化是集成性改革，即在现代化总体方向规约下，统筹模仿与原创，明晰阻力和动力，弥合新旧制度的"非耦合"问题，实现方向、要素和内容的有机融合。A、K、M 三地的治理实践表明，县域治理面临空间"狭窄"和选择"两难"的现实困境，集中体现在发展、改革和稳定三方面，这也恰恰映射出县域治理在理念、体系和能力上的时代窘境。现实县域治理目标的"过载"情境需要县域治理现代化来"减负"和"增能"，这也同样集中于治理理念、治理体系和治理能力三个核心维度。

首先，治理理念是引领，指引治理体系和治理能力建设。治理理念是一个组织的文化传承和精神积淀，体现组织成员共同的目标追求，具有基础性和先导性，影响决策者和参与者的认知、情感和行动倾向，决定着国家或其他公共组织的选择和行动。[1] 现代中国的发展建设，始终印刻着中国共产党的身影。党在领导中国人民进行革命、建设和改革实践的同时，也将自身发展理念融入国家发展的脉络中。县域治理理念现代化转型的方向，就是推动县域治理理念从"发展主义"转向"以人民为中心"，坚持以"新发展理念"构建县域治理理念的张力，形成"以人民为中心"的县域发展价值规约，实现"以人民为中心"的县域权利生产，在发展中不断实现人民群众的根本利益。

其次，治理体系是框架，保障和规范治理理念和治理能力的运用。一个县域选择什么样的治理体系，既不是人为预设的，也不是一蹴而就的，而是由经济社会发展水平决定的，经历了长期而艰难的制度试错与更新的过程。治理体系改革需要体制机制的优化交融，县域治理体系的现代化转型，需要推动县域治理结构与治理机制的转型调适。当前，我国县域治理面临治理主体间权力结构错位与治理机制过度统合异化的现实阻碍，需实

---

[1] 钟开斌、薛澜：《以理念现代化引领体系和能力现代化：对党的十八大以来中国应急管理事业发展的一个理论阐释》，《管理世界》2022 年第 8 期。

现治理结构与机制间的匹配融合，以"一核多维"破除"政治行政化"，以"适度统合"实现主体功能完善，以期在结构与机制现代化的基础上，建立平衡协调与良性互动的治理体系。

最后，治理能力是手段，促进治理理念和治理体系的有效落实。全能主义的兴起有其特殊的历史背景，但在迈入新发展阶段的现代中国已经难以匹配国家治理的现实需求。一方面，从影响因素来看，县域治理体系的变化对县域治理能力具有重要影响；另一方面，从时代维度来看，现代化的县域治理能力应具有制度性、协同性、综合性、动态性、外部性等基本特征。新时代县域治理能力现代化的推进过程，必须与县域治理体系的现代化过程协调一致，与富有时代性的维度特征整体契合。县域治理能力的现代化转型需摆脱固有观念的枷锁，突破全能主义的束缚，推动县级政府由"全能政府"转向"有能力的有限政府"，使经济发展与腐控能力、公共服务与自治能力、城乡融合与建设能力、改革创新与稳定能力、生态保护与可持续发展能力等五方面能力相辅相成、有机统一。

三　县域治理现代化的制度支持

以县域治理现代化的扎实推进助力中国式现代化建设的首要环节在于，确保党和国家的顶层设计有效延伸至县域治理的实际领域，并切实转化为治理效能。近年来，党和国家针对县域发展和治理领域提出一系列战略部署和政策方针，力求使县域摆脱单项治理的惯性思维模式，从县域融合、城乡一体化的角度实现治理体系与治理能力的整体提升。而县域治理的现实制度架构和运行机制，要切实转化为治理效能的提升动能，这就需要：一方面，在整体上实现制度机制的横向协同；另一方面，要结合中国县域发展基础和现实需求，将这种适配性抽象、凝练、具体化为推进中国式县域治理现代化的有效路径。

首先，要重视县域治理现代化由治理优势转化为治理效能的整体设计。县域治理体系和治理能力现代化在实践中将面临难以预料的实施障碍和堵点难点，切实提升治理效能，需要从系统统筹与整体设计的角度进行优化。制度优势的效能转化需立足治理体系、治理机制与治理实践间的互动优化，通过激活治理体系，贯通治理机制，以落地有效的治理实践实现治理效能的输出。

其次，需要建立重大改革试点的"省级统筹—县负主责—乡镇纵深"的制度机制。政策试点是当代中国特有的实践机制，是通过局部改革的方式探索整体设计的有效途径。对县域治理现代化的整体设计必然涉及省、县、乡三个层级，并对三者的权责进行再配置。县域治理改革牵一发而动全身，因此应以稳妥渐进的实践机制平衡改革波动与社会稳定。

再次，需要探索县级党委和政府领导下"现代财政制度—部门项目实施"的资金统筹长效制度架构与运行机制。资金和项目是县域治理的重要抓手，县域治理现代化建设离不开资金和项目的支持。以项目制为载体的财政资金拨付与转移支付，可有效发挥县域统筹治理的效用，实现治理资源的集中供给，助推治理目标的有效达成。

最后，需要设立以县级投融资机构为主体的吸纳村社和社会资本共同加入的基金平台。县域政府财政力量薄弱的现实窘境与县域治理中现实资金需求的互动张力，无可避免成为县域发展的重要阻碍之一。因此，以基金平台为纽带畅通制度机制，可以广泛吸纳政府和社会资金，助推县域重点领域基础设施建设和治理项目的落地，有效促进县域治理能力提升。

四 县域治理现代化的关系调适

县域治理现代化当然不是现行县域治理模式的简单修补，需运用系统变革和整体重构思维，促成治理理念、治理体系和治理能力的统筹演进，实现国家与社会、中央与地方、政府与市场、城市与乡村这四对关系的良性调适，进而推动县域治理体系的深层解构与集成重构。

首先，国家与社会关系的优化调整。治理结构问题的探讨始终无法绕开对国家与社会关系的关注。从某种意义上讲，国家与社会的关系直接影响甚至决定着治理结构的改革发展。长期以来，国家与社会的关系大致历经了一个由国家统驭社会到国家与社会分离，再到国家与社会整合的过程。[①] 特别是在市场经济背景下，以私营经济为主的现代经济组织形式在市场中获得释放，这意味着国家与社会一体化关系开始形成，而受此影响的社会治理也趋向于形成一种多元包容的结构模式。因此，在国家与社会关系相融合的趋势下，县域治理现代化的发展需要县域政府与社会之间的

---

① 鹿斌、金太军：《国家治理现代化进程中的社会治理创新》，《天津社会科学》2016年第2期。

协同互补与良性互动。

其次，中央与地方关系的优化调整。县域治理既"接天线"又"接地气"。[1] 在持续性的分权改革中，伴随着地方政府自主权的扩大，地方政府的创新智慧和运作活力被极大激发，进而有效提升了地方治理能力和治理水平。但地方自主性的过度发挥极易导致政策实际执行者成为"狡猾的执行者"或"权力经营者"，选择性执行、权宜性执行、象征性执行等现象不断出现。达尔曾言，"正如对于个人一样，对于组织而言，独立或自治也会有产生危害的机会"[2]。换句话说，地方自主性扩大存在走向失范的风险。这需要进一步优化调整中央与地方的关系，通过制度建设规范地方政府行为，确保地方自主性良性发挥。

再次，政府与市场关系的优化调整。完善市场体制下的市场经济发展当然是县域现代化的核心助力，会带来"现代性"的持续注入，促成经济繁荣和社会稳定。对县域治理而言，市场本身就是现代化治理的重要工具，借助市场力量，县域政府不仅能够通过放权市场，减轻政务负担，还可以学习借鉴工商管理理念、技术和模式，创新政府管理方式。事实上，县域治理现代化意味着政府职能的结构性变革，即要回归公共服务本位。当然，市场存在自发性和滞后性的固有顽疾，政府对市场失灵的适时干预也必不可少。让市场发挥应有的作用，需要"有限"的政府，而回归公共服务本位和弥补市场失灵，又需要"有能力"的政府，"有能力的有限政府"将是政府治道变革的基本方向。

最后，城市与乡村关系的优化调整。县域政府是应对城乡融合相关政策落地过程中面临的地域差异性境况和多元化需求的基础单元，也是城乡治理体系从分治转向合治的关键所在。[3] 需要特别关注到，共同富裕、乡村振兴和以县城为载体的城镇化的国家战略，必然带来城乡关系的结构性调整，呈现从"分割"走向"融合"的趋势。但农村振兴、农业发展和农民增收交织问题的多因素影响变量，特别是农业交易条件依然呈现不稳定

---

[1] 杨发祥、王乐全：《新发展阶段县域社会治理能力现代化研究——一个社会学的分析视角》，《贵州社会科学》2022 年第 10 期。

[2] 〔美〕罗伯特·A. 达尔：《多元主义民主的困境——自治与控制》，尤正明译，求实出版社 1989 年版，第 1 页。

[3] 李海金、戴丹：《县域内城乡融合发展：何以可能与何以可为》，《南京农业大学学报》（社会科学版）2023 年第 3 期。

趋势，单纯依靠国家和政府的力量，无法实现所有乡村及县的振兴，上述国家战略的实施，依然要遵循"人、地和钱"挂钩的逻辑。部分县域会走向自然消亡，而有条件县域的治理现代化，应以实现城乡融合为重点，从体制机制建设、市场要素优化和公共服务能力提升层面探寻实现路径。

综上，县域治理是国家治理的基石。县域治理现代化建设的价值决定了县域治理改革创新"永远在路上"。在中国国家顶层制度设计和治理体系已经基本建立的情况下，如何将其延伸至县域治理各领域并切实转化为治理效能，是通过县域现代化建设扎实推进并实现中国现代化必须解决的治理难题。县域治理现代化的关键和核心是治理理念、治理体系和治理能力的现代化。这种综合维度的现代化并不是对既定县域治理的简单修补，而是要从治理现代化的高度，针对县域治理中的理念更新、体系修缮、能力提升等问题，运用系统性变革和整体性重构的思维对县域空间范围内诸多领域治理制度进行深层次解构和集成式重构，进而建立起适应县域现代化发展的县域治理制度架构和运行机制。相比于既有研究，本书所建构的"理念—体系—能力"框架，正是致力于将县域治理现代化的建设路径从传统的单项发展向现代的集成改革转变，更加强调对组织变革与机制创新中诸要素及内容的理性选择、渐进优化和系统集成。然而，需要说明的是，全国近3000个县域的治理情境有较大差异，无法简单分类、笼统描述。县域治理现代化的模型不是唯一的，更不是一成不变的，应根据实际情况和环境变化进行动态调整。本书尝试建构的是带有共享性学术话语色彩的县域治理现代化基础模型，重点在于表明县域治理现代化转型的逻辑向度、主体要素和基本构成。未来研究县域治理问题，需要更加明确研究所处的时代语境和现实情境。当前，中国县域发展进入新的历史阶段，高质量发展、高品质生活、乡村振兴、城乡融合、新型城镇化等成为县域发展的主题。然而，在努力实现高价值目标的同时，不能忽视县域发展差异和存在的不平衡不充分问题。推进县域治理现代化必须坚持从实际出发，在历史传承与时代创新融合中，将现代化的客观规律转化为不同县域治理的独特"本土话语"，进而构建起坚持"以人民为中心"的发展思想、立足"一核多维"适度统合治理体系和拥有适体且有效治理能力的县域治理现代化新秩序，从而在县域空间充分展现道路自信和制度优势，推动县域实现高质量发展。

参考文献

一 中文文献

（一）经典著作

《邓小平文选》（全3卷），人民出版社1994年版。

江泽民：《论党的建设》，中央文献出版社2001年版。

江泽民：《论"三个代表"》，中央文献出版社2001年版。

《科学发展观重要论述摘编》，中央文献出版社、党建读物出版社2008年版。

《马克思恩格斯文集》（全10卷），人民出版社2009年版。

《马克思恩格斯选集》（全4卷），人民出版社2012年版。

《毛泽东选集》（全4卷），人民出版社1991年版。

习近平：《摆脱贫困》，福建人民出版社1992年版。

习近平：《干在实处　走在前列：推进浙江新发展的思考与实践》，中共中央党校出版社2006年版。

习近平：《高举中国特色社会主义的伟大旗帜　为全面建设社会主义现代化国家而团结奋斗：在中国共产党第二十次全国代表大会上的报告》，人民出版社2022年版。

习近平：《论坚持全面深化改革》，中央文献出版社2018年版。

《习近平谈治国理政》（全4卷），外文出版社2014~2022年版。

《习近平外交演讲集》（全2卷），中央文献出版社2022年版。

《习近平著作选读》（全2卷），人民出版社2023年版。

《习近平总书记系列重要讲话读本》，学习出版社、人民出版社2016年版。

中共中央文献研究室编《邓小平思想年编（一九七五——一九九七）》，中央文献出版社 2011 年版。

中共中央宣传部编《习近平新时代中国特色社会主义思想学习纲要》，学习出版社、人民出版社 2023 年版。

（二）中文书目

〔美〕阿尔温·托夫勒：《第三次浪潮》，朱志焱、潘琪、张焱译，三联书店 1983 年版。

〔英〕安德鲁·韦伯斯特：《发展社会学》，陈一筠译，华夏出版社 1987 年版。

〔英〕安东尼·吉登斯：《社会的构成——结构化理论大纲》，李康、李猛译，三联书店 1998 年版。

〔英〕安东尼·吉登斯：《现代性的后果》，田禾译，译林出版社 2022 年版。

〔美〕奥利弗·E. 威廉森：《治理机制》，王健、方世建等译，中国社会科学出版社 2001 年版。

〔美〕B. 盖伊·彼得斯：《政治科学中的制度理论：新制度主义》，王向民、段红伟译，上海人民出版社 2016 年版。

〔美〕巴林顿·摩尔：《专制与民主的社会起源：现代世界形成过程中的地主和农民》，王茁、顾洁译，上海译文出版社 2012 年版。

〔加〕本·阿格尔：《西方马克思主义概论》，慎之等译，中国人民大学出版社 1991 年版。

〔美〕C.E. 布莱克：《现代化的动力》，段小光译，四川人民出版社 1988 年版。

〔美〕查尔斯·蒂利：《欧洲的抗争与民主（1650—2000）》，陈周旺，李辉，熊易寒译，上海人民出版社 2008 年版。

〔美〕查尔斯·蒂利：《强制、资本和欧洲国家（公元 990—1992 年）》，魏洪钟译，上海人民出版社 2007 年版。

陈嘉明等：《现代性与后现代性》，人民出版社 2001 年版。

陈晓明：《解构的踪迹：历史、话语与主体》，中国社会科学出版社 1994 年版。

仇立平：《社会研究方法》，重庆大学出版社 2015 年版。

〔美〕戴维·奥斯本、特德·盖布勒：《改革政府：企业精神如何改革着公营部门》，上海市政协编译组、东方编译所编译，上海译文出版社1996年版。

〔美〕戴维·瓦尔德纳：《国家构建与后发展》，刘娟凤、包刚升译，吉林出版集团有限公司2011年版。

〔美〕道格拉斯·C.诺思：《经济史中的结构与变迁》，陈郁、罗华平等译，上海三联书店、上海人民出版社1994年版。

〔美〕道格拉斯·C.诺思：《制度、制度变迁与经济绩效》，杭行译，格致出版社、上海三联书店、上海人民出版社2014年版。

樊红敏：《转型中的县域治理：结构、行为与变革——基于中部地区5个县的个案研究》，中国社会科学出版社2013年版。

方向东译注《新书》，中华书局2012年版。

〔美〕费勒尔·海迪：《比较公共行政》，刘俊生译校，中国人民大学出版社2006年版。

费孝通等：《中华民族多元一体格局》，中央民族学院出版社1989年版。

费孝通：《乡土中国》，上海人民出版社2007年版。

〔美〕H.乔治·弗雷德里克森：《公共行政的精神》，张成福等译，中国人民大学出版社2013年版。

〔德〕哈贝马斯：《作为"意识形态"的技术与科学》，李黎、郭官义译，学林出版社2000年版。

何传启：《第二次现代化——人类文明进程的启示》，高等教育出版社1999年版。

何显明：《市场化进程中的地方政府行为逻辑》，人民出版社2008年版。

何增科主编《社会管理与社会体制》，中国社会出版社2008年版。

侯钧生主编《西方社会学理论教程》，南开大学出版社2010年版。

胡鞍钢主编《中国：挑战腐败》，浙江人民出版社2001年版。

〔英〕霍布斯：《利维坦》，黎思复、黎廷弼译，商务印书馆1985年版。

〔英〕J. S.密尔：《代议制政府》，汪瑄译，商务印书馆1997年版。

〔美〕吉尔伯特·罗兹曼主编《中国的现代化》，国家社会科学基金"比较现代化"课题组译，江苏人民出版社1988年版。

〔美〕吉尔伯特·罗兹曼主编《中国的现代化》，上海人民出版社1989

年版。

〔美〕加布里埃尔·A. 阿尔蒙德、小 G. 宾厄姆、鲍威尔：《比较政治学：体系、过程和政策》，曹沛霖等译，上海译文出版社 1987 年版。

金观涛、刘青峰：《开放中的变迁：再论中国社会超稳定结构》，法律出版社 2010 年版。

金耀基：《中国民本思想史》，台湾商务印书馆 1997 年版。

〔美〕劳伦·勃兰特、托马斯·罗斯基编《伟大的中国经济转型》，方颖、赵扬等译，格致出版社、上海人民出版社 2009 年版。

李景鹏：《权力政治学》，北京大学出版社 2008 年版。

李山译注《管子》，中华书局 2016 年版。

〔美〕理查德·D. 宾厄姆等：《美国地方政府的管理：实践中的公共行政》，九洲译，北京大学出版社 2005 年版。

刘建成：《第三种模式：哈贝马斯的话语政治理论研究》，中国社会科学出版社 2007 年版。

刘润忠：《社会行动·社会系统·社会控制——塔尔科特·帕森斯社会理论述评》，天津人民出版社 2005 年版。

刘彦波主编《中国县域治理史》（现代卷），长江出版社 2019 年版。

吕冰洋：《央地关系：寓活力于秩序》，商务印书馆 2022 年版。

罗骥：《郡县治 天下安：县级政府化解社会矛盾应对策略探研》，人民日报出版社 2017 年版。

罗荣渠：《现代化新论——世界与中国的现代化过程》，商务印书馆 2004 年版。

〔英〕洛克：《政府论》（下篇），叶启芳、瞿菊农译，商务印书馆 1964 年版。

〔澳〕马尔科姆·沃特斯：《现代社会学理论》，杨善华等译，华夏出版社 2000 年版。

马建中：《政治稳定论：中国现代化进程中的政治稳定问题研究》，中国社会科学出版社 2003 年版。

〔德〕马克斯·韦伯：《经济通史》，姚曾廙译，商务印书馆 2021 年版。

〔德〕马克斯·韦伯：《经济与社会》，阎克文译，上海人民出版社 2020 年版。

马远之：《世界六百年与中国六十年——从重商主义到新结构主义》，广东人民出版社2015年版。

〔美〕曼瑟尔·奥尔森：《集体行动的逻辑》，陈郁、郭宇峰、李崇新译，格致出版社、上海三联书店、上海人民出版社2014年版。

〔英〕尼格尔·多德：《社会理论与现代性》，陶传进译，社会科学文献出版社2002年版。

〔英〕齐格蒙·鲍曼：《后现代伦理学》，张成岗译，江苏人民出版社2003年版。

任剑涛：《除旧布新：中国政治发展侧记》，中央编译出版社2014年版。

荣敬本等：《从压力型体制向民主合作体制的转变——县乡两级政治体制改革》，中央编译出版社1998年版。

〔以〕S.N.艾森斯塔德：《现代化：抗拒与变迁》，张旅平等译，中国人民大学出版社1988年版。

〔荷〕斯宾诺莎：《神学政治论》，温锡增译，商务印书馆1963年版。

孙立平：《现代化与社会转型》，北京大学出版社2005年版。

孙立平：《转型与断裂：改革以来中国社会结构的变迁》，清华大学出版社2004年版。

〔希〕塔基斯·福托鲍洛斯：《当代多重危机与包容性民主》，李宏译，山东大学出版社2012年版。

〔法〕托克维尔：《论美国的民主》，董果良译，商务印书馆1993年版。

〔德〕托马斯·海贝勒、〔德〕舒耕德、杨雪冬主编《"主动的"地方政治：作为战略群体的县乡干部》，刘承礼等译，中央编译出版社2013年版。

〔美〕托马斯·杰斐逊：《杰斐逊选集》，朱曾汶译，商务印书馆1999年版。

〔美〕托马斯·潘恩：《潘恩选集》，马清槐等译，商务印书馆1981年版。

汪玉凯等：《中国行政体制改革30年回顾与展望》，人民出版社2008年版。

王汉生、杨善华主编《农村基层政权运行与村民自治》，中国社会科学出版社2001年版。

王世舜、王翠叶译注《尚书》，中华书局2012年版。

〔美〕文森特·奥斯特罗姆、罗伯特·比什、埃利诺·奥斯特罗姆：《美国地方政府》，井敏、陈幽泓译，北京大学出版社2004年版。

奚从清、沈赓方主编《社会学原理》，浙江大学出版社2001年版。

萧功秦：《中国的大转型——从发展政治学看中国变革》，新星出版社2008年版。

辛世俊：《公民权利意识研究》，郑州大学出版社2006年版。

熊文钊：《大国地方——中国中央与地方关系宪政研究》，北京大学出版社2005年版。

徐勇：《乡村治理与中国政治》，中国社会科学出版社2003年版。

〔英〕亚当·斯密：《道德情操论》，韩巍译，西苑出版社2005年版。

〔英〕亚当·斯密：《国民财富的性质和原因的研究》（下卷），郭大力、王亚南译，商务印书馆1979年版。

尹保云：《什么是现代化——概念与范式的探讨》，人民出版社2001年版。

于海：《西方社会思想史》，复旦大学出版社2011年版。

俞可平：《中国公民社会的兴起与治理的变迁》，社会科学文献出版社2002年版。

〔美〕约翰·罗尔斯：《正义论》，何怀宏、何包钢、廖申白译，中国社会科学出版社1988年版。

张静：《基层政权：乡村制度诸问题》（2018年修订版），社会科学文献出版社2019年版。

章国锋：《关于一个公正世界的"乌托邦"构想：解读哈贝马斯〈交往行为理论〉》，山东人民出版社2001年版。

周黎安：《转型中的地方政府：官员激励与治理》，上海人民出版社2008年版。

周庆智：《县政治理：权威、资源、秩序》，中国社会科学出版社2014年版。

周庆智：《中国县域行政结构及其运行——对W县的社会学考察》，贵州人民出版社2004年版。

周振超：《当代中国政府"条块关系"研究》，天津人民出版社2009年版。

周振鹤、李晓杰：《中国行政区划通史·总论：先秦卷》，复旦大学出版社2009年版。

周振鹤：《体国经野之道：中国行政区划沿革》，上海书店出版社 2009 年版。

周振鹤：《中国地方行政制度史》，上海人民出版社 2005 年版。

邹力行：《县域经济与社会土地改革论》，中国金融出版社 2014 年版。

（三）中文论文

陈国权、李院林：《县域社会经济发展与府际关系的调整——以金华—义乌府际关系为个案研究》，《中国行政管理》2007 年第 2 期。

陈科霖、周鲁耀：《"统合式治理"：一种中国国家治理的权力运行机制》，《学海》2021 年第 4 期。

陈潭、刘兴云：《锦标赛体制、晋升博弈与地方剧场政治》，《公共管理学报》2011 年第 2 期。

陈远星、陈明明：《有限政府与有效政府：权力、责任与逻辑》，《学海》2021 年第 5 期。

储建国：《大部制改革与现代国家构建》，《学习与探索》2008 年第 7 期。

丁建彪：《国家战略驱动与基层治理现代化——兼论精准扶贫与乡村振兴"双重战略"的衔接》，《政治学研究》2023 年第 5 期。

杜仕菊、刘林：《从运动式到分布协同式：县域改革的实践困境与范式转型》，《华东理工大学学报》（社会科学版）2019 年第 2 期。

樊红敏：《县域治理改革的切入点》，《郑州大学学报》（哲学社会科学版）2013 年第 1 期。

樊红敏：《政治行政化：县域治理的结构化逻辑——一把手日常行为的视角》，《经济社会体制比较》2013 年第 1 期。

郭定平：《政党中心的国家治理：中国的经验》，《政治学研究》2019 年第 3 期。

韩冬雪：《超越自由主义的政治理念——社会主义市场经济条件下的国家职能》，《中国行政管理》2000 年第 9 期。

何显明：《市管县体制绩效及其变革路径选择的制度分析——兼论"复合行政"概念》，《中国行政管理》2004 年第 7 期。

何晓斌：《以县域为基础的现代化和共同富裕》，《探索与争鸣》2021 年第 11 期。

贺东航：《当前中国政治学研究的困境与新视野》，《探索》2004 年第

6 期。

贺东航:《国家构建理论与中国现代国家构建历程探析》,《江汉论坛》2008 年第 6 期。

贺雪峰、刘岳:《基层治理中的"不出事逻辑"》,《学术研究》2010 年第 6 期。

贺雪峰:《乡村治理现代化:村庄与体制》,《求索》2017 年第 10 期。

贺雪峰:《央地关系视野下的县级治理》,《治理现代化研究》2021 年第 2 期。

姜尔林:《发展导向型公共政策的价值困境与实践反思——基于对"发展主义"的分析》,《行政论坛》2012 年第 19 期。

金太军、沈承诚:《政府生态治理、地方政府核心行动者与政治锦标赛》,《南京社会科学》2012 年第 6 期。

金太军、赵军锋:《基层政府"维稳怪圈":现状、成因与对策》,《政治学研究》2012 年第 4 期。

孔令锋、向志强:《论政府能力与可持续发展》,《中国人口·资源与环境》2007 年第 2 期。

林尚立:《集权与分权:党、国家与社会权力关系及其变化》,陈明明主编《革命后的政治与现代化》(《复旦政治学评论》第 1 辑),上海辞书出版社 2002 年版。

马德普:《简析近代以来国家治理模式的变迁——兼论中国国家治理模式的变革》,《行政科学论坛》2014 年第 5 期。

欧阳静:《政治统合制及其运行基础——以县域治理为视角》,《开放时代》2019 年第 2 期。

潘小娟:《中央与地方关系的若干思考》,《政治学研究》1997 年第 3 期。

仇叶:《行政权集中化配置与基层治理转型困境——以县域"多中心工作"模式为分析基础》,《政治学研究》2021 年第 1 期。

渠敬东:《项目制:一种新的国家治理体制》,《中国社会科学》2012 年第 5 期。

任平:《开辟当代中国马克思主义发展哲学的新境界——"以人民为中心的发展思想"的哲学逻辑》,《南京社会科学》2022 年第 12 期。

容志、陈奇星:《"稳定政治":中国维稳困境的政治学思考》,《政治学研究》2011 年第 5 期。

苏曦凌：《政府与社会组织关系演进的历史逻辑》，《政治学研究》2020 年第 2 期。

谭明方：《县域社会"高质量发展"问题的理论探析——基于社会学的视角》，《社会科学研究》2022 年第 6 期。

唐皇凤：《"中国式"维稳：困境与超越》，《武汉大学学报》2012 年第 5 期。

陶勇：《县级政府提供基本公共服务的困境——基于地方政府治理结构的视角》，《公共经济与政策研究》2014 年第 1 期。

田舒：《从全能主义到后全能主义：政治动员模式的变迁》，《理论界》2013 年第 4 期。

田先红：《从结果管理到过程管理：县域治理体系演变及其效应》，《探索》2020 年第 4 期。

田先红：《适应性治理：乡镇治理中的体制弹性与机制创新》，《思想战线》2021 年第 4 期。

田先红：《统合治理与中国县域治理现代化——基于县域议事协调机构的经验分析》，《甘肃社会科学》2023 年第 2 期。

田先红：《县域末端治理的属性、困境及其破解之道——从条块关系的视角切入》，《理论月刊》2022 年第 7 期。

田先红：《项目化治理：城市化进程中的县域政府行为研究》，《政治学研究》2022 年第 3 期。

汪大海、唐德龙：《从"发展主义"到"以人为本"——双重转型背景下中国公共管理的路径转变》，《中国行政管理》2005 年第 4 期。

王汉生、王一鸽：《目标管理责任制：农村基层政权的实践逻辑》，《社会学研究》2009 年第 2 期。

王敬尧、黄祥祥：《县域治理：中国之治的"接点"存在》，《行政论坛》2022 年第 4 期。

王丽慧：《县级政府管理困境与管理方式创新》，《中国行政管理》2009 年第 5 期。

王浦劬、赖先进：《中国公共政策扩散的模式与机制分析》，《北京大学学报》（哲学社会科学版）2013 年第 6 期。

王浦劬:《新时代乡村治理现代化的根本取向、核心议题和基本路径》,《华中师范大学学报》(人文社会科学版) 2022 年第 1 期。

王诗宗:《治理理论与公共行政学范式进步》,《中国社会科学》2010 年第 4 期。

王先明:《绅董与晚清基层社会治理机制的历史变动》,《中国社会科学》2019 年第 6 期。

王翔林:《结构功能主义的历史追溯》,《四川大学学报》(哲学社会科学版) 1993 年第 1 期。

王续添、辛松峰:《中心主义国家现代化的历史逻辑——以近代中国社会中心力量转换为中心的考察》,《政治学研究》2021 年第 6 期。

王续添:《中心主义政治制度与"中国政治模式"》,《经济社会体制比较》2010 年第 6 期。

王雅君:《县级政府治理现代化与结构转型》,《求实》2017 年第 11 期。

王志泓:《加强我国政府公权力监督体系建设研究》,《理论界》2013 年第 5 期。

文宏、崔铁:《运动式治理中的层级协同:实现机制与内在逻辑——一项基于内容分析的研究》,《公共行政评论》2015 年第 6 期。

吴昊:《地方政府治理结构改革与职能转变——从经济学视角展开的分析》,《学习与探索》2006 年第 6 期。

吴理财:《县乡关系的几种理论模式》,《江汉论坛》2009 年第 6 期。

项赠、郭文亮:《从"权力维稳"到"权利维稳"的必然选择——基于价值理性与工具理性的视角》,《求实》2013 年第 7 期。

萧功秦:《重建公民社会:中国现代化的路径之一》,《探索与争鸣》2012 年第 5 期。

徐勇:《国家化与地方性背景下的双向型县域治理改革》,《探索与争鸣》2009 年第 11 期。

徐勇:《"回归国家"与现代国家的建构》,《东南学术》2006 年第 4 期。

徐勇:《"接点政治":农村群体性事件的县域分析——一个分析框架及以若干个案为例》,《华中师范大学学报》(人文社会科学版) 2009 年第 6 期。

徐勇:《现代国家建构中的非均衡性和自主性分析》,《华中师范大学学报》

（人文社会科学版）2003 年第 5 期。

徐勇：《治理转型与竞争——合作主义》，《开放时代》2001 年第 7 期。

阎坤：《中国县乡财政困境分析与对策研究》，《华中师范大学学报》（人文社会科学版）2007 年第 2 期。

杨峰、徐继敏：《"治理体系与治理能力现代化"语境下的县域治理》，《学术论坛》2016 年第 2 期。

杨宏山：《"省管县"体制改革：市县分离还是混合模式》，《北京行政学院学报》2014 年第 2 期。

杨华：《县域治理中的党政体制：结构与功能》，《政治学研究》2018 年第 5 期。

杨华、袁松：《行政包干制：县域治理的逻辑与机制——基于华中某省 D 县的考察》，《开放时代》2017 年第 5 期。

杨华：《治理机制创新：县域体制优势转化为治理效能的路径》，《探索》2021 年第 5 期。

杨建国：《基层政府的"不出事"逻辑：境遇、机理与治理》，《湖北社会科学》2018 年第 8 期。

杨建国：《论民众抗争的"出大事"逻辑：情境、机理与治理》，《理论与改革》2018 年第 6 期。

杨雪冬：《地方政府间分权的条件：基于地县关系的分析》，《探索与争鸣》2011 年第 2 期。

杨雪冬：《论"县"：对一个中观分析单位的分析》，陈明明主编《权利、责任与国家》（《复合政治学评论》第四辑），上海人民出版社 2006 年版。

杨雪冬：《民族国家与国家构建：一个理论综述》，刘建军、陈超群主编《执政的逻辑：政党、国家与社会》（《复旦政治学评论》第三辑），上海辞书出版社 2005 年版。

杨雪冬：《县级官员与"省管县"改革（Ⅱ）——基于能动者的研究路径》，《北京行政学院学报》2012 年第 5 期。

杨雪冬：《压力型体制：一个概念的简明史》，《社会科学》2012 年第 11 期。

杨雪冬：《中国国家构建简论：侧重于过程的考察》，《上海社会科学院学术季刊》2002 年第 2 期。

叶克林：《现代结构功能主义：从帕森斯到博斯科夫和利维：初论美国发展社会学的主要理论流派》，《学海》1996 年第 6 期。

于建嵘、蔡永飞：《县政改革是中国改革革新的突破口》，《东南学术》2008 年第 1 期。

于建嵘：《当前压力维稳的困境与出路——再论中国社会的刚性稳定》，《探索与争鸣》2012 年第 9 期。

于建嵘：《县政运作的权力悖论及其改革探索》，《探索与争鸣》2011 年第 7 期。

于建嵘、张正州：《理念、体系、能力：当前县域治理的转型困境与发展方向》，《学术界》2019 年第 6 期。

郁建兴、石德金：《超越发展型国家与中国的国家转型》，《学术月刊》2008 年第 4 期。

郁建兴：《治理与国家建构的张力》，《马克思主义与现实》2008 年第 1 期。

负杰：《有限政府论：思想渊源与现实诉求》，《政治学研究》2005 年第 1 期。

曾凡军：《政治锦标赛体制下基层政府政策选择性执行及整体性治理救治》，《湖北行政学院学报》2013 年第 3 期。

曾楠：《公权力与私权利之间：政治认同的张力与流变》，《理论与改革》2014 年第 1 期。

赵中源、黄罡：《新时代国家治理现代化的变革逻辑与实践图谱》，《学术研究》2022 年第 11 期。

赵中源、黄罡、邹宏如：《国家治理现代化的内在理性、变革逻辑与实践形态》，《政治学研究》2022 年第 1 期。

周飞舟：《从汲取型政权到"悬浮型"政权——税费改革对国家与农民关系之影响》，《社会学研究》2006 年第 3 期。

周黎安：《"官场+市场"与中国增长故事》，《社会》2018 年第 3 期。

周黎安：《晋升博弈中政府官员的激励与合作——兼论我国地方保护主义和重复建设问题长期存在的原因》，《经济研究》2004 年第 6 期。

周黎安：《行政发包制》，《社会》2014 年第 6 期。

周黎安:《中国地方官员的晋升锦标赛模式研究》,《经济研究》2007 年第7 期。

周庆智:《地方权威主义治理逻辑及其困境》,《中共中央党校(国家行政学院)学报》2020 年第 5 期。

周庆智:《控制权力:一个功利主义视角——县政"权力清单"辨析》,《哈尔滨工业大学学报》(社会科学版)2014 年第 3 期。

周雪光:《基层政府间的"共谋现象":一个政府行为的制度逻辑》,《社会学研究》2008 年第 6 期。

周雪光:《中国政府的治理模式:一个"控制权"理论》,《社会学研究》2012 年第 5 期。

周怡:《社会结构:由"形构"到"解构"——结构功能主义、结构主义和后结构主义理论之走向》,《社会学研究》2000 年第 3 期。

朱庆跃:《全过程人民民主在构建权力监督体系中的价值》,《学术界》2022 年第 11 期。

竺乾威:《政府职能的三次转变:以权力为中心的改革回归》,《江苏行政学院学报》2017 年第 6 期。

二 英文文献

A. Tobelem, "Institutional Capacity Analysis and Development System (ICA-DS): Operational Manual," World Bank, 1992.

B. W. Honadle, "A Capacity-building Framework: A Search for Concept and Purpose," *Public Administration Review*, Vol. 41, No. 5 (1981).

Christopher Hood, "Paradoxes of Public-sector Managerialism, Old Public Management and Public Service Bargains," *International Pubic Management Journal*, No. 3 (2003).

Filipe Teles, "Beyond Paternalism Towards Social Capital: Local Governance Reform in Portugal," *International Journal of Public Administration*, Vol. 35, No. 13 (2012).

J. D. Coggburn, S. K. Schneider, "The Quality of Management and Government Performance: An Empirical Analysis of the American States," *Public Administration Review*, Vol. 63, No. 2 (2003).

J. Hayward, *After the French Revolution: Six Critocs of Democracy and Nationalism*, Harvester Wheatsheaf Press, 1991.

J. W. Wright, "Building the Capacities of Municipal Governments," *Public Administration Review*, Vol. 35 (1975).

Lawrence Pratchett, "New Technologies and the Modernization of Local Government: An Analysis of Biases and Constraints," *Public Administration*, No. 4 (1999).

Michael R. Solomon, Carol Surprenant, John A. Czepiel, "A Role Theory Perspective on Dyadic Interactions," *Journal of Marketing*, Vol. 49, No. 1 (1985).

Paul Scott, Robert J. MacDonald, "Local Policy Management Needs: The Federal Response," *Public Administration Review*, Vol. 35 (1975).

Peter Morgan, "The Design and Use of Capacity Development Indicators," Paper Prepared for the Policy Branch of CIDA, 1997.

P. M. Bugress, "Capacity Building and the Elements of Public Management," *Public Administration Review*, Vol. 35 (1975).

R. Turner, *Human Behavior and Social Processes*, Boston: Houghton Mifflin, 1962.

The Commission on Global Governance, *Our Global Neighborhood*, Oxford: Oxford University Press, 1995.

后　记

　　人生天地之间，若白驹过隙。不经意间，已在新时代的康庄大道上迈过了而立之年。

　　数年前，有幸成为金太军教授的博士研究生，也是时隔多年再次走进底蕴深厚的苏州大学。在人生豪迈的快速路上，放慢匆忙的脚步、腾出些许的时间，好好地去"品味姑苏之文化、求索学术之精髓、滋养天地之正气、效法古今之完人"。沉浸如此美好，我时常无法感知时光之仓促，却能惊觉美好之短暂。而今，仍然是"文化未通、学术初探、正气尚浅、完人未就"，那段路却已成往事，这本肇始于博士论文的个人专著业已完成。

　　从博士论文到学术专著，不仅是文本的完善，更是学术生命和精神世界的淬炼。这一路上，初心未忘、砥砺前行，深感生活不易、事业艰辛、学术艰难、时代变迁，也在开拓奋进中体会到了人间真情，看到了人生精彩，领悟着至臻大道。从青衿学子到为人师表，这条成长之路上有情相伴、有爱相随、有智者指点、有贵人相助。感谢导师金太军教授一直以来的悉心指导，金老师人格高尚、治学严谨、学术精湛、止于至善，在与金老师的日常交流与学术请教中，收获了知识、提升了人格、增加了阅历、增长了智慧。感谢师兄沈承诚教授的支持与帮助，沈教授学富五车、才高八斗、为人谦逊、乐于助人，他的鼓舞与督促，为我的成长增添了动力。感谢爱妻智晶的默默付出，她的包容让我能够更加沉稳地在奋进路上砥砺前行。感谢所有一路上用心用情用智用力于我的亲朋好友们……

　　县域治理现代化是中国式现代化的重要维度，其转型进程始终伴随着传统治理惯性与现代治理需求的深刻博弈。在本书完稿过程中，国家治理现代化、县域治理现代化等有关理论成果不断更新，促使我不断审视原有内容的时效性和有效性，并能够持续在有关章节中推陈出新、融入最新理论成果，这既是对特殊治理情境的及时回应，也暴露出既有理论在有限条件下的解释局限——这种遗憾或将成为后续研究的起点。相比于既有研究，本书所建构的"理念—体系—能力"框架，正是致力于将县域治理现代化的建设路径从传统的单项发展向现代的集成改革转变，更加强调对组织变革与机制创新中诸要素及内容的理性选择、渐进优化和系统集成。县域治理现代化的模型不是唯一的，更不是一成不变的，应根据实际情况和环境变化进行动态调整。展望未来，AI 技术的颠覆性创新、国家治理目标变化联动的治理体系重构、乡村振兴战略的纵深推进等，都在不断重塑县域治理的场域与规则。搁笔之际，期待本书能够成为引玉之砖，激发更多学界同仁共同深耕这片充满理论张力与实践沃土的学术疆域。

"中也者，天下之大本也；和也者，天下之达道也。致中和，天地位焉，万物育焉。"人生漫漫，奋进不止。生活哲学、求学之路、事业征途、责任担当……一切仍在路上！往后的路，不求繁花似锦，愿能守中致和。

图书在版编目(CIP)数据

县域治理现代化转型：理念、体系与能力 / 华起著．
北京：社会科学文献出版社，2025.7. --ISBN 978-7-5228-4906-5

Ⅰ.D625

中国国家版本馆 CIP 数据核字第 20251YB912 号

县域治理现代化转型：理念、体系与能力

著　　者 / 华　起
出 版 人 / 冀祥德
责任编辑 / 易　卉
文稿编辑 / 郭锡超
责任印制 / 岳　阳

出　　版 / 社会科学文献出版社
地址：北京市北三环中路甲 29 号院华龙大厦　邮编：100029
网址：www.ssap.com.cn
发　　行 / 社会科学文献出版社（010）59367028
印　　装 / 三河市东方印刷有限公司
规　　格 / 开　本：787mm × 1092mm　1/16
印　张：15.5　字　数：256 千字
版　　次 / 2025 年 7 月第 1 版　2025 年 7 月第 1 次印刷
书　　号 / ISBN 978-7-5228-4906-5
定　　价 / 98.00 元

读者服务电话：4008918866

▲ 版权所有 翻印必究